汽车构造三维图解系列

U0656263

汽车构造与原理

三维图解 彩色版 ★★★★

底盘、车身与电器

主　编　赫扎特　王国军　朱岩

副主编　李小燕　刘福华

参　编　刘宏威　胡顺堂　周广猛
　　　　贾继红　姜大海　刘刚

THREE-DIMEN-SIONAL GRAPHIC

机械工业出版社
CHINA MACHINE PRESS

《汽车构造与原理三维图解：底盘、车身与电器（彩色版）》采用先进的计算机三维虚拟技术，运用剖切、分解和透视等表现方式，直观清晰地展示了汽车底盘、车身与电器结构及工作原理，并精练阐述各总成部件的结构关系和使用特点等。本书涵盖现代汽车底盘、车身与电器绝大部分结构总成以及先进技术，如新能源技术、自动变速器技术和现代车身结构等。对于重要总成及零部件，本书配有全交互的三维仿真演示，读者可利用手机扫描二维码观看。

本书可用作本科及高职高专汽车技术服务与营销、汽车保险等专业教材及汽车使用、管理、维修、保障人员的培训教材，也可供汽车相关从业人员和汽车爱好者阅读。

图书在版编目（CIP）数据

汽车构造与原理三维图解. 底盘、车身与电器：彩色版／赫扎特，王国军，朱岩主编. —北京：机械工业出版社，2018.7（2025.7重印）
（汽车构造三维图解系列）
ISBN 978-7-111-60540-9

Ⅰ.①汽… Ⅱ.①赫… ②王… ③朱… Ⅲ.①汽车-构造-图解 ②汽车-底盘-图解 ③汽车-车体-图解 ④汽车-电器-图解 Ⅳ.①U463-64

中国版本图书馆 CIP 数据核字（2018）第 166243 号

机械工业出版社（北京市百万庄大街22号　邮政编码100037）
策划编辑：齐福江　　　　　责任编辑：齐福江　谢　元
责任校对：佟瑞鑫　王明欣　责任印制：张　博
北京机工印刷厂有限公司印刷
2025 年 7 月第 1 版第 7 次印刷
260mm×184mm・11.5 印张・305 千字
标准书号：ISBN 978-7-111-60540-9
定价：65.00 元

前言 Preface

在科技进步日新月异的今天，汽车已经成为人们生活中的重要组成部分。对汽车的构造原理、使用、保养和修理的认知不仅是汽车从业人员必备的素质，也是普通车主和汽车爱好者应当略知一二的基础知识。通过学习本书既可以满足从业者的专业需求，又能让非专业读者直观生动地了解汽车的构造、原理以及工作过程。本书既能作为教材学习使用，又能作为科普读物使用。

本书分为14章，主要介绍了汽车底盘、车身及电器的结构特点和工作过程等内容，涵盖现代汽车绝大部分结构总成和先进技术，既有常见的小型车内容，又有目前迅速普及的SUV内容，还对重型车辆部分技术加以介绍，在篇末着重介绍了新能源汽车技术，在具体讲解过程中细化了大量在实际教学中很难描述、很难讲解的各类总成和零部件的结构特点与工作原理。

本书采用了先进的计算机三维虚拟技术，运用剖切、分解、透视等表现方式，直观清晰地展现汽车结构与工作原理。

对于重要总成及零部件，还可以通过扫描二维码的方式观看三维仿真演示。三维交互演示既有结构分解剖视，又有机构动画，还配有旁白解说，并可触摸缩放、平移。

本书由赫扎特、王国军、朱岩任主编，李小燕、刘福华任副主编，参加编写的还有刘宏威、胡顺堂、周广猛、刘刚、姜大海、贾继红。由于编写经验不足，难免出现差错与不妥之处，敬请广大读者提出宝贵的建议与意见。

编　者

三维素材使用说明

本书通过扫描二维码实现汽车各大总成或零部件三维结构与原理展示。不同的三维素材具有以下功能：旋转、缩放、拖拽、总成讲解、部件名称、看板说明等。部分三维素材具有内部结构虚拟展示、分解组装三维演示过程、机构工作原理三维动态展示等。

在Windows操作系统下推荐使用Firefox浏览器播放，可采用鼠标左键旋转、右键拖拽、滚轮缩放操作。

在手机或平板电脑等移动终端下，推荐使用QQ浏览器，通过单指旋转、双指缩放的方式控制演示素材。

通过点击零部件以及交互触发区可以实现各类交互功能。

触发交互区可能是：物体、文字、部件、看板。

由于三维素材涉及零部件数目多，需要解析、读取等多个步骤，并受移动终端设备性能及网速影响，加载显示时间有可能稍长（1分钟以上），请耐心等待。

Contents ▶▶

目 录

Contents

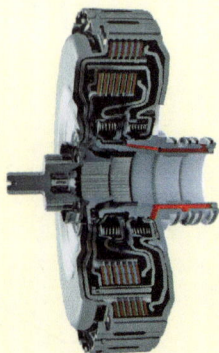

第十一章

11

制动系统 / 112

第十二章

12

汽车车身 / 130

Contents

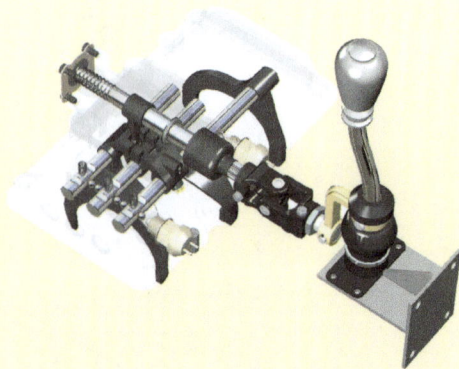

第一章

底盘概述

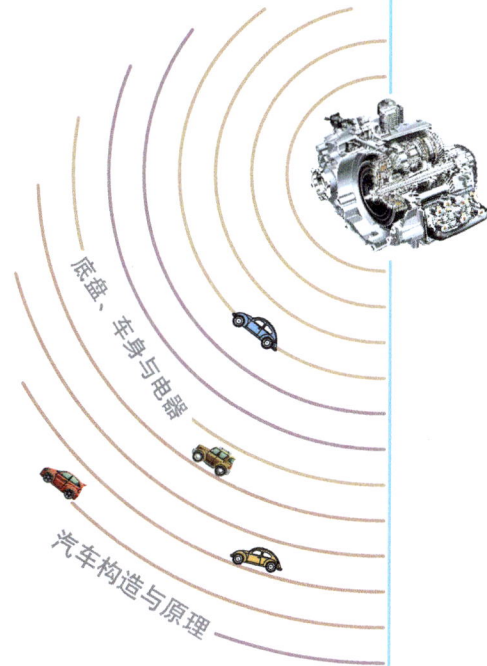

底盘、车身与电器

汽车构造与原理

采用汽油机的乘用车底盘布置（一）

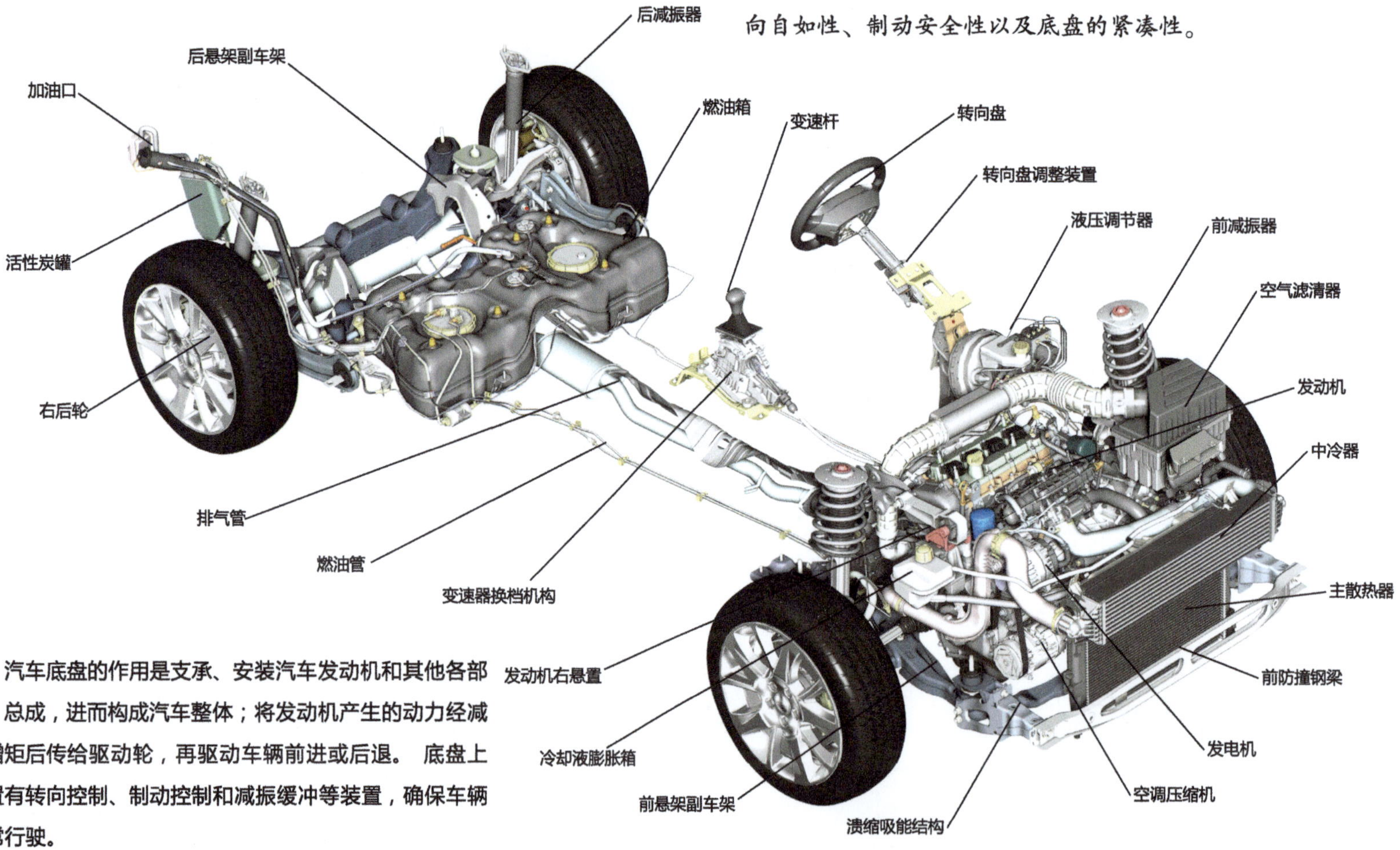

知识链接

发动机的优劣可能需要通过时间来检验，而底盘的优劣在试驾时就能直接感觉到，如操控稳定性、行驶平顺性、转向自如性、制动安全性以及底盘的紧凑性。

底盘、车身与电器（彩色版）
汽车构造与原理三维图解

后减振器

后悬架副车架

加油口

燃油箱

变速杆

转向盘

转向盘调整装置

液压调节器

前减振器

空气滤清器

活性炭罐

发动机

右后轮

中冷器

排气管

主散热器

燃油管

变速器换挡机构

发动机右悬置

前防撞钢梁

冷却液膨胀箱

发电机

前悬架副车架

空调压缩机

溃缩吸能结构

汽车底盘的作用是支承、安装汽车发动机和其他各部件、总成，进而构成汽车整体；将发动机产生的动力经减速增矩后传给驱动轮，再驱动车辆前进或后退。底盘上设置有转向控制、制动控制和减振缓冲等装置，确保车辆正常行驶。

002

采用汽油机的乘用车底盘布置（二）

▶知识链接

点火线圈
发动机进气管
进气软管
中冷器
增压器
制动储液罐
真空助力器
前悬架减振器
左前轮
半轴
前悬架下叉臂
转向器
制动踏板
加速踏板
制动油管
变速器换档机构
电动燃油泵总成
后悬架下控制臂
活性炭罐
油箱
后悬架减振器
横向稳定杆
后悬架螺旋弹簧
后悬架减振器
后悬架副车架
消声器

底盘需要兼顾操控性和舒适性。日常驾驶时，底盘应能提供更好的舒适性、滤振和隔声性能；激烈驾驶时，动力、传动、悬架和转向响应要迅速；高速行驶时，底盘应能提供更好的稳定性。

这就需要底盘采用铝等轻量化材料，以及独立悬架、全框式副车架、液压悬置和电子转向等技术。此外底盘调校对于整车动态性能更为重要。

汽车底盘由传动系统、行驶系统、转向系统和制动系统组成。其中，传动系统将发动机产生的动力传给驱动轮。行驶系统将汽车各总成和部件连接成一个整体，支承全车质量，并保证汽车行驶。转向系统能保证汽车按驾驶人的意愿行驶。制动系统根据汽车行驶需要，强制汽车减速、停车和在各种场所安全可靠地停放。

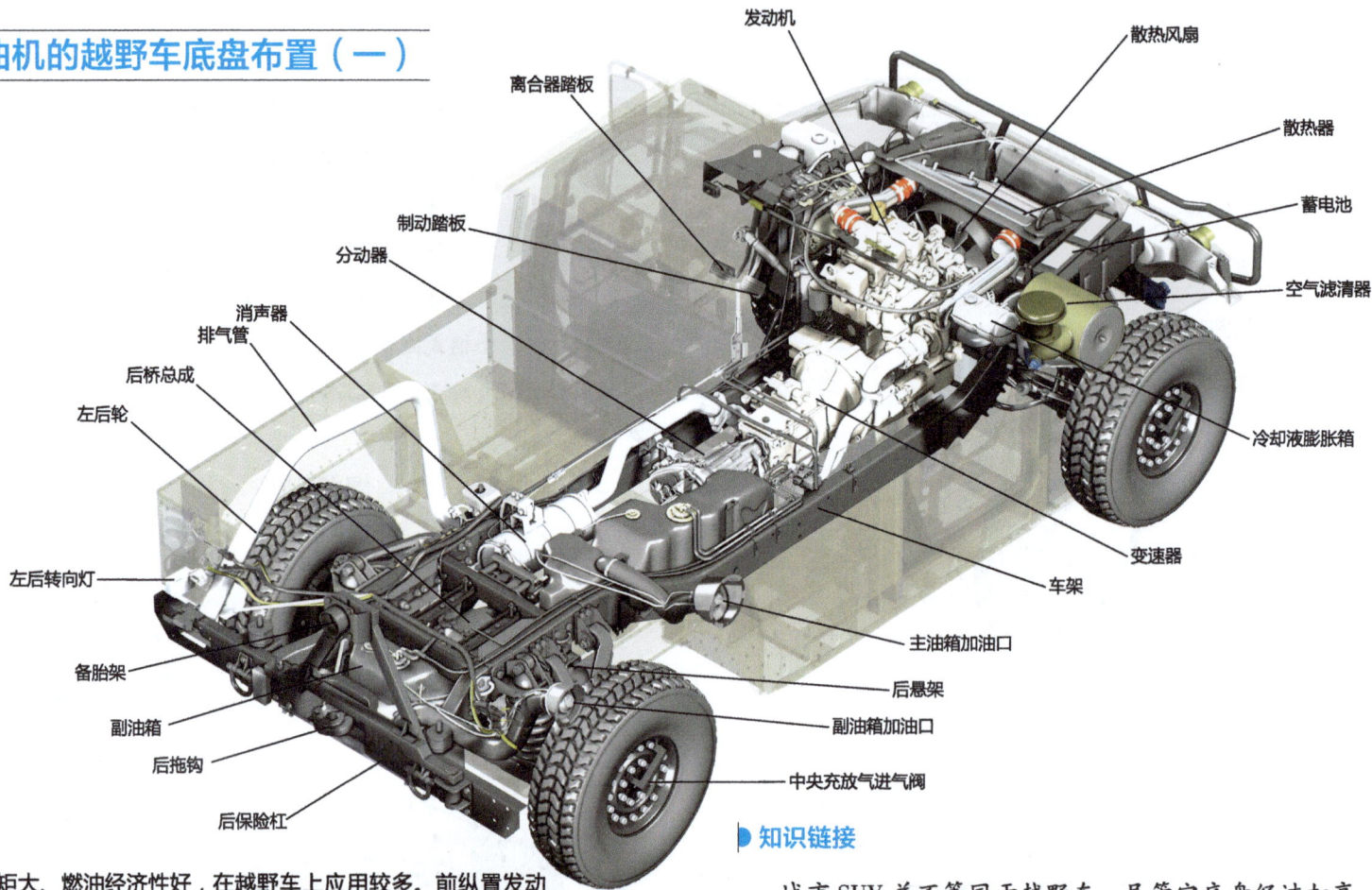

发动机
散热风扇
散热器
蓄电池
空气滤清器
离合器踏板
制动踏板
分动器
消声器
排气管
后桥总成
左后轮
冷却液膨胀箱
变速器
车架
主油箱加油口
后悬架
副油箱加油口
中央充放气进气阀
左后转向灯
备胎架
副油箱
后拖钩
后保险杠

柴油机转矩大、燃油经济性好，在越野车上应用较多。前纵置发动机、纵置变速器和四轮驱动是性能型越野车典型的传动方式。为了满足通过性、抗颠簸等要求，越野车一般采用非承载式车身。这种车身有大梁结构，发动机、传动系统、悬架和车身等都固定在车架上。非承载式车身质量更大，紧凑性较差，但平稳性、安全性更佳。

知识链接

城市 SUV 并不等同于越野车，尽管它底盘经过加高。这些车辆还是偏向于舒适性和运动性。城市 SUV 在底盘方面与真正的越野车差距较大，悬架支承不够，车身加强不足，没有四驱系统和差速锁等。

汽车构造与原理三维图解（彩色版）　底盘、车身与电器

采用柴油机的越野车底盘布置（二）

典型越野车通常采用四轮驱动系统，以提高车辆的操控性、安全性和通过性。此外，为增大续驶里程、保证行驶时油箱的安全，往往还采用带有油箱切换阀的主副油箱系统，以及适应各类行驶路面的中央充放气系统。

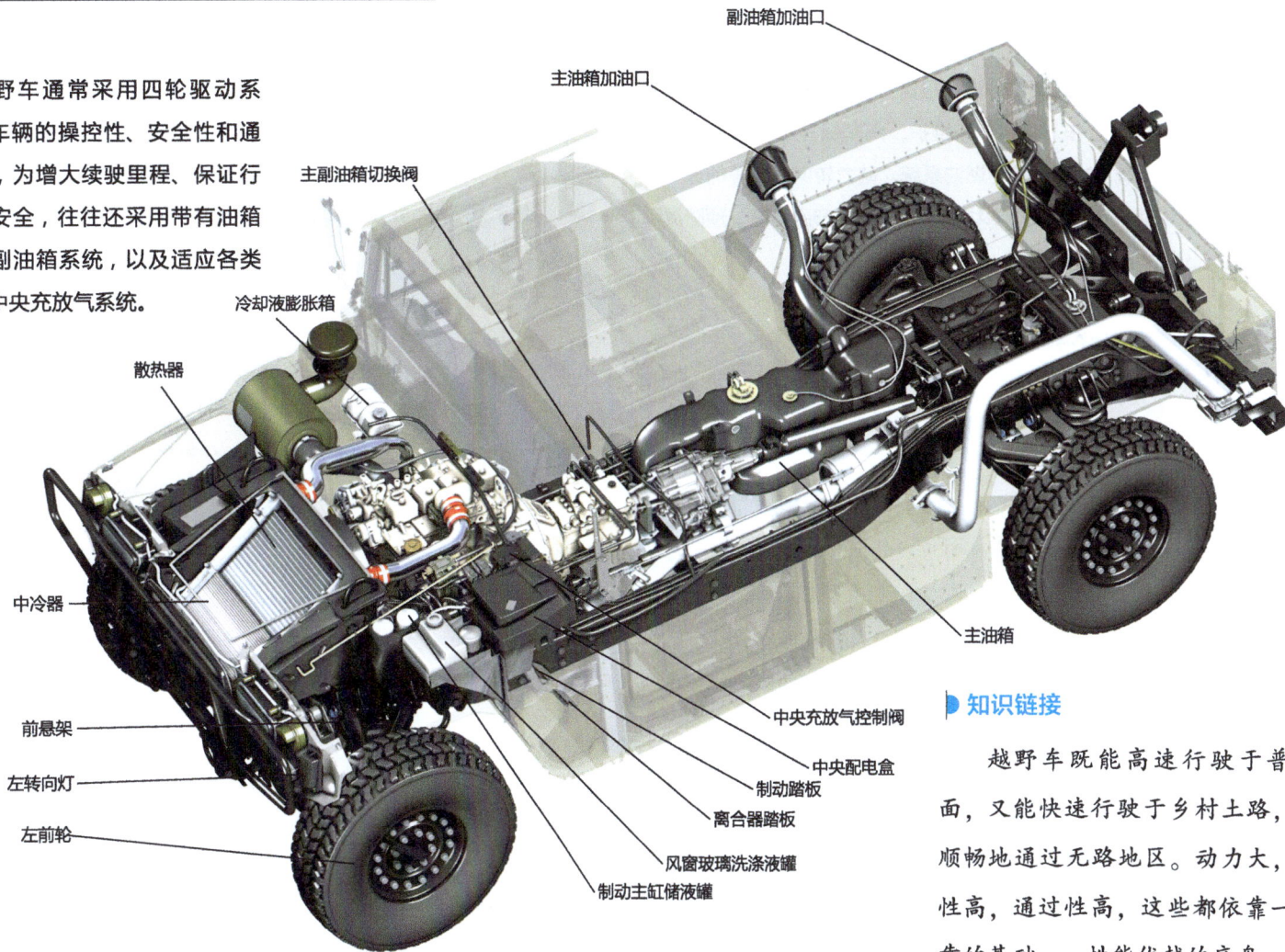

副油箱加油口

主油箱加油口

主副油箱切换阀

冷却液膨胀箱

散热器

中冷器

前悬架

左转向灯

左前轮

主油箱

中央充放气控制阀

中央配电盒

制动踏板

离合器踏板

风窗玻璃洗涤液罐

制动主缸储液罐

▶ 知识链接

越野车既能高速行驶于普通路面，又能快速行驶于乡村土路，还能顺畅地通过无路地区。动力大，平顺性高，通过性高，这些都依靠一个可靠的基础——性能优越的底盘。

第一章 底盘概述

汽车保养部位

汽车保养是指定期对汽车相关部分进行检查、清洁、补给、润滑、调整或更换某些零件的预防性工作，又称汽车维护。汽车保养主要包含对发动机、传动系统、空调系统、冷却系统、燃油系统、动力转向系统等的保养。汽车保养的目的是保持车容整洁、技术状况正常；消除安全隐患，预防故障发生；减缓劣化过程，延长使用周期。

汽车保养除了必要的检查外，还包括更换发动机和底盘上的各种耗材与油液。这些耗材主要是指"三滤"，即空气滤清器、燃油滤清器、机油滤清器。主要油液有机油、变速器油、制动液、离合器助力液、风窗洗涤液、分动器润滑油、车桥润滑油等。由于发动机类型以及底盘结构不同，油液与耗材种类与位置也各有差别。

- 空气滤清器滤芯
- 机油滤清器
- 冷却液
- 机油
- 后桥润滑油
- 燃油滤清器（带油水分离器）
- 主燃油箱预滤器
- 变速器油
- 分动器润滑油
- 动力转向液
- 制动液
- 风窗洗涤液
- 离合器助力液
- 副燃油箱预滤器

底盘、车身与电器（彩色版） 汽车构造与原理三维图解

汽车动力传动方向

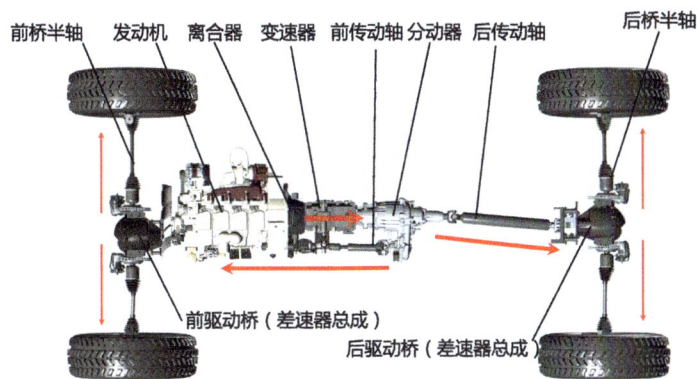

前桥半轴　发动机　离合器　变速器　前传动轴 分动器　后传动轴　　后桥半轴

前驱动桥（差速器总成）　　　　后驱动桥（差速器总成）

四轮驱动

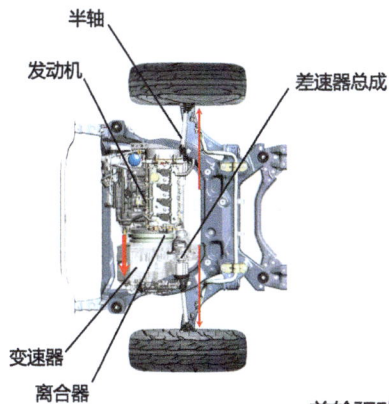

半轴

发动机

差速器总成

变速器

离合器

前轮驱动

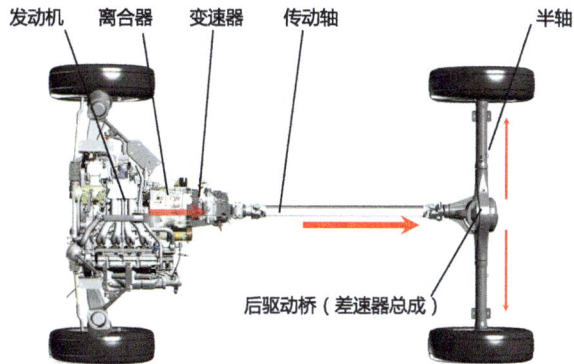

发动机　离合器　变速器　　传动轴　　　　　半轴

后驱动桥（差速器总成）

后轮驱动

汽车动力由发动机产生，经过离合器、变速器、万向传动装置、传动轴以及安装在驱动桥中的差速器、半轴等传递给车轮。

汽车由于功用不同，可以设计成多种动力传递形式，如前轮驱动、后轮驱动和四轮驱动。

前轮驱动动力传递过程简单，传动效率相对较高。四轮驱动动力传递过程复杂，因此动力损失相对较多，经济性也不高。后轮驱动动力传递特点介于前两者之间。

▶ 知识链接

对于汽车来讲，不同的动力传递方式只有适合与不适合之分，而没有谁优谁劣之分。前轮驱动汽车直线行驶稳定性好，它最适合常见的乘用车。后轮驱动操控性和稳定性好，更适合高性能乘用车和商用车。四轮驱动每个车轮都能获得驱动力，越野性能最佳。但不论何种驱动，最终还是要通过汽车的传动系统将发动机产生的转矩按需求分配给各个驱动轮。

采用四驱结构的传动系统组成

汽车传动系统是汽车发动机与驱动轮之间动力传递装置的总称。它能根据需要将动力平稳接合，并传递或迅速彻底地分离动力；能满足汽车倒车和必要时左、右驱动轮差速转动的要求；能在各种行驶条件下提供所需的牵引力和车速，使汽车有良好的动力性和燃油经济性。

传动系统包括离合器、变速器、万向传动装置、主减速器和差速器等。

驻车制动器
后传动轴
后驱动桥
分动器
后驱动桥半轴
离合器
变速器
前驱动桥半轴
发动机
万向节
变速器操纵机构
右前轮
前传动轴
前驱动桥

▶ **知识链接**

1. 汽车传动系统设计很重要，汽车动力性能可以通过测试轮上功率来评价。这样，汽车既要有一台动力强劲的发动机，还要有一套机械效率极高的传动系统。

2. 汽车传动系统按传递能量方式的不同，可分为机械传动、液力传动、液压传动和电传动等。汽车传动系统按照结构和传动介质划分，其形式有机械式、液力机械式、静液式（容积液压式）和电力式等。

第二章

离合器

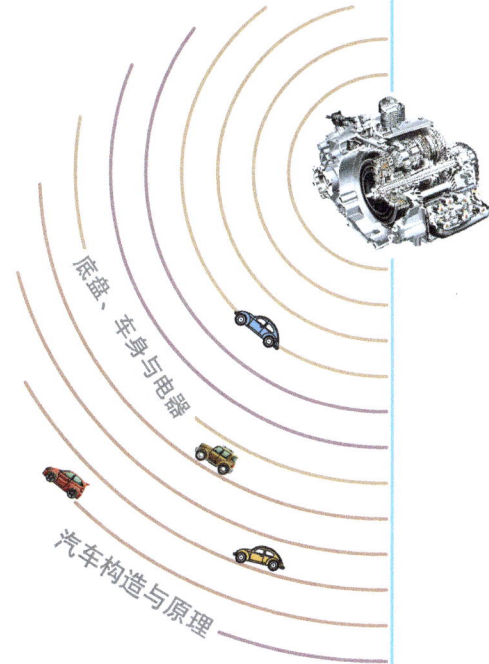

底盘、车身与电器

汽车构造与原理

膜片弹簧离合器组成

膜片弹簧离合器

膜片弹簧离合器总成

离合器位于发动机和变速器之间，是汽车传动系统中直接与发动机相连的部件，可接通或切断发动机动力。

通过弹簧压紧的摩擦式离合器在汽车机械式传动系统中应用最为广泛。

发动机飞轮
离合器从动盘
离合器盖锁销
压盘
分离钩
膜片弹簧
支承环
离合器盖
分离轴承
分离叉
一轴轴承座
垫圈
变速器输入轴
分离叉轴
分离叉臂

膜片弹簧离合器分解图

▶ 知识链接

1. 传动系统离合器的存在能让汽车平稳起步，实现平顺换档，防止传动系统过载。

2. 车辆行驶过程中不要在无关过程中踩下离合器踏板，操作离合器时要"一快、二慢、三联动"，换档时，要注意和加速踏板的配合，制动时除低速情况外，尽量不要踩下离合器踏板。

3. 膜片弹簧离合器结构简单、外形紧凑、受力平均、工作可靠，因此在各类汽车中广泛应用。

汽车构造与原理三维图解
底盘、车身与电器（彩色版）

膜片弹簧离合器的工作原理

摩擦离合器就是靠主、从动件接触面之间的摩擦作用传递转矩。如果传动系统传递的转矩超过极限值，离合器将打滑，从而起到过载保护作用。

接合状态：离合器踏板未被踩下，分离轴承在右侧极限位置，压盘在膜片弹簧的压紧作用下将从动盘压紧在飞轮上，发动机转矩经飞轮和压盘通过两个摩擦面传给从动盘，再经输出轴传递给变速器。

分离状态：踏下离合器踏板，拉杆拉动分离叉，分离叉内端推动分离轴承，然后推动分离杠杆内端向前移动，分离杠杆外端便拉动压盘向后移动，解除对从动盘的压紧力，摩擦作用消失，动力传递中断。

当需要恢复动力传递时，缓慢抬起离合器踏板，压盘在膜片弹簧的压紧作用下向前移动，并逐渐压紧从动盘，接触面之间的压力逐渐增大，相应的摩擦力矩也逐渐增大。当飞轮、压盘和从动盘接合还不紧密时，主、从动部分可以不同步旋转，即离合器处于打滑状态。随着飞轮、压盘和从动盘压紧程度逐渐加大，离合器主、从动部分转速渐趋相等，直至离合器完全接合而停止打滑，接合过程结束。

▶ 知识链接

1. 离合器常见故障现象有：起步换档时，车身发抖；起步爬坡时无力、打滑，甚至有焦煳味道；换档困难，起动后易熄火等。

2. 当离合器出现故障现象时，应先从外部检查开始，如检查离合器踏板位置、行程等；其次，检查主缸、轮缸等是否漏油、干涉；最后，检查更换内部总成。

发动机飞轮　离合器从动盘
压盘
膜片弹簧
离合器盖
分离轴承
分离叉臂

分离叉轴
离合器轮缸推杆
离合器轮缸
离合器轮缸油管
离合器储液罐
离合器主缸
离合器踏板

接合状态

分离状态

带扭转减振器的离合器从动盘

带扭转减振器的从动盘多用于单片离合器，特别是乘用车离合器。

这种从动盘具有一定的轴向弹性，使离合器接合柔和、起步平稳，还能避免共振并缓和冲击。

离合器从动盘

从动盘减振器的工作过程

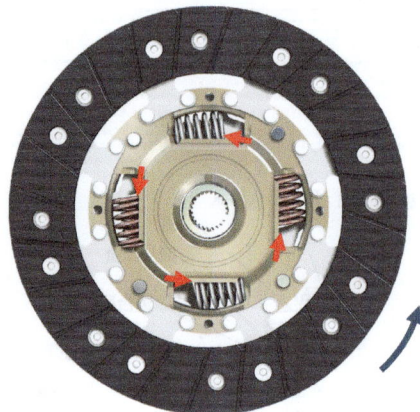

从动盘分解图

前摩擦衬片　铆钉　波浪形弹簧钢片　后摩擦衬片　碟形垫圈　摩擦垫圈　从动盘毂及弹簧　花键毂　卡环　摩擦垫圈　减振器盘

▶ 知识链接

1. 离合器从动盘即通常所说的离合器摩擦片。当车辆行驶到一定里程时，由于磨损，需要更换该摩擦片。

2. 有了衰减振幅的扭转减振器，就可延长整个离合器装配体的工作寿命。

离合器液压操纵机构

1. 离合器最容易损坏的元件是离合器分离轴承，为防止或减少没必要的损坏，也为了操作方便和可靠，离合器踏板必须要有一定的自由行程。由于从动盘摩擦片在使用一定时间后就会变薄，为了保证离合器能正常接合，需要调整这个自由行程。

2. 离合器液压操纵机构中的助力泵最常见的故障现象是漏油。如今汽车中这种小总成已经没有单独的密封配件了，因此只能换件修理。

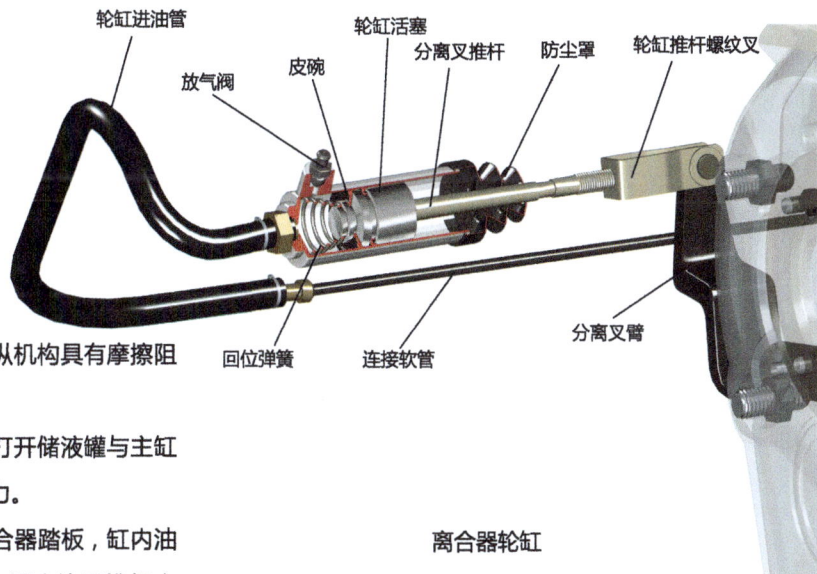

离合器踏板轴
离合器踏板回位弹簧
主缸推杆螺纹叉
离合器踏板
主缸活塞
密封圈
防尘罩
储液罐
主缸外壳
主缸活塞推杆
出油管接头
回位弹簧座
回位弹簧
连接软管

离合器主缸及踏板

轮缸进油管
放气阀
皮碗
轮缸活塞
分离叉推杆
防尘罩
轮缸推杆螺纹叉
回位弹簧
连接软管
分离叉臂

离合器轮缸

离合器液压式操纵机构主要由主缸、轮缸和管路系统等组成。液压式操纵机构具有摩擦阻力小、质量轻、布置方便、接合柔和，不受车架和车身变形的影响等优点。

当离合器处于接合状态时，离合器踏板处于最高位置，主缸活塞后移，打开储液罐与主缸通孔，并通过前弹簧座径向和轴向槽，使管路与工作缸相通，整个系统无压力。

当踩下离合器踏板时，活塞左移，密封主缸内储液罐通道，继续踩下离合器踏板，缸内油液在活塞和皮碗的作用下压力上升，并经油管传至轮缸的工作腔，推动轮缸活塞连同推杆右移，通过分离叉带动离合器分离。

第二章 离合器

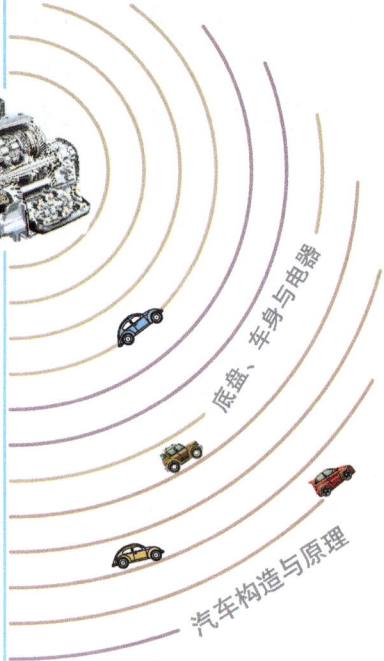

第三章

变速器与分动器

变速器的功用

驱动力的产生

n_e —发动机转速
T_{tq} —发动机输出转矩
n_w —驱动轮转速
T_t —驱动轮转矩
r —驱动轮半径
F_0 —驱动轮对地面切向力
F_t —地面对车轮的反作用力
v_a —车速
G —重力

汽车的实际使用情况非常复杂，如起步、怠速停车、低速或高速行驶、加速、减速、爬坡和倒车等，这就要求汽车的驱动力和速度能在相当大的范围内变化，而目前广泛采用的活塞式发动机的输出转矩和转速变化范围较小。为了适应经常变化的行驶条件，同时使发动机工作在有利的工况下（功率较高、油耗较低），在传动系统中设置了变速器。

▶ 知识链接

$$F_t = F_0 = T_t / r$$

发动机转速对于车轮工作来讲过高，此外，为充分利用驱动力，需要传动系统具有减速增矩作用。

传动比 $i = n_e / n_w = T_t / T_{tq}$

$n_w = n_e / i$，$T_t = i T_{tq}$

可以看出，发动机转速与驱动轮转矩成反比。

发动机动力同时以转矩和转速两种形式输出，其中转矩最后通过驱动轮转化为驱动力，而转速也会通过驱动轮的转动转化为车速。

$$v_a = 2 r n_w$$

简单的变速器及其操纵机构

三轴变速器

　　三轴变速器除了输入轴和输出轴外，还有中间轴，中间轴主要用来固定安装各档位的变速传动齿轮。由于三轴变速器的每个档位都是由两对齿轮传动的，因此输入轴和输出轴的旋转方向相同，这种变速器通常更适合发动机前置后轮驱动的汽车。

▶ 知识链接

　　1. 与三轴变速器对应的两轴变速器只有两根轴，分别是输入轴和输出轴。它具有结构简单、尺寸小等优点，同时其中间档位传动效率高，噪声较小，因此更适合发动机前置前轮驱动的汽车，它也是目前使用最广泛的乘用车变速器形式。

　　2. 两轴变速器在一般档位只经过一对齿轮就可以将输入轴的动力传至输出轴，所以传动效率更高。但是，实际上正因为任何一档都要经过一对齿轮传动，所以任何一档的传动效率又都不如三轴变速器直接档的传动效率高。

三轴变速器

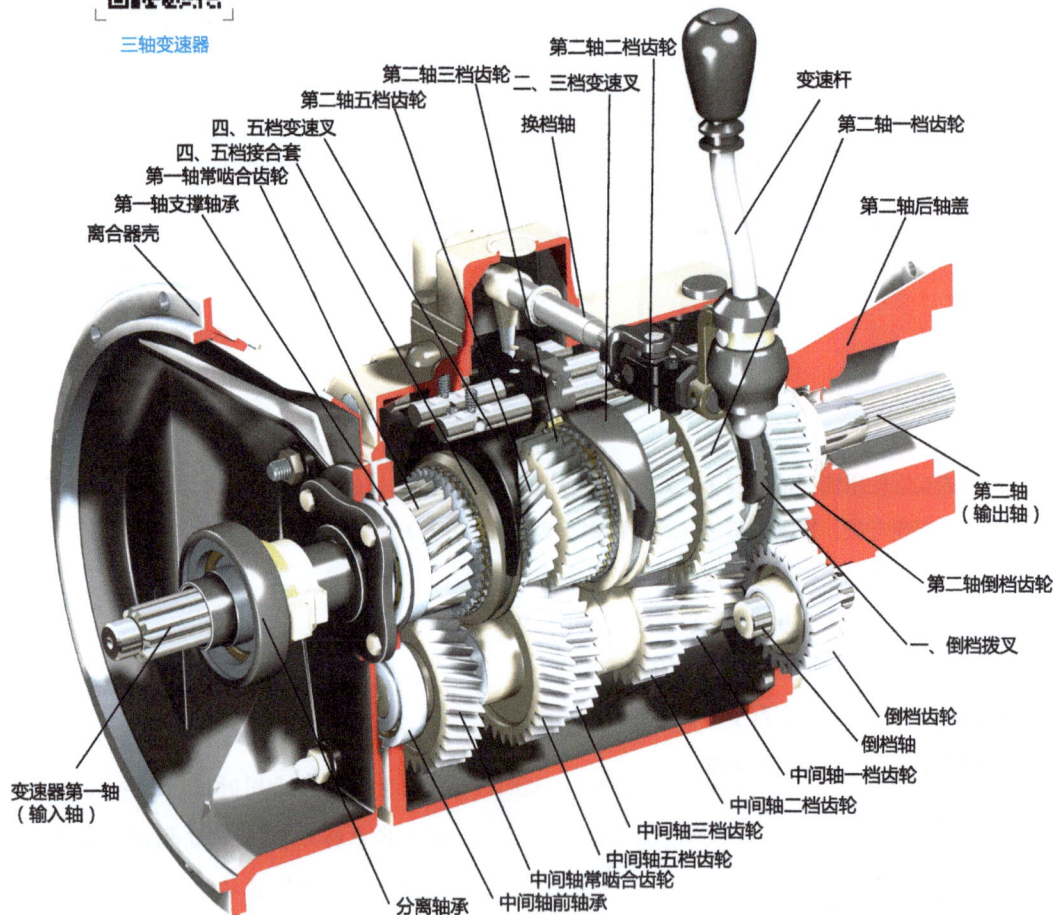

第二轴二档齿轮
第二轴三档齿轮
第二轴五档齿轮 二、三档变速叉
四、五档变速叉 换档轴
四、五档接合套
第一轴常啮合齿轮
第一轴支撑轴承
离合器壳
变速杆
第二轴一档齿轮
第二轴后轴盖
第二轴（输出轴）
第二轴倒档齿轮
一、倒档拨叉
倒档齿轮
倒档轴
中间轴一档齿轮
中间轴二档齿轮
中间轴三档齿轮
中间轴五档齿轮
中间轴常啮合齿轮
中间轴前轴承
分离轴承
变速器第一轴（输入轴）

三轴变速器传动路线

三轴变速器动力
传动路线

手动变速器齿轮机构

一档：输入轴→中间轴→一档齿轮→一、倒档接合套→输出轴。

二档：输入轴→中间轴→二档齿轮→二、三档接合套→输出轴。

三档：输入轴→中间轴→三档齿轮→二、三档接合套→输出轴。

四档：输入轴→四、五档接合套→输出轴。

五档：输入轴→中间轴→五档齿轮→输出轴。

倒档：输入轴→一档齿轮→中间轴→中间轴倒档齿轮→倒档轴输出轴→倒档齿轮→一、倒档接合套→输出轴。

▶ 知识链接

变速器何时升降档，这跟与之匹配的发动机动力输出以及车速有很大关系。因为发动机的转速范围很宽，如果只有一个档位，很难想象到底是适应汽车低速好还是高速好。这就需要有多个传动比来充分利用发动机的输出。而对于同级别的车型来说，一档和最高档的传动比差不多。而中间档位传动比的多少，就会大大影响该车型的加速性能和油耗，通过多个档位传动路线就可以解决这些问题。

一档

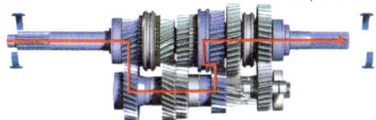
二档

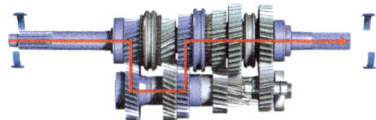
三档

四档

五档

倒档

两轴变速器

这种变速器的特点是有两根轴——输入轴和输出轴，且两轴相互平行。动力从输入轴输入，经一对齿轮传动后，直接由输出轴输出。每个档位采用一对齿轮传动，输出轴的转动方向与输入轴（发动机曲轴）的转动方向相反。

在发动机前置前轮驱动和发动机后置后轮驱动的中、小型乘用车上，由于总体结构布置的需要，采用两轴变速器，其结构简单、紧凑。

▶ 知识链接

两轴变速器主要用于乘用车，一般采用横置的方式与发动机相连。但是，有的两轴变速器也采用纵置方式传输动力。两轴变速器不能设置直接档，所以在高档位工作时齿轮和轴承均承载，不仅工作噪声增大，而且易损坏。此外，受结构限制，两轴变速器的一档速比不可能设计得很大，高级轿车通常不采用两轴变速器。

第一轴五档齿轮
五档接合套
五档锁环
第一轴倒档齿轮
第一轴一档齿轮
第一轴二档齿轮
第一轴三档齿轮
三、四档接合套
四档锁环
第一轴四档齿轮
第一轴（输入轴）
主减速器从动锥齿轮
第二轴五档齿轮
第二轴一档齿轮
一、二档接合套
第二轴倒档齿轮
二档锁环
第二轴三档齿轮
第二轴二档齿轮
第二轴（输出轴）
第二轴四档齿轮
主减速器主动锥齿轮

锁环式惯性同步器

同步器的功用是使接合套与待啮合的齿圈迅速同步，并阻止二者在同步前进入啮合，从而消除换档冲击，缩短换档时间，简化换档过程，使换档操作简捷轻便，并可延长变速器的使用寿命。

同步器有多种结构形式。因为锁环式惯性同步器结构紧凑，且径向尺寸小、锥面间摩擦力矩小，所以多用于传递转矩不大的乘用车和轻型货车的变速器。

同步器依靠摩擦作用实现同步。结构上除有接合套、花键毂、对应齿轮上的接合齿圈外，还增设了同步锁环等。

▶ 知识链接

1. 当年的驾驶人要踩两次离合器踏板才能完成换档，操作比较复杂。有了同步器以后，原来的"一脚离合"使换档时会在空档位置停留片刻，当离合器踏板抬起时，使离合器片和飞轮同步的任务就交给了它。

2. 国内很多重型货车变速器副箱带同步器，主箱不带同步器，即同步器安装在副箱中。还有些变速器为主箱与副箱都装有同步器的全同步结构，这样可使传动转矩更大，传动比范围更宽广。

锁环式惯性同步器

锁环式惯性同步器分解图

锁环式同步器

锁环式惯性同步器工作过程

空档位置：当接合套从二档退到空档时，接合套和锁环都在其自身惯性作用下，继续沿原方向转动。接合套及滑块都处于中间位置，锁环在轴向上是自由的，它的内锥面与接合齿圈的外锥面不接触。

锁止位置：若要换入一档，操纵机构拨动接合套并带动滑块一同向左移动。当滑块左端面与锁环的缺口的内端面接触时，便同时推动锁环移向接合齿圈，接合齿圈便带动锁环相对于接合套及花键毂超前一个角度；当锁环缺口的一个侧面与滑块接触时，锁环便与接合套同步转动。由于滑块未位于缺口中央，接合套花键齿相对于锁环花键齿错开了约半个齿厚，使接合套被抵住而不能再向左移动。

同步啮合：随着驾驶人施加于接合套上的推力加大，摩擦力矩不断增加，齿圈转速迅速降低。当与锁环、接合套达到同步时，作用在锁环上的惯性力矩消失。

接合套与同步环接合后，齿圈及与之相连各零件一起相对于接合套向后倒转一个角度，使接合套与接合齿圈进入啮合，最后完成了换入一档的全过程。

▶知识链接

尽管同步器可以让换档更平顺，但是换档时还是不要用力过猛，应该有空档停顿。错误的操作会损坏同步器，使换档变得越来越困难，并伴随换档异响。

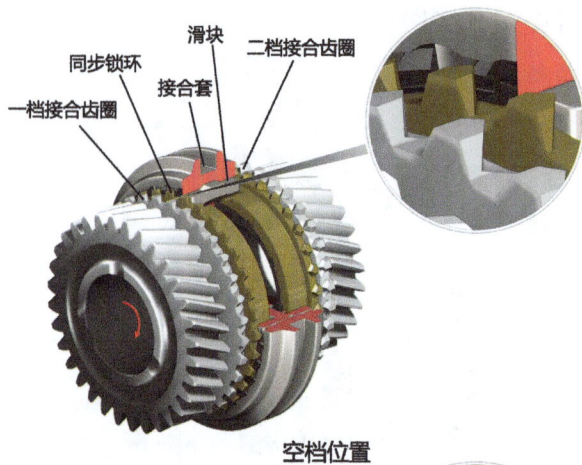

同步锁环　滑块
　　　　接合套　二档接合齿圈
一档接合齿圈

空档位置

锁止位置

换入位置

汽车构造与原理三维图解（彩色版）

底盘、车身与电器

锁销式惯性同步器

锁销式惯性同步器是一种摩擦惯性式同步器，其在结构上允许采用直径较大的摩擦锥面，摩擦锥面间可产生较大的摩擦力矩，缩短了同步时间，多用于中、重型汽车。

▶ **知识链接**

1. 锁销式惯性同步器主要用在带有主副箱组合式变速器中的副箱中，以及部分全同步变速器中（低速档锁销式、高速档锁环式）。锁销式惯性同步器的同步效果最佳，且能承受较大的负荷。

2. 对于重型汽车，即使变速器中装有同步器，也要尽量在车速快时减档或是越级减档等情况下踩两次离合器踏板，加档时一定要根据车速刻意地在空档位置适当停留片刻，以使同步器完成同步。这是因为重型汽车的同步器承受的负荷远远大于小型汽车。

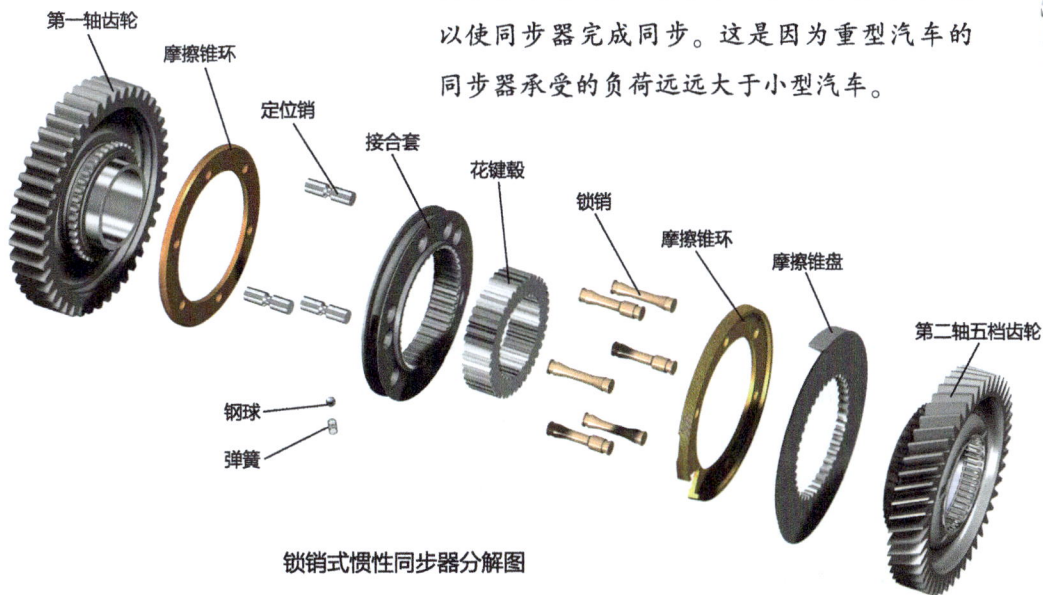

锁销式惯性同步器

锁销式惯性同步器分解图

锁销同步器

锁销式惯性同步器工作过程

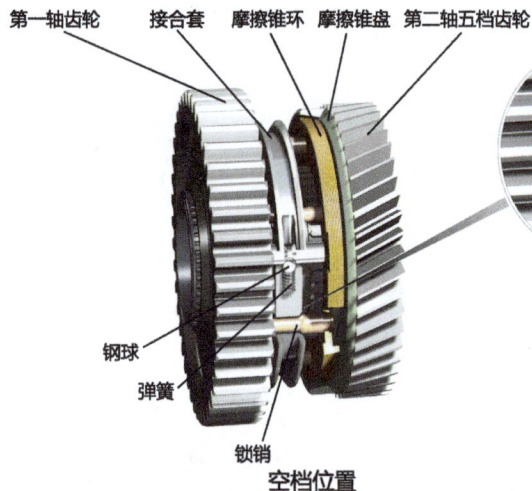

▶ 知识链接

第一轴齿轮　接合套　摩擦锥环　摩擦锥盘　第二轴五档齿轮

钢球
弹簧
锁销
空档位置

锁止位置

换入位置

1. 汽车同步器损坏会出现换档困难等故障现象。在车辆的使用过程中，如果采用不正确的操作方法，会导致同步器异常磨损、烧蚀和失效，使换挡困难。

2. 有些大型车辆驾驶人在空档熄火滑行，待滑行终了需加速时，不是先打开点火开关起动发动机，而是采用直接换档，靠锥盘来强行拖动发动机，这种较强的反拖转矩会让同步器锥盘与锥环工作条件恶劣，最终损坏同步器。

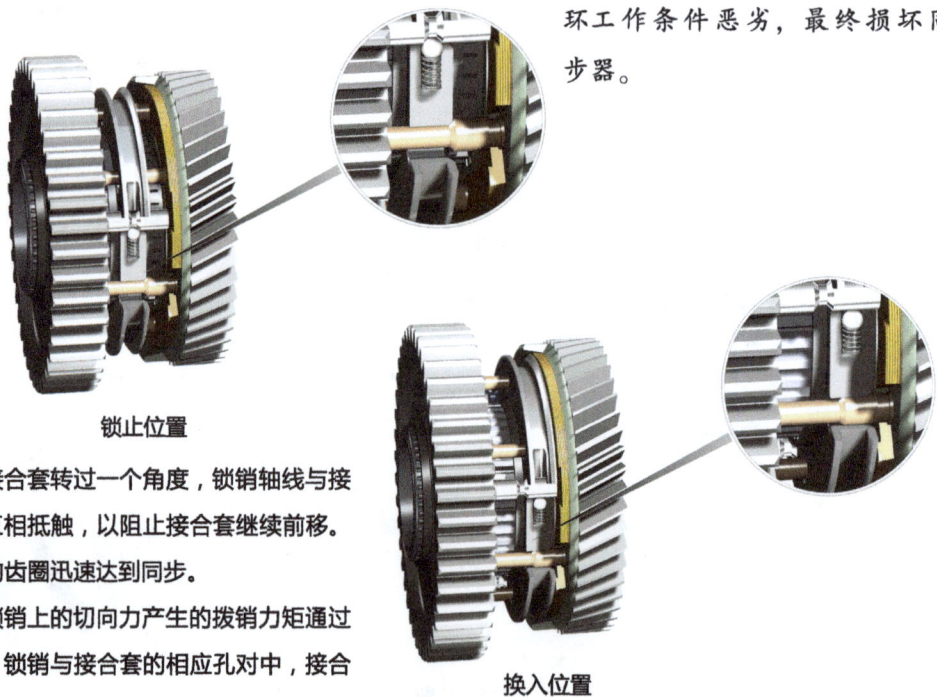

在空档位置时，摩擦锥环与摩擦锥盘之间有一定的间隙，定位销可随接合套轴向移动。例如从四档换入五档时，接合套受到拨叉的轴向推力作用，通过钢球和定位销带动摩擦锥环左移，使之与对应的摩擦锥盘接触。

由于摩擦锥环与锥盘有转速差，接触后锥环和锁销相对于接合套转过一个角度，锁销轴线与接合套上相应孔的轴线偏移，于是锁销中部倒角与销孔端的倒角互相抵触，以阻止接合套继续前移。此时作用在摩擦锥环的力使之与锥盘压紧，使接合套与待啮合的齿圈迅速达到同步。

达到同步时，起锁止作用的齿轮的惯性力矩消失，作用在锁销上的切向力产生的拨销力矩通过锁销使摩擦锥环、摩擦锥盘和齿轮相对于接合套转过一个角度，锁销与接合套的相应孔对中，接合套克服弹簧的弹力后压下钢球而沿锁销移动，直到与齿轮的接合齿圈啮合，顺利换入五档。

底盘、车身与电器（彩色版）
汽车构造与原理三维图解

直接操纵式变速器操纵机构

变速器操纵机构的功用是进行档位变换，即根据汽车行驶条件的需要改变变速器传动机构的传动比、变换传动方向或中断发动机的动力传递。

直接操纵式变速器操纵机构的变速杆及所有换档操纵装置都设置在变速器盖上。变速器布置在驾驶人座椅附近，变速杆从驾驶室底板伸出，驾驶人可直接操纵变速杆来拨动换档装置换档。

直接操纵式变速操纵机构结构简单，变速操纵手感好，但易受发动机振动的影响，一般应用于发动机前置后轮驱动汽车。

▶ **知识链接**

在换档过程中，变速器换档手柄无法顺利地推入相应的档位，即换档困难，这种故障通常先从变速器外部查起。换档手柄下球头开裂，操纵机构调整不当，换档拨叉发生变形等，都属于操纵机构故障。

选档平衡弹簧　换档轴　四、五档变速叉轴　二、三档变速叉轴　一、倒档变速叉
一、倒档变速叉轴换档轴防尘罩
变速器换档手柄
尾盖
四、五档导块
二、三档导块
自锁弹簧
互锁钢球
四、五档变速叉
开关总成
变速杆
操纵杆防尘罩
万向节　选档臂
倒档锁机构
二、三档变速叉
操纵手柄托架

远距离操纵式变速器操纵机构

有些汽车变速器的安装位置离驾驶人座椅较远，需要在变速杆与拨叉之间加装一些辅助杠杆或一套传动机构，即远距离操纵机构。

远距离操纵机构分为变速杆布置在转向盘旁边或变速杆布置在驾驶人座椅旁边的地板上两种类型。

远距离操纵机构应具有足够的刚性，且各连接件间隙不能过大，否则换档时手感差。

▶ 知识链接

换档操纵机构除了考虑功能实现外，人机工程设计也必不可少。例如变速器换档手柄工作位置应位于转向盘下面和驾驶人座椅右边且不低于坐垫表面的特定区域，换档时驾驶室内其他零件与换档杆之间的距离不得小于50mm；为减轻驾驶人疲劳，要求换档力不大于90N，变速杆手柄的双向行程之和应不大于200mm等。

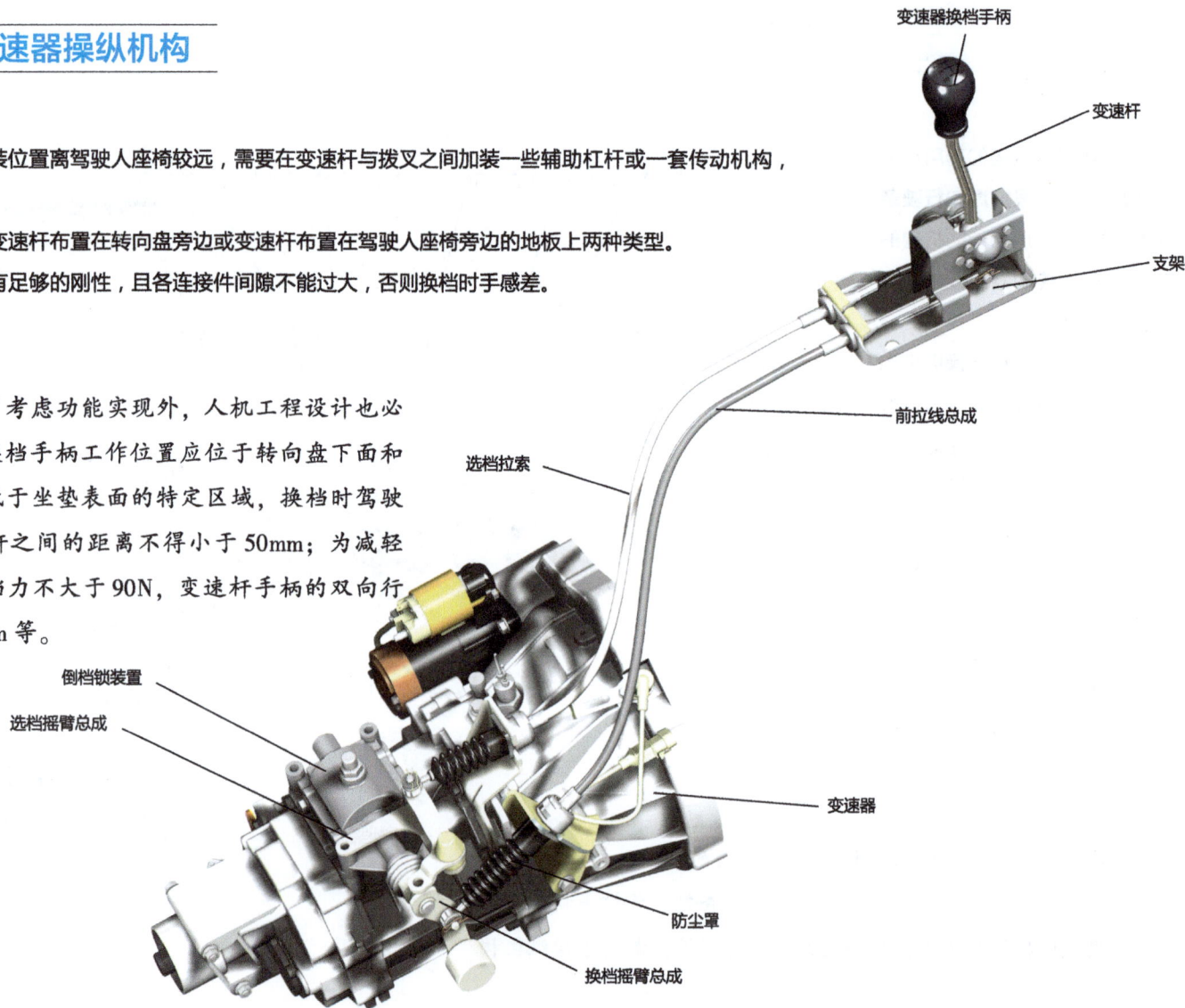

变速器换档手柄

变速杆

支架

前拉线总成

选档拉索

倒档锁装置

选档摇臂总成

变速器

防尘罩

换档摇臂总成

变速器操远距离
操纵机构

球销式变速器自锁及互锁装置

拨杆
四、五档拨块
自锁弹簧
自锁钢球
四、五档拨叉轴
四、五档拨叉
互锁柱销
二、三档拨块
二、三档拨叉轴
一、倒档拨叉轴
一、倒档拨叉
一、倒档拨块
二、三档拨叉
互锁钢球

拨叉总成

二、三档拨叉轴及倒档拨叉轴锁止

四、五档拨叉轴及倒档拨叉轴锁止

二、三档拨叉轴及四、五档拨叉轴锁止

为了保证变速器能够准确、安全、可靠地工作，变速器操纵机构必须具有自锁、互锁和倒档锁装置。

自锁装置：能够对各档拨叉轴进行轴向定位锁止，防止其自动产生轴向移动而造成自动换档和自动脱档，并保证各档传动齿轮（接合齿圈）以全齿长啮合。

互锁装置：其作用是阻止两个拨叉轴同时移动，即当拨动一根拨叉轴轴向移动时，其他拨叉轴锁止，可防止同时换入两个档。

▶ **知识链接**

变速器操纵机构都有自锁装置、互锁装置和倒档锁装置。基于不同变速器操纵机构结构上的差异，各种锁止装置的结构也不尽相同。变速器操纵机构锁止装置的作用就是使拨叉有准确的定位功能，从而确保变速器同时只能换上一个档位和所换档位不自行改变，保证了行车安全性。

分动器

分动器用于多轴驱动的越野汽车。其输入轴直接或通过万向传动装置与变速器第二轴相连，其输出轴则有几根，分别经万向传动装置与各驱动桥相连。

分动器的功用：将变速器输出的动力分配给各驱动桥，当分动器有两个档位时兼起副变速器的作用。

▶ 知识链接

1. 大多数分动器设有变速机构。在进行两轮或四轮驱动切换时，会改变整车的传动比。在普通路面上使用高速档，在恶劣路面上使用低速档。

2. 对于分时四驱汽车来讲，有分动器就可以实现前后桥的驱动连接。而分动器配上带差速锁的中央差速器，越野汽车就可以实现全时四驱。

3. 分动器的故障原因多集中于零件磨损和零件的非正常润滑，而这些原因多是驾驶人没有按照规范操作，导致分动器非正常磨损。

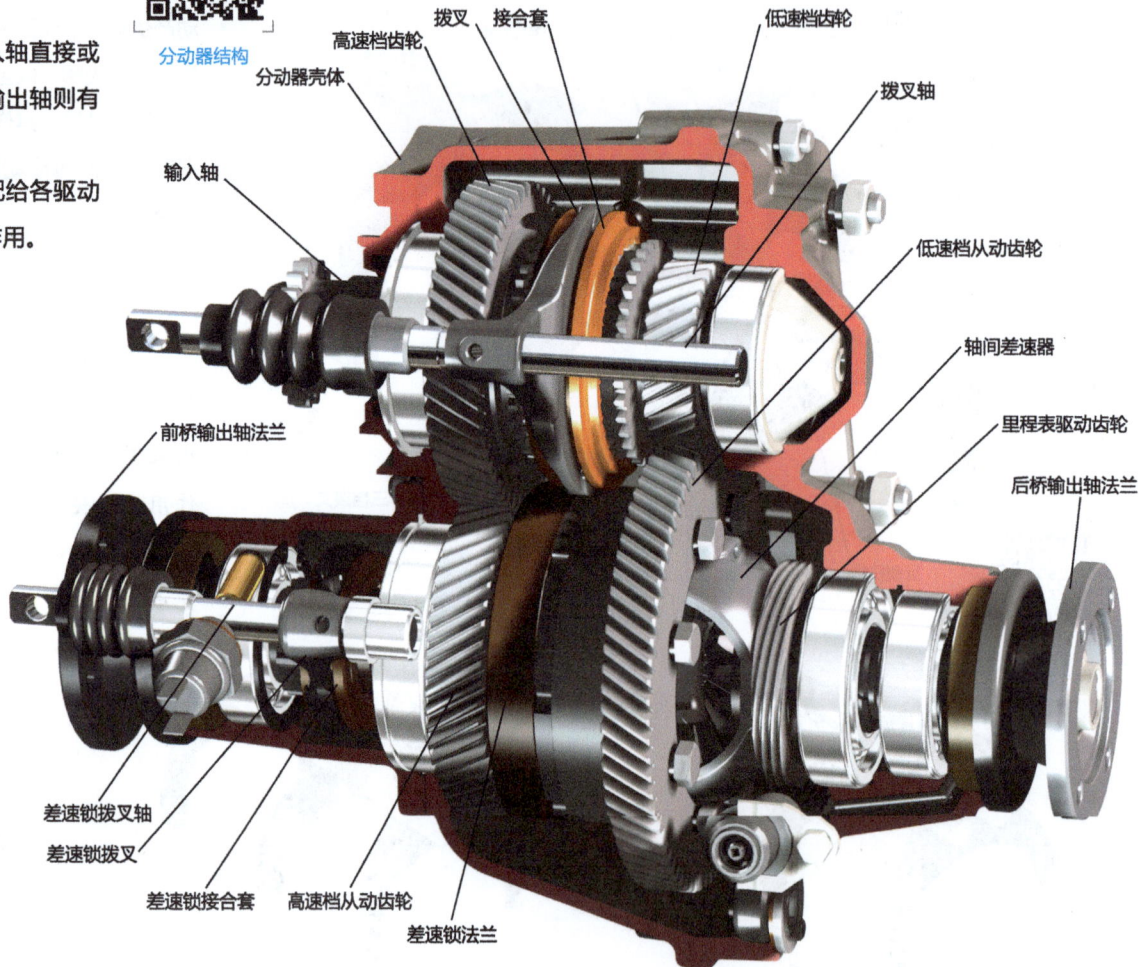

分动器结构

拨叉　接合套　低速档齿轮
高速档齿轮
分动器壳体　拨叉轴
输入轴　低速档从动齿轮
轴间差速器
前桥输出轴法兰　里程表驱动齿轮
后桥输出轴法兰
差速锁拨叉轴
差速锁拨叉
差速锁接合套　高速档从动齿轮
差速锁法兰

链条传动全时四驱分动器

该分动器为行星轮和链条传动全时四驱分动器，其主要作用是为前后桥提供驱动力，并增大转矩，根据需求使前后轴差速或锁止，提高车辆的通过性。

该分动器带有行星轮减速机构和行星轮差速机构。分动器的动力传递路线是从输入轴经减速和差速机构传给后输出轴，同时通过无声齿形链条传递给前输出轴的。

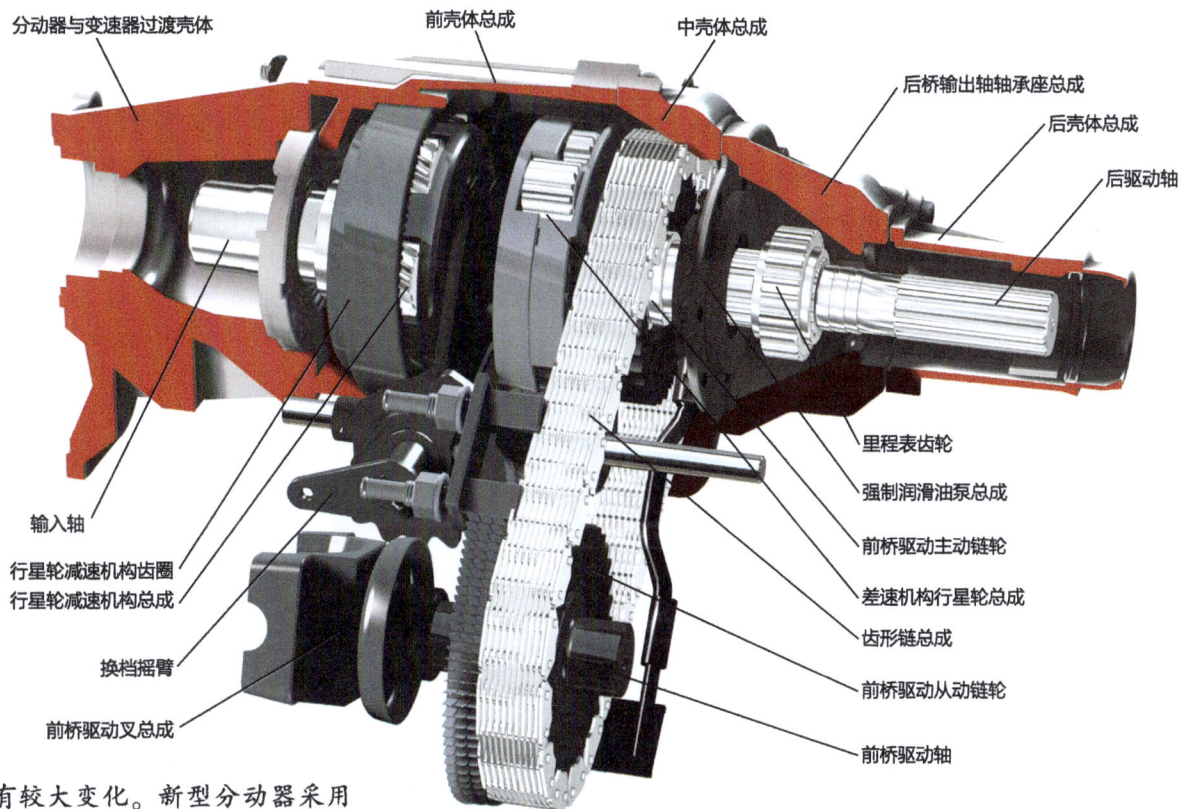

分动器与变速器过渡壳体

前壳体总成

中壳体总成

后桥输出轴轴承座总成

后壳体总成

后驱动轴

里程表齿轮

强制润滑油泵总成

前桥驱动主动链轮

差速机构行星轮总成

齿形链总成

前桥驱动从动链轮

前桥驱动轴

输入轴

行星轮减速机构齿圈
行星轮减速机构总成

换档摇臂

前桥驱动叉总成

▶ **知识链接**

分动器发展至今在结构上已经有较大变化。新型分动器采用压铸铝合金材料、齿形链传动输出，其低档位采用行星斜齿轮机构，使其轻便可靠、传动效率高、操纵简单、结构紧凑、噪声更小。

链传动相对齿轮传动的优点有：传动平稳、噪声小、中心距误差要求低、轴承负荷较小及防止共振。这些优点使它能够广泛地应用到各种越野汽车上。

分动器操纵机构

分动器操纵机构分为内部和外部操纵机构两部分。内部操纵机构通过拨叉轴等与壳体外的换档摇臂连接，然后连接外部的操纵机构。另外，还设计有凸轮机构，依靠摇臂（摇臂在壳体外部）的转动带动凸轮拨动两个滚轮，从而带动拨叉移动，实现高低档的选择和差速锁的开关。

外部操纵机构中操纵杆用来控制操纵拉杆，使其带动换档摇臂进行换档。

底盘、车身与电器（彩色版）

汽车构造与原理三维图解

▶ 知识链接

1. 分动器换入低速档时，输出转矩较大，为避免中、后桥超载，操纵机构必须保证：换入低档前，应先接上前桥，摘下前桥前应先退出低档，即应具有互锁功能。互锁装置有钉、板式，球销式和摆板滑槽凸面式。

2. 其四个档位分别是：高速档锁止（HL）、高速档（H）、低速档（L）和空档（N）。

分动器操纵手柄
分动器操纵拉杆
输入轴
高低档拨叉
输出轴
差速锁止拨叉
换档摇臂
凸轮机构　差速锁止导块　定位轴轴套　定位轴

分动器的换档过程

这种分动器能在规定的车速下，从高速档（H）换到高速档锁止（HL）或从高速档锁止换到高速档，无须将变速器置于空档。

在换到低速档（L）前，必须完全停车，并将变速器换档至空档。

▶ **知识链接**

全时四驱通常没有两驱模式，有二、四档的通常为分时四驱。如4H档为高速四驱，一般用来行驶在泥路、沙漠和雪地；4L为低速四驱，一般用于汽车进入路坑、大石路和陷车等比较困难的路况；2H档为高速两驱，适合通常的铺装路面；2L档为低速两驱，适合拖挂重物或爬陡坡时用。

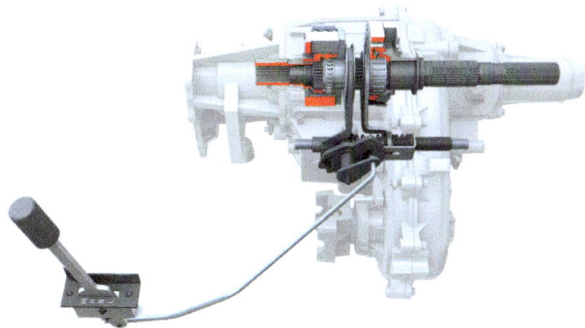

高速档锁止

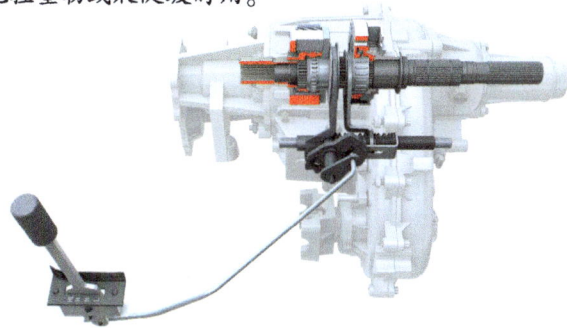

高速档

空档

低速档

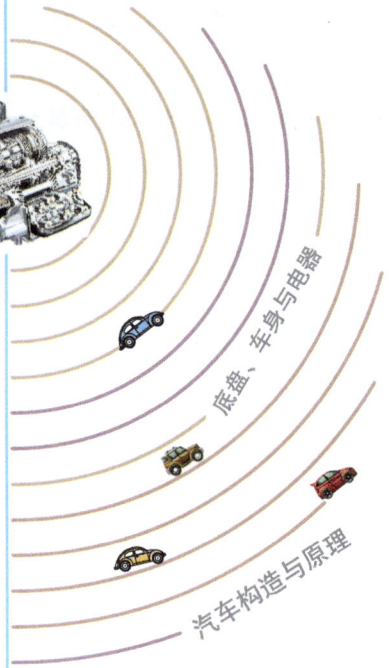

第四章

自动变速器

自动变速器在汽车上的布置

自动变速器是能够根据发动机工况和汽车运行速度自动选档和换档的变速器。它由液力变矩器和机械变速系统组合而成。

目前，汽车上装用的自动变速器由于综合应用了电子控制技术、液力控制技术、液力传动技术和机械传动技术，又称为电控自动变速器。

它能够克服机械变速器的动载荷大、易使零件磨损和需频繁操纵离合器等缺点，从而减轻驾驶人劳动强度，提高行车安全性。

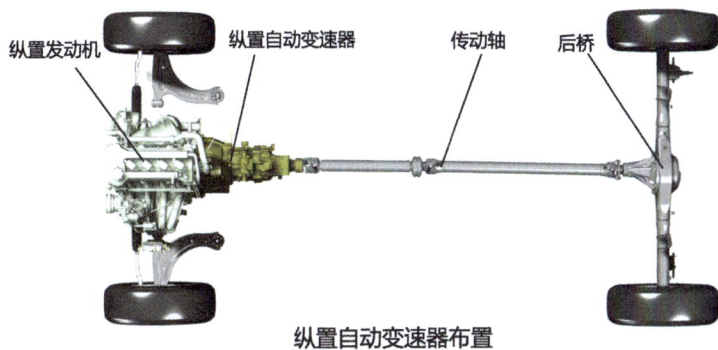

纵置发动机　纵置自动变速器　传动轴　后桥

纵置自动变速器布置

纵置自动变速器

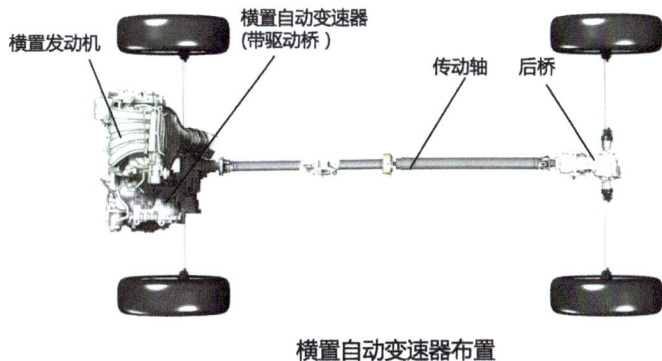

横置发动机　横置自动变速器（带驱动桥）　传动轴　后桥

横置自动变速器布置

▶ 知识链接

横置自动变速器（带驱动桥）

自动变速器还可分为横置式和纵置式，前者结构轻巧，承受转矩小，主要应用于小排量前置前驱车型；后者结构更复杂，尺寸更大，承受转矩大，主要应用于一些大排量前置后驱车型。

液力自动变速器的基本组成

液力自动变速器主要由液力变矩器、行星轮和液压操纵系统等组成，通过液力传递和齿轮组合的方式来达到变速变矩；通过传感器感受汽车和发动机的运行状态，并将所获得的信息转换成电信号输入到电液压控制装置的换档阀，使其打开或关闭通往换档离合器和制动器的油路，从而控制换档时刻和档位的变换，以实现自动变速，并使换档执行机构（换档离合器、换档制动器和单向离合器）进行换档。

▶ 知识链接

1. 除了液力自动变速器，一些无级变速器（CVT）也使用液力变矩器作为优化动力的机构。此外，有些高档液力自动变速器还采用多片摩擦离合器替代液力变矩器。因此，多组离合器与制动器协同工作的行星轮组，才是自动变速器的最大特点。

2. 液力自动变速器（AT）、机械式自动变速器（AMT）、无级变速器（CVT）、双离合变速器（DSG 或 DCT）各具优缺点，只是在不同车型、不同的使用领域、不同的应用成本之间做出最合适的选择。液力自动变速器技术最为成熟，动力承载跨度范围较广，工作平顺可靠。但液力传递效率较低，导致其经济性不好；结构复杂，使其成本较高，维修困难。

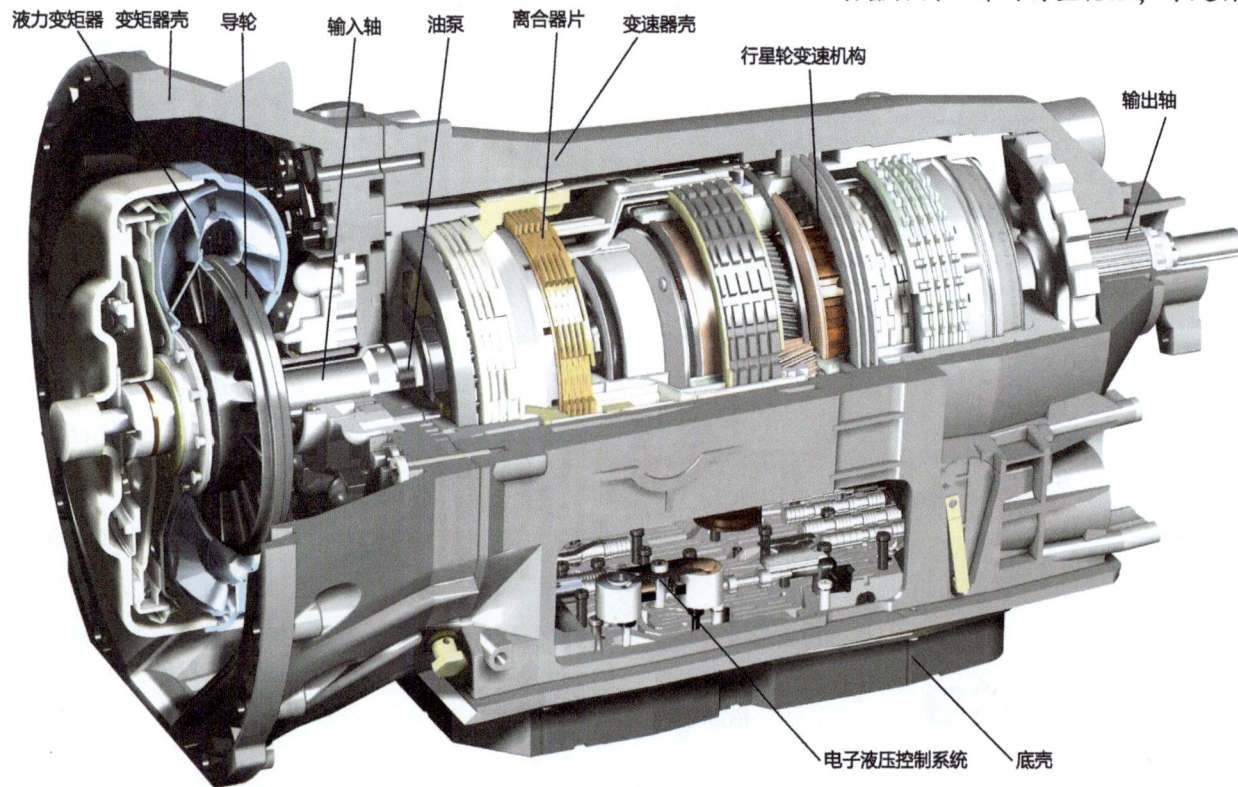

液力变矩器　变矩器壳　导轮　　　输入轴　油泵　离合器片　变速器壳　　　行星轮变速机构　　　输出轴

电子液压控制系统　　底壳

液力变矩器组成

外壳

卡环

压盘

锁止离合器从动盘

传力盘

涡轮

导轮

泵轮

▶ 知识链接

1. 发动机转矩通过液力变矩器的主动元件，再通过液压油传给液力变矩器的从动元件，最后传给变速器，因此传动效率较低。

2. 液力变矩器由于采用液压油传递动力，当踩下制动踏板时，发动机不会熄火，此时相当于离合器分离。当抬起制动踏板时，汽车可以起步，此时相当于离合器接合。

3. 锁止离合器可以将泵轮和涡轮直接连接起来，即将发动机与机械变速器直接连接起来，实现直接档传动，提高液力变矩器的传动效率，从而提高汽车的燃油经济性。

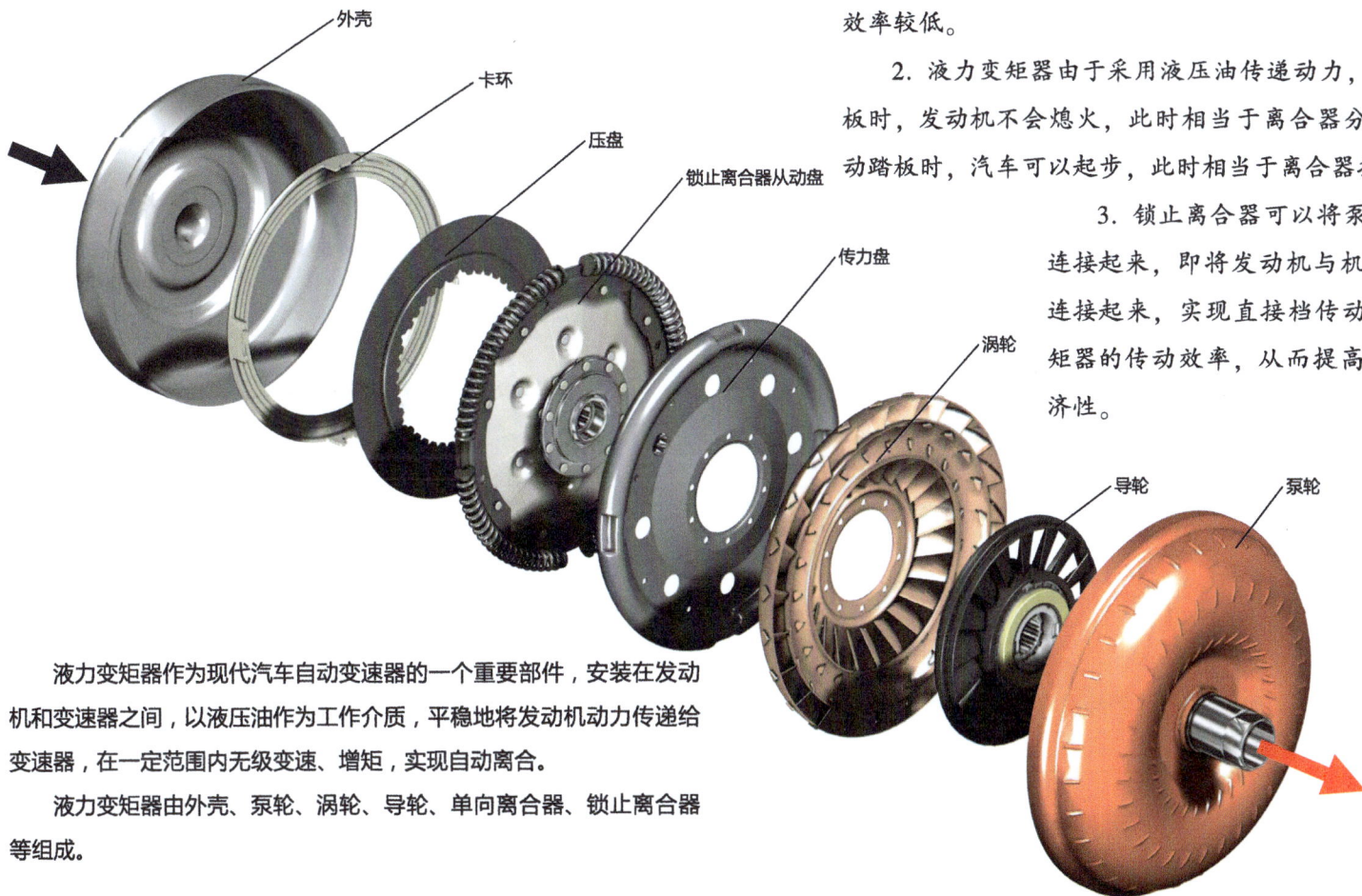

液力变矩器作为现代汽车自动变速器的一个重要部件，安装在发动机和变速器之间，以液压油作为工作介质，平稳地将发动机动力传递给变速器，在一定范围内无级变速、增矩，实现自动离合。

液力变矩器由外壳、泵轮、涡轮、导轮、单向离合器、锁止离合器等组成。

第四章
自动变速器

液力变矩器工作原理

发动机起动后,曲轴带动泵轮旋转,因旋转产生的离心力使泵轮叶片间的工作液沿叶片从内缘向外缘甩出。这部分工作液既具有随泵轮一起转动的沿圆周向的分速度,又有冲向涡轮的轴向分速度。这些工作液冲击涡轮叶片,推动涡轮与泵轮同方向转动。

增矩:涡轮速度低时,涡流速度大,环流速度小,合成液流的方向冲击导轮正面,经导向顺着泵轮叶片槽冲击涡轮,涡轮的输出转矩增大。

耦合:随着涡轮转速的增加,当泵轮与涡轮转速接近时,涡流速度最小,环流速度最大,合成液流的方向正好与导轮叶片相切。

降速:涡轮速度增大,其转速大于泵轮转速涡流速度,环流速度大,合成液流的方向冲击导轮背面,导轮的转矩反向,涡轮的输出转矩减小。

失速:涡轮负载过大而停转(如怠速时),泵轮仍旋转,但转速低,变矩器只输入、不输出,涡轮得到的转矩不足以克服阻力矩。

▶ **知识链接**

由于液力变矩器使变速器和发动机在本质上无物理接触,它使用的是柔性传动(液压传输),这样可使车辆起步平稳;即使在陡坡上出现动力不足而溜车时,发动机也不会熄火;但是如果起动系统出现故障,想推车滑行起动不可行,同样也不能随意拖车。

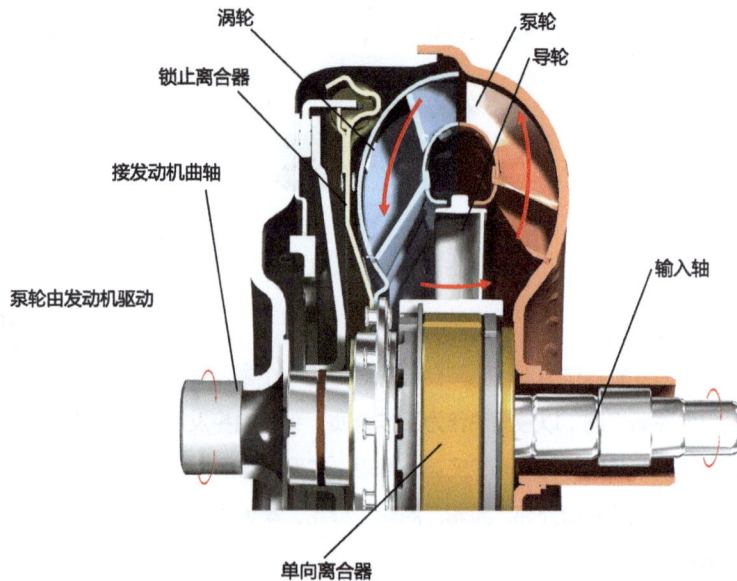

涡轮被驱动

导轮对变速器油起导向作用

泵轮由发动机驱动

液力变矩器

液力变矩器工作原理

涡轮
锁止离合器
接发动机曲轴
泵轮
导轮
输入轴
单向离合器

液力变矩器剖面图

液力自动变速器主要机械传动部分

知识链接

该液力自动变速器装配了锁止离合器,档位传动比由三套行星轮组决定,并采用五档设计,设有带超速档传动比的低转速档位。三个液压多片式制动器、三个液压多片式离合器和两个机械自由轮之间经过组合完成换档。

机械部件由主动轴、输出轴、太阳轮轴和相互连接在一起的三套行星轮组构成。

1. 现代液力自动变速器普遍采用行星轮变速机构,常见的有辛普森式的和拉维娜式。

2. 行星轮机构是变速机构,传动比的改变通过以不同的元件作主动件和限制不同元件的运动而实现。在传动比改变的过程中,整个行星轮组还在运动,动力传递没有中断,因而实现了动力换档。

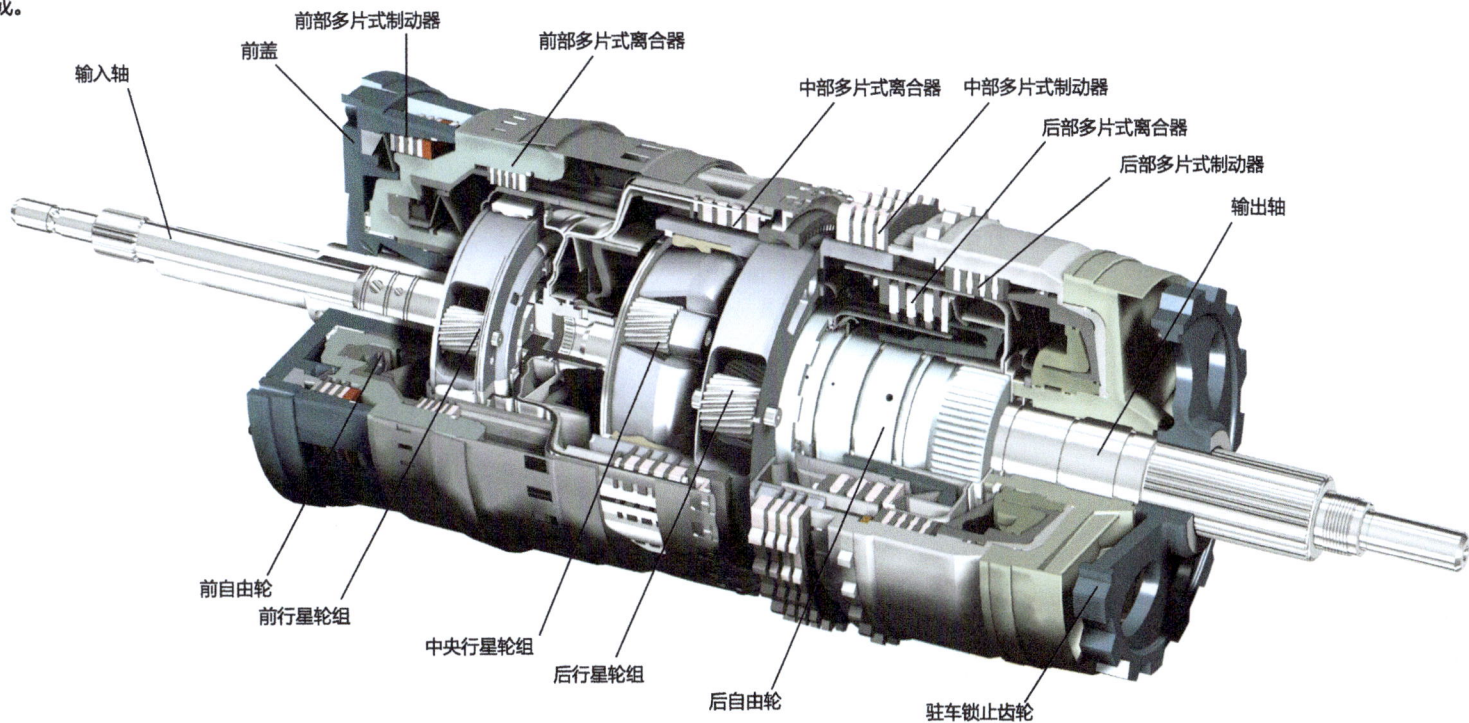

输入轴 前盖 前部多片式制动器 前部多片式离合器 中部多片式离合器 中部多片式制动器 后部多片式离合器 后部多片式制动器 输出轴 前自由轮 前行星轮组 中央行星轮组 后行星轮组 后自由轮 驻车锁止齿轮

第四章 自动变速器

滚柱斜槽式单向离合器

行星轮变速器中的单向离合器也是换档执行元件，其结构与液力变矩器中的单向离合器相同，目前用得较多的有滚柱斜槽式和楔块式。

单向离合器依靠单向锁止原理，起到固定或连接几个行星排中某些基本元件的作用，使行星轮变速器组成不同传动比（档位），可保证换档平顺无冲击，同时也可简化液力控制系统。

滚柱斜槽式单向离合器由外围、滚柱、弹簧和内圈组成，滚柱数量通常为 6~8 个。在工作过程中，若单向离合器外圈试图相对于内圈沿顺时针方向转动，滚柱便在开口槽中向小端移动，楔入内外圈之间，将两者锁住，与此同时，还可在两者之间传递转矩。

▶ **知识链接**

如果在每一个降档动力传动路线上都装有单向离合器，这样会增加变速器的结构尺寸，而且还会失去发动机制动作用。因此，还要增加换档元件来弥补这一问题。

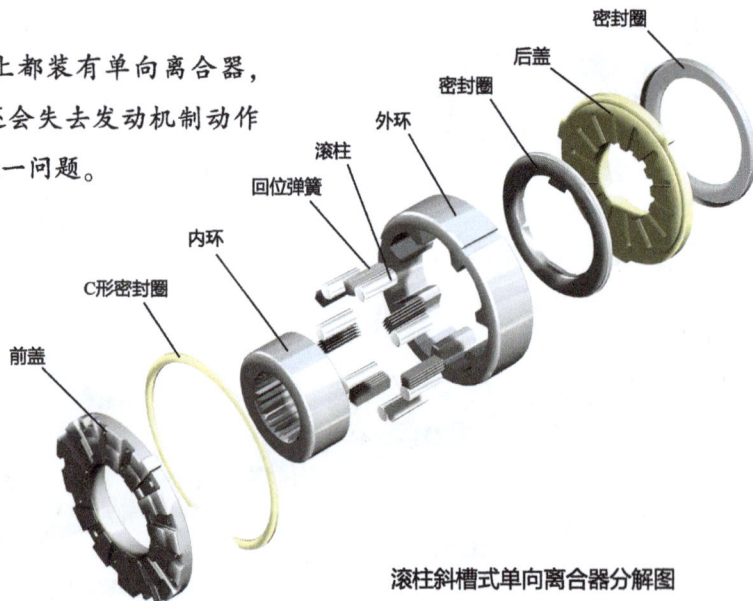

自由状态

锁止状态

滚柱斜槽式单向离合器分解图

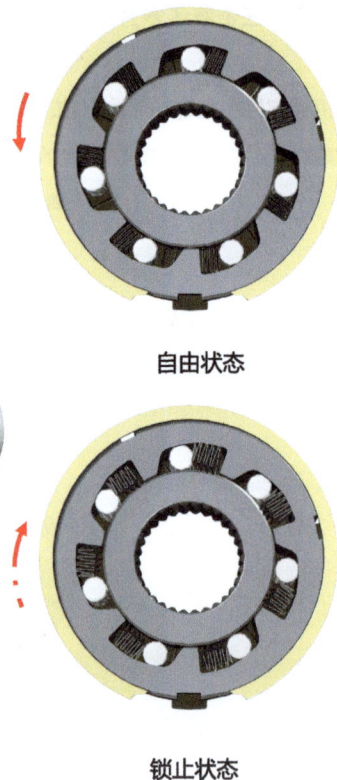

密封圈
后盖
密封圈
外环
滚柱
回位弹簧
内环
C形密封圈
前盖

自动变速器
单向离合器

楔块式单向离合器

外座圈（齿轮）
保持架
楔块
内座圈（传动轴）

楔块式单向离合器分解图

这种离合器由外圈、楔块、保持架和内圈组成。当外圈相对于内圈沿逆时针方向转动时，楔块被推动发生倾斜，在内外圈之间让出一定空间，因而不会锁止离合器。楔块式单向离合器在任何时候都允许其外圈相对于内圈沿逆时针方向旋转，或允许其内圈相对于外圈沿顺时针方向旋转。

反之，当外圈试图相对于内圈沿顺时针方向转动时，楔块因几何形状的原因将卡在内外圈之间无法活动，从而将两者锁死在一起。

为保证楔块能可靠地楔在内外圈之间，这种单向离合器中装有保持弹簧，使楔块按能锁住内外圈的方向始终保持一点倾斜。

知识链接

1. 这种单向离合器最容易装反，装反会改变其锁止方向，使行星轮变速器无法正常工作。

2. 与滚柱斜槽式单向离合器相比，两者工作原理相似，但楔块式单向离合器所能传递的动力更大。

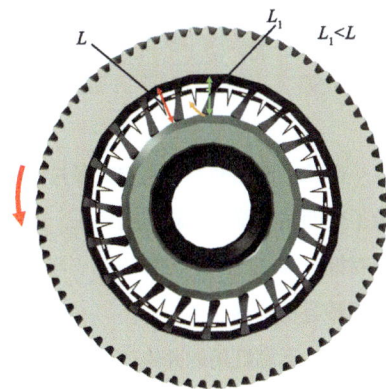

$L_1 < L$

自由状态

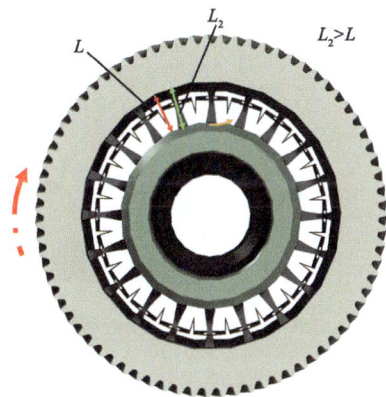

$L_2 > L$

锁止状态

液力自动变速器换档离合器

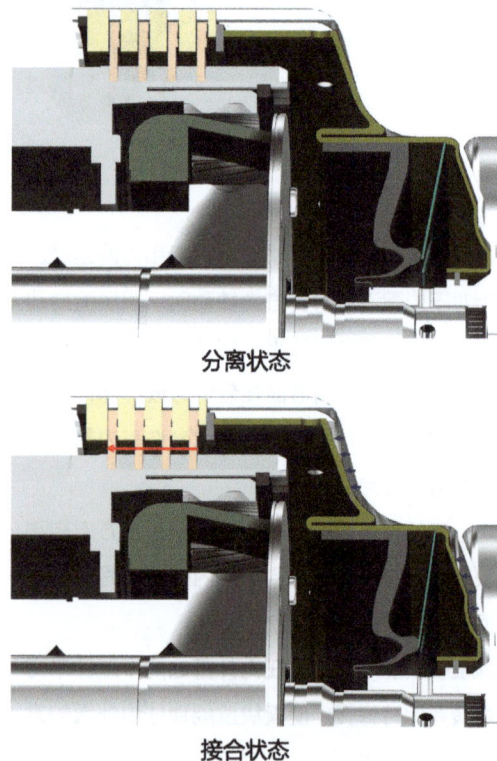

自动变速器换档采用湿式多片式离合器。离合器由若干相间排列的从动盘（表面粘有摩擦材料的钢片）、主动盘和压盘组成。每个主动盘外缘上突出有键，卡在壳体的内键槽内，与输入轴连接，从动盘内缘上设有内花键与花键毂互相啮合。

作为活塞缸用的壳体内设有活塞和回位弹簧，当液力使活塞把主动盘和从动盘压紧时，花键毂与壳体接合在一起；当工作液从活塞缸排出时，回位弹簧使活塞后退，离合器便分离。

自动变速器换档离合器布置图

▶ 知识链接

同一厂家生产同一类型的自动变速器可以在不改变离合器外形和尺寸条件下，通过增减摩擦片数来满足不同车型传递动力的要求，为了保证离合器片间隙值正常，需要相应减少或增加钢片数量。因此，有些离合器在相邻两个摩擦片间设有两个钢片，可使自动变速器在改型时具有灵活性。

液力自动变速器
换档离合器

分离状态

接合状态

行星轮机构

自动变速器的液力变矩器虽能传递和增大发动机转矩，但变矩比不大，变速范围不宽，远不能满足汽车使用工况。为进一步增大转矩、扩大其变速范围、提高汽车的适应能力，需在液力变矩器后再装一个机械变速器，即有级式齿轮变速器。

行星轮变速器由行星轮机构、离合器、制动器和单向离合器等执行元件组成。行星轮机构通常由多个行星排组成，行星排的多少与档数有关。

▶ 知识链接

1. 行星轮机构是液力自动变速器变速的基础。行星轮组的主动件、从动件和固定件可以变换，只要限制其中一个元件的转动，并改变动力的输入和输出，输出的传动比就会改变。如果有两个或多个行星轮组组合在一起，就能实现多个档位输出，如多数6~8档液力自动变速器有三个行星轮组，4档的有两个行星轮组。

2. 液力自动变速器的行星轮机构主要有辛普森式行星轮机构、拉威娜式行星轮机构和莱佩莱捷行星轮机构等。

3. 需要利用行星轮组改变传动比的汽车装置有很多，如CVT利用它做副变速机构，四驱车的中央差速器也会用到它，起动机以及电动汽车的减速机构都有它的身影。

行星齿轮机构

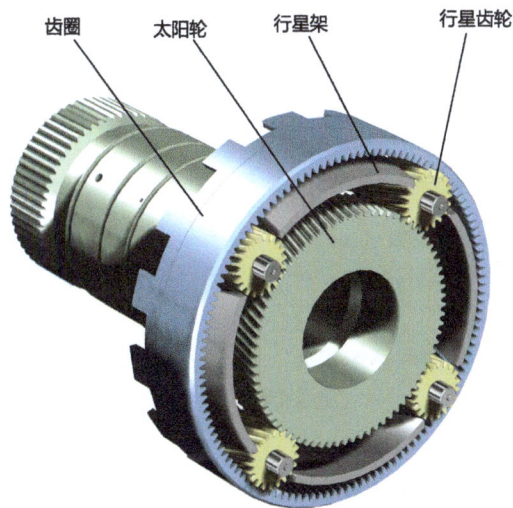

齿圈　太阳轮　行星架　行星齿轮

行星轮变速器

低速

中速

高速

倒档

主动件

从动件

固定件

液力自动变速器液压控制系统

▶ 知识链接

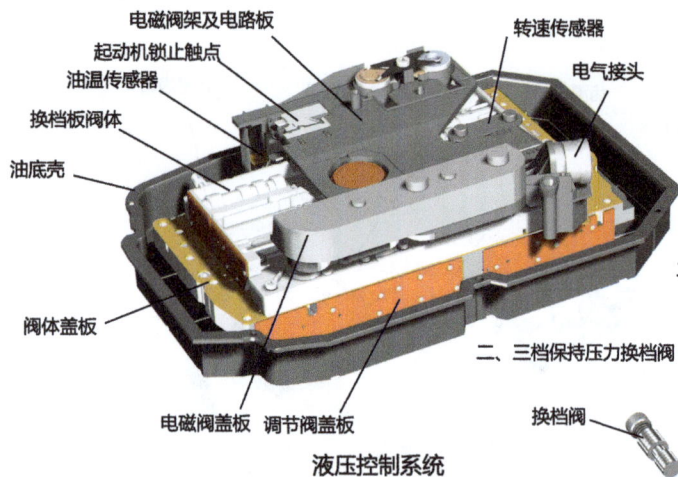

电磁阀架及电路板
起动机锁止触点
油温传感器
换档板阀体
油底壳
阀体盖板
电磁阀盖板
调节阀盖板
转速传感器
电气接头

液压控制系统

自动变速器液压控制系统由阀体、各种控制阀及油路组成。其功用是控制油泵的泵油压力，使之符合自动变速器的工作需要，根据操纵手柄的位置和汽车行驶状态实现自动换档。

阀门和油路设置在一个板块内，称为阀体总成。不同型号的自动变速器阀体总成的安装位置不同，有的装在上部，有的装在侧面，纵置的自动变速器一般装在下部。

1. 对于自动变速器换档控制实际上有两个要求：一是换档过程应尽量迅速地完成；二是换档过程应尽量缓慢平稳过渡。但是，两者是矛盾的。通常是确定摩擦元件的滑动摩擦最小时间，再设法提高换档过程的平稳性。

2. 液压控制系统中最复杂的是各种控制阀，这些控制阀通常集中在一个阀体上，由阀体中各个阀门控制液压，并切换液体通道。

3. 换档阀根据换档信号系统提供的信号控制自动变速器中液压操纵油路的方向，由此决定所处不同档位。

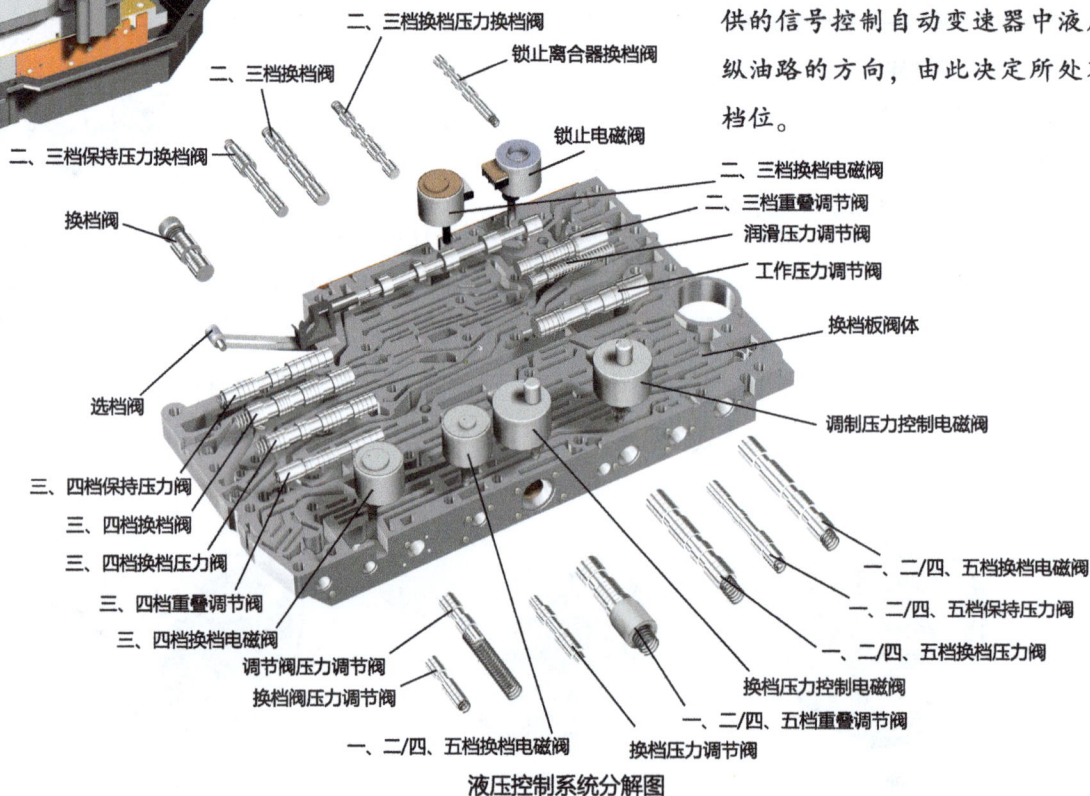

二、三档换档压力换档阀
锁止离合器换档阀
二、三档换档阀
锁止电磁阀
二、三档保持压力换档阀
二、三档换档电磁阀
二、三档重叠调节阀
润滑压力调节阀
工作压力调节阀
换档阀
换档板阀体
选档阀
调制压力控制电磁阀
三、四档保持压力阀
三、四档换档阀
三、四档换档压力阀
三、四档重叠调节阀
三、四档换档电磁阀
调节阀压力调节阀
换档阀压力调节阀
一、二/四、五档换档电磁阀
一、二/四、五档换档电磁阀
一、二/四、五档保持压力阀
一、二/四、五档换档压力阀
换档压力控制电磁阀
一、二/四、五档重叠调节阀
换档压力调节阀

液压控制系统分解图

莱佩莱捷行星排自动变速器机械传动部分

采用莱佩莱捷行星排的自动变速器机械部分由一个太阳轮常固定的单排单级行星齿轮加一组拉威娜轮系组成，有三个离合器和两个制动器，共五个执行元件。

这种布置没有直接档，结构上没有采用单向离合器，从而简化了系统零部件的数量，节省了原材料，对于乘用车传动系统布置十分适合，但其对控制的软件和硬件要求较高。

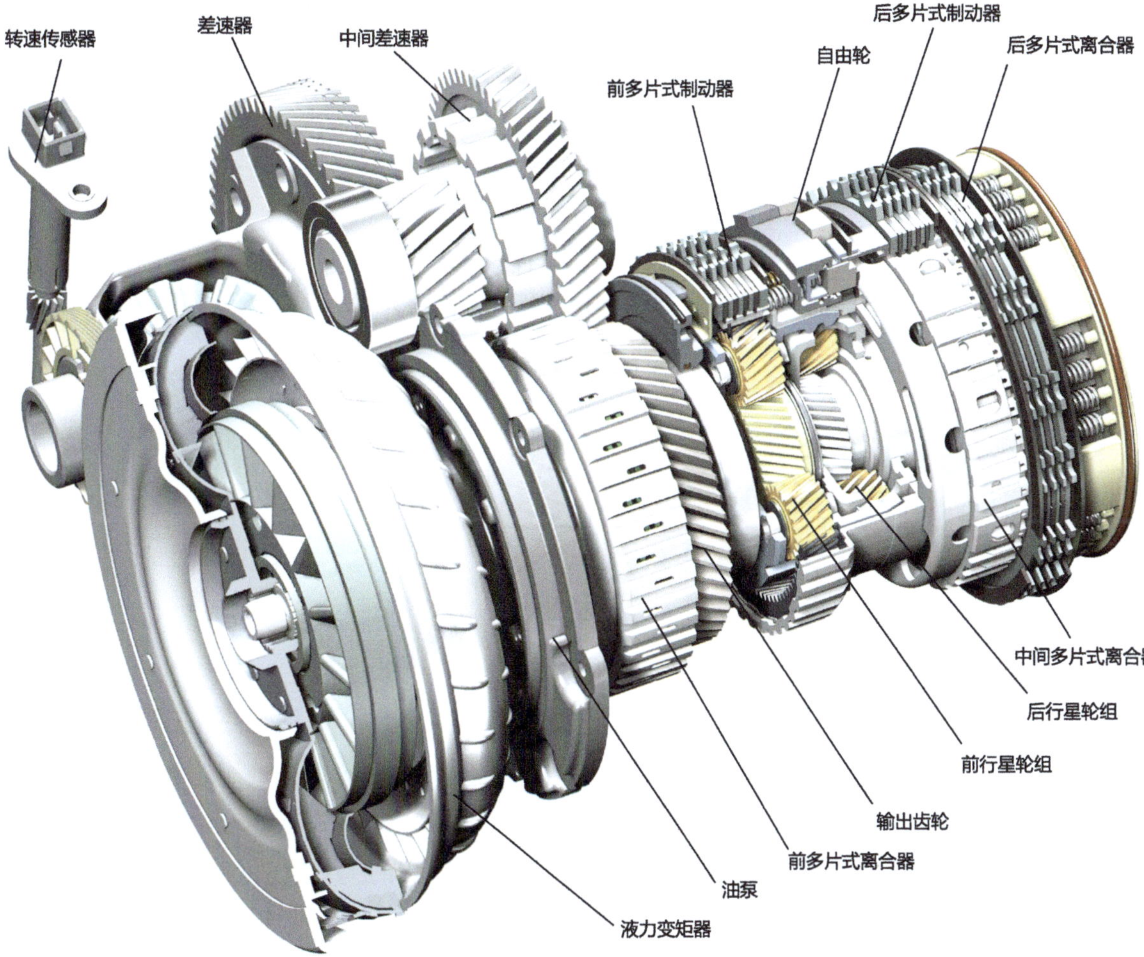

▶ **知识链接**

单靠辛普森式、拉维娜式行星轮变速器已经很难满足自动变速器对档位更高的发展要求。而真正使自动变速器进入六档时代的就是莱佩莱捷式行星轮系，并成为中高档乘用车自动变速器的行业标准。

转速传感器
差速器
中间差速器
后多片式制动器
自由轮
后多片式离合器
前多片式制动器
中间多片式离合器
后行星轮组
前行星轮组
输出齿轮
前多片式离合器
油泵
液力变矩器

莱佩莱捷行星排自动变速器传动路线

发动机转矩首先传递到单行星轮组，然后从单行星轮组继续传递到双行星轮组。行星齿轮的数目与变速器转矩传递有关。离合器可通过与转速无关的调节达到一个动态的压力平衡，由电子调压阀间接控制所有离合器和制动器。

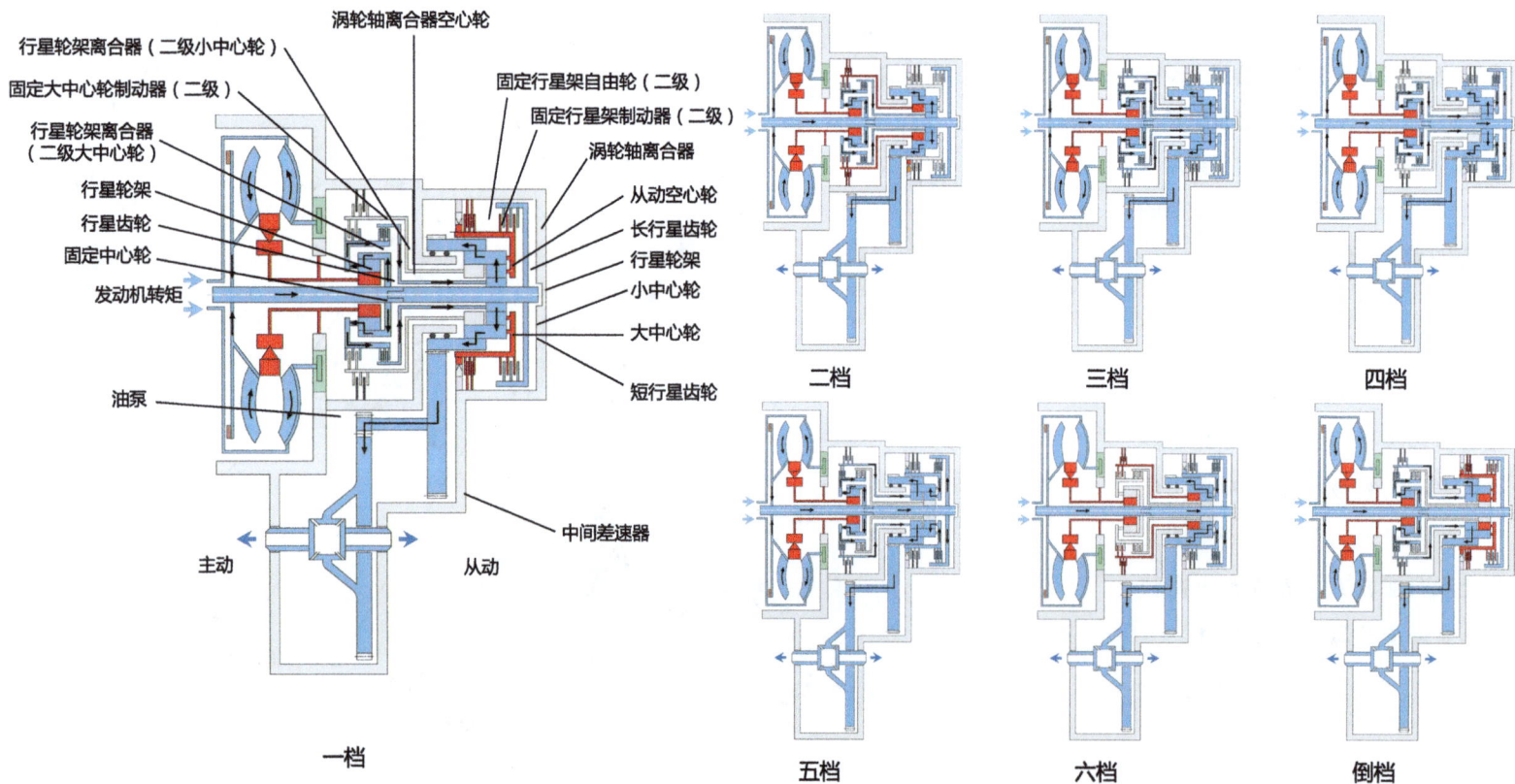

行星轮架离合器（二级小中心轮）
固定大中心轮制动器（二级）
行星轮架离合器（二级大中心轮）
行星轮架
行星齿轮
固定中心轮
发动机转矩
油泵

涡轮轴离合器空心轮
固定行星架自由轮（二级）
固定行星架制动器（二级）
涡轮轴离合器
从动空心轮
长行星齿轮
行星轮架
小中心轮
大中心轮
短行星齿轮
中间差速器

主动　　　从动

一档

二档　　　三档　　　四档

五档　　　六档　　　倒档

自动变速器控制

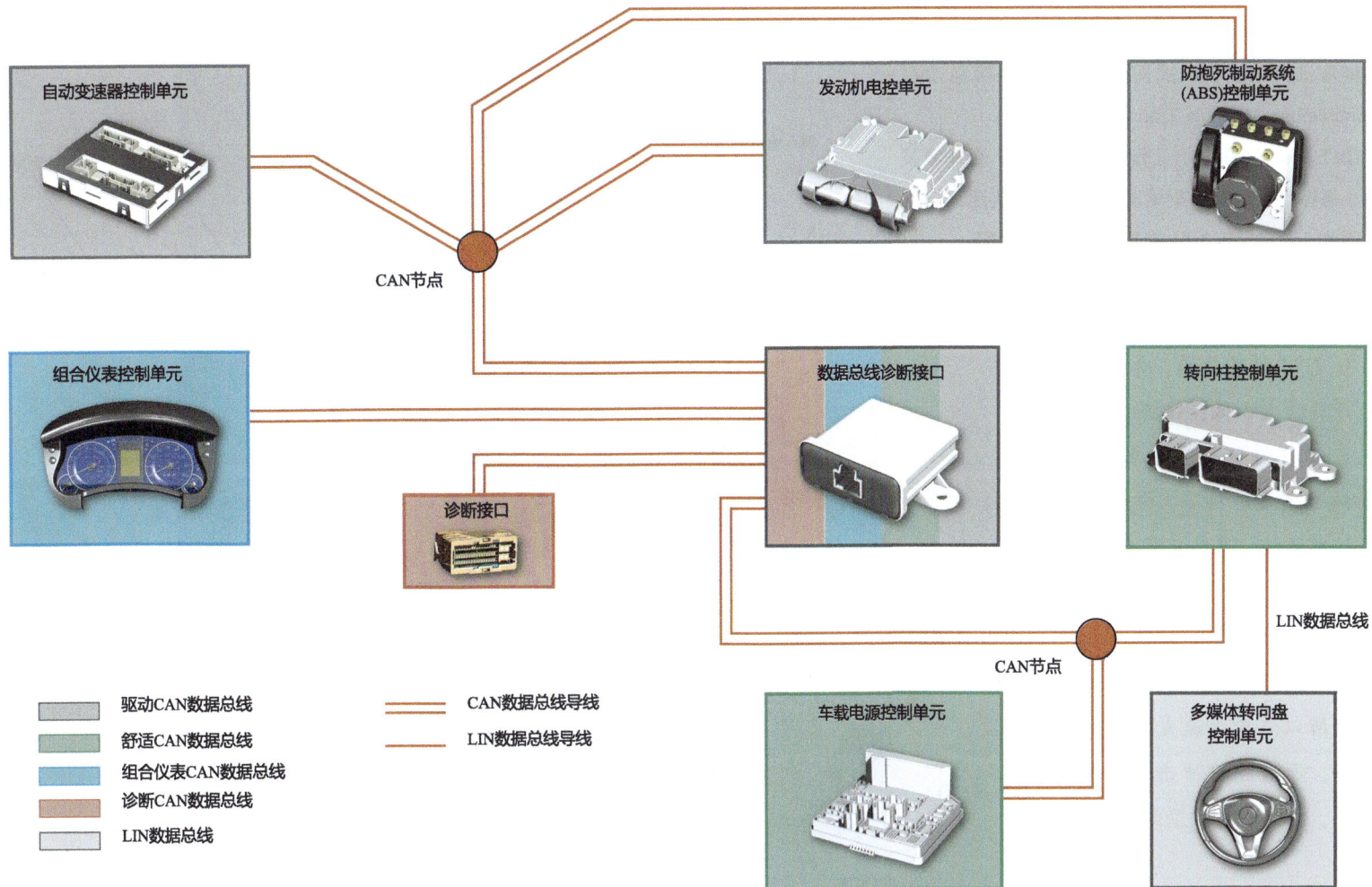

自动变速器控制单元

发动机电控单元

防抱死制动系统
(ABS)控制单元

CAN节点

组合仪表控制单元

数据总线诊断接口

转向柱控制单元

诊断接口

LIN数据总线

CAN节点

	驱动CAN数据总线		CAN数据总线导线
	舒适CAN数据总线		LIN数据总线导线
	组合仪表CAN数据总线		
	诊断CAN数据总线		
	LIN数据总线		

车载电源控制单元

多媒体转向盘
控制单元

第四章
自动变速器

043

无级变速器基本组成

传统汽车理想的传动系统是无级自动变速系统，即一种能连续换档的机械式无级变速传动，简称 CVT（Continuously Variable Transmission）。

CVT 具有结构紧凑、工作可靠、寿命长、效率高及噪声小等特点。但其转矩输出较小，很难实现大传动比。因此，通常只在 3.0L 以下排量乘用车使用。

▶ 知识链接

1. CVT 结构简单，体积小，大批量生产后的成本低，经济性好。但是，它的经济性好仅局限于中低负荷下，在高转速或大负荷下，它的传动效率会大幅度降低，甚至只有50%左右。

2. CVT 工作好坏、寿命长短，更依赖驾驶习惯。

3. 由于 CVT 传动比变化是连续不断的，所以汽车加速或减速过程都非常平缓，没有换档冲击，提高了行驶平顺性，当然也就少了驾驶的乐趣。

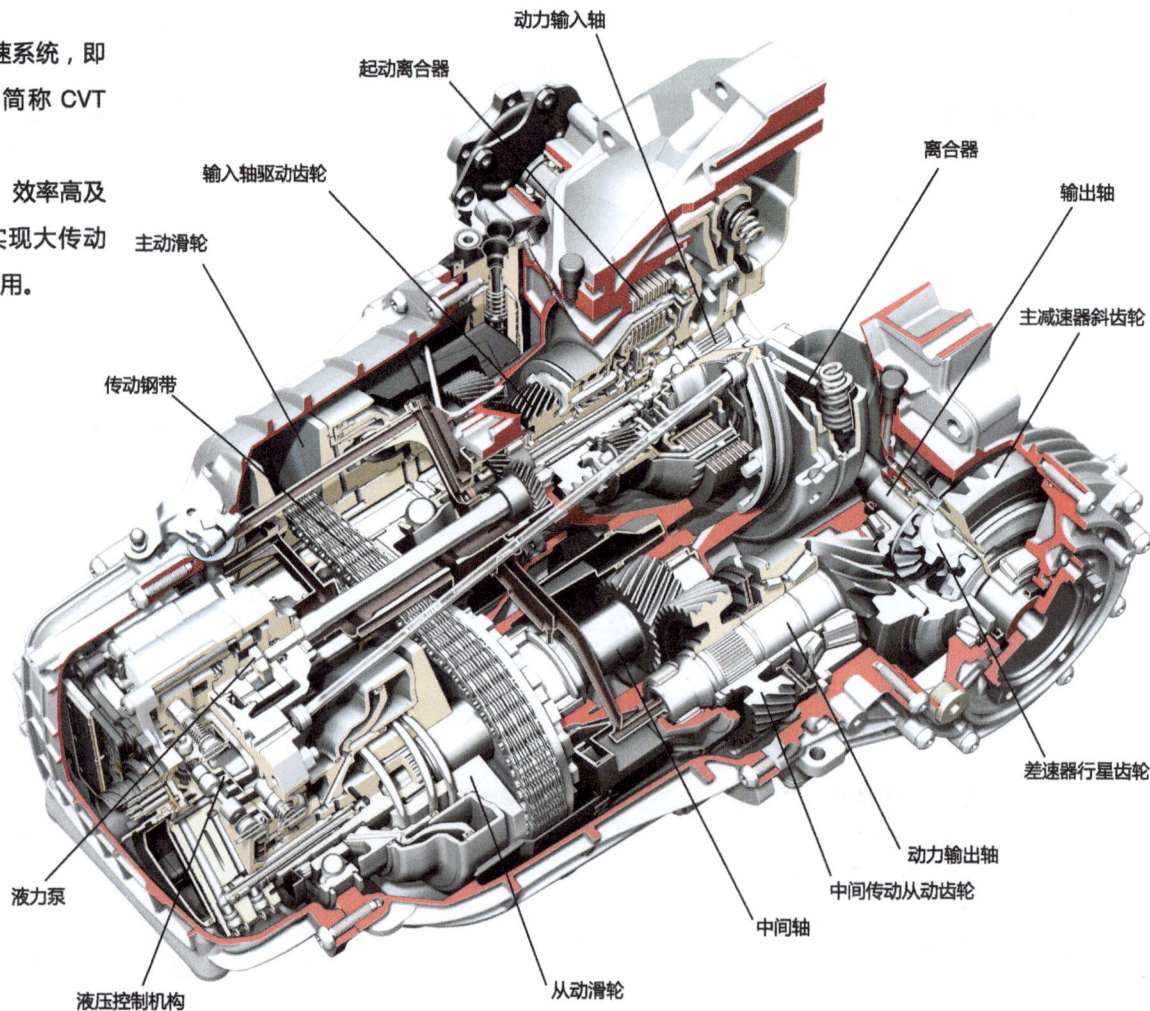

动力输入轴
起动离合器
离合器
输出轴
输入轴驱动齿轮
主动滑轮
主减速器斜齿轮
传动钢带
差速器行星齿轮
动力输出轴
中间传动从动齿轮
液力泵
中间轴
液压控制机构
从动滑轮

无级变速器工作原理

CVT 由钢带、主动滑轮组、从动滑轮组、液力泵、起步离合器和控制系统等组成。其动力传递路线是：发动机输出的动力经飞轮、离合器、主动滑轮、钢带和从动滑轮后，传给中间减速器，再经主减速器与差速器，最后传给驱动轮。该变速传动系统中的主、从动工作轮由固定部分和可动部分组成。工作轮的固定部分和可动部分之间形成 V 形槽。钢带在槽内与工作轮相啮合。当工作轮的可动部分做轴向移动时，即可改变钢带与主、从动工作轮的行驶工况，通过液力控制系统进行连续地调节，实现无级变速传动。

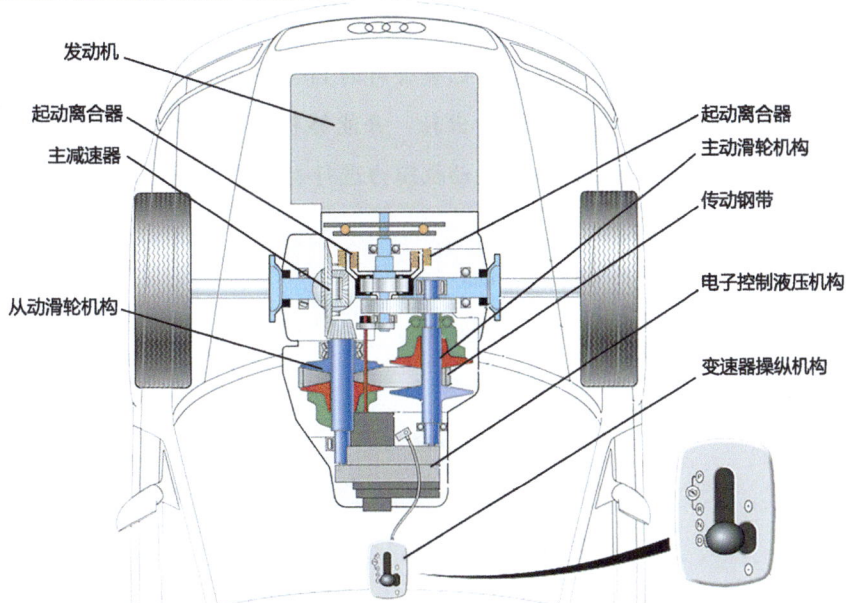

▶ 知识链接

1. 提高传动带性能和 CVT 传动效率极限的研究一直在进行，如将液力变矩器集成到 CVT 中，主、从动轮的夹紧力实现电子化控制，在 CVT 中采用节能泵，传动带用金属带代替传统的橡胶带。

2. CVT 变速器像变速自行车的踏板经大小轮盘与链条带动车轮以不同的速度旋转。由于不同的力度对各组齿轮产生的推力大小不同，致使变速器输出的转速也随之变化。

无级变速器在乘用车上的布置

发动机 起动离合器 主减速器 从动滑轮机构 起动离合器 主动滑轮机构 传动钢带 电子控制液压机构 变速器操纵机构

主动滑轮 从动滑轮 输出轴 输入轴 窄 低档位（外推） 宽 高档位（内拉）

CVT 简单机构

无级变速器内部组成部分

这种无级变速器的前进档和倒档各有一个湿式摩擦片式离合器，两者均为起动离合器。倒档旋转方向通过行星轮系改变。发动机转矩通过传动钢带传递转矩，再通过辅助减速齿轮档传递到变速器，并由此传到主减速器。其电子液压控制单元和变速器控制单元集成为一体，位于变速器壳体内。

▶ 知识链接

　　各大汽车厂商的无级变速器设计、结构和命名都有区别。大众公司的 Multitronic 无级变速器结构同发动机均为纵置式，它能够模拟出八个前进档和 S（运动）模式。日产公司的 XTronic 无级变速器可以模拟六个前进档，但没有手动模式。斯巴鲁公司的 Lineartronic 无级变速器提供了前、后两根动力输出轴，并能够模拟出六档手动模式，还可在下坡时利用发动机阻力进行制动。

- ■ 壳体、螺栓
- ■ 液压部分/控制机构
- ■ 电子控制部分
- ■ 传动齿轮、传动轴
- ■ 离合器钢片
- ■ 活塞、转矩传感器
- ■ 垫片、挡圈、轴承
- ■ 密封件、塑料件、橡胶件

无级变速器变速过程

在无级变速器中，集成在输入轴上的转矩传感器用来监控传递至主动滑轮压力缸内的油压，从而防止因油压过低导致的打滑现象以及油压过高引起的传动效率降低现象。

通过滑轮油压缸内部油压变化改变作用在钢带上的基础张紧力（接触压力），从而分离或接合滑轮，并改变传动比。

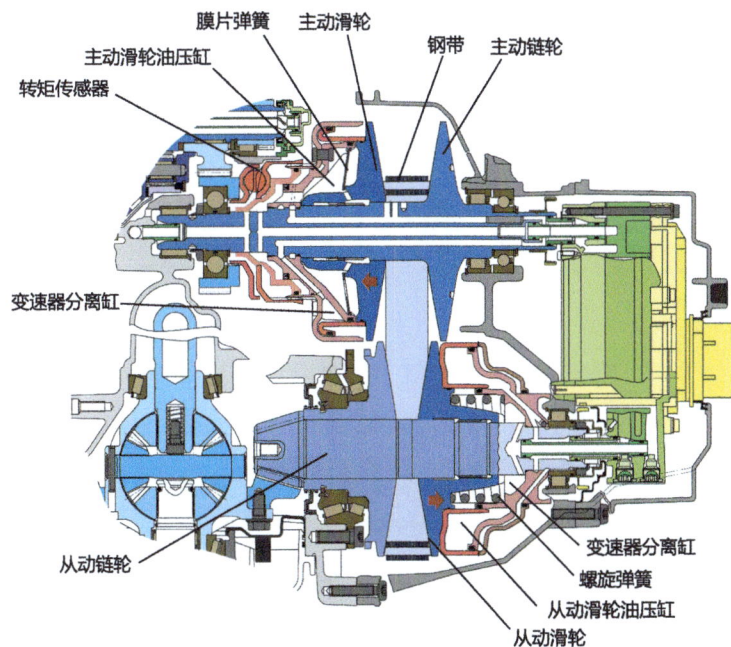

无级变速器油缸工作充分利用了液压原理，即压力（接触压力）因压强和有效面积不同而不同。压力缸表面积很大，能够在低压油时提供所需的接触压力，相对低的油压对传动效率也有更大的影响。

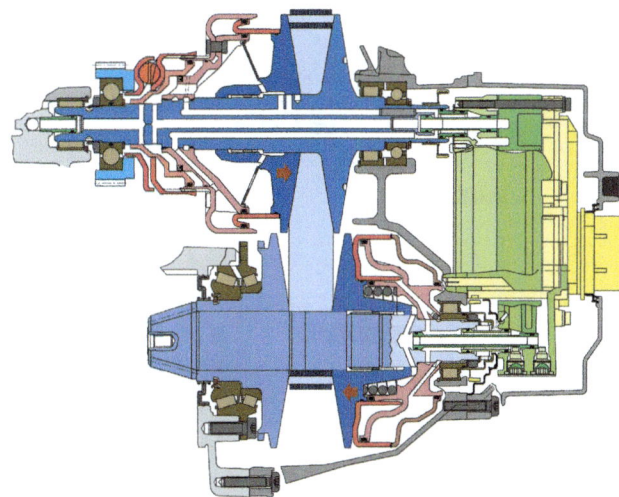

膜片弹簧　主动滑轮　钢带　主动链轮
主动滑轮油压缸
转矩传感器
变速器分离缸
从动链轮
变速器分离缸
螺旋弹簧
从动滑轮油压缸
从动滑轮

起动转矩比（减速状态）

输出转矩增加比（加速状态）

第四章　自动变速器

047

无级变速器液力换档控制

无级变速器使用液力换档控制机构。压力导向阀为压力调节阀提供恒定的油压，而压力控制阀根据变速器控制单元提供的档位控制电流产生控制压力，并通过该压力改变减压阀位置。控制电流与控制压力成正比，这个控制压力通过减压阀的控制作用在主动和从动滑轮上。当控制压力较低时，机油压力作用在主动滑轮压力缸内，从动滑轮压力缸泄油，变速器向加速传动比

方向换档；当控制压力较高时，从动滑轮压力缸内压力增加，主动滑轮压力缸泄压，变速器向减速传动比方向换档。

▶ **知识链接**

1. 无级变速器档位通过控制单元进行模拟。

2. 无级变速器的换档逻辑会让激烈驾驶者感到无趣，而激烈驾驶还会让变速器过热。

3. 无级变速器的使用要求很多，如在冬季变速器要预热，制动不能太急，上下长坡或陡坡要用手动档或低速档，停车要停得更稳再熄火等。

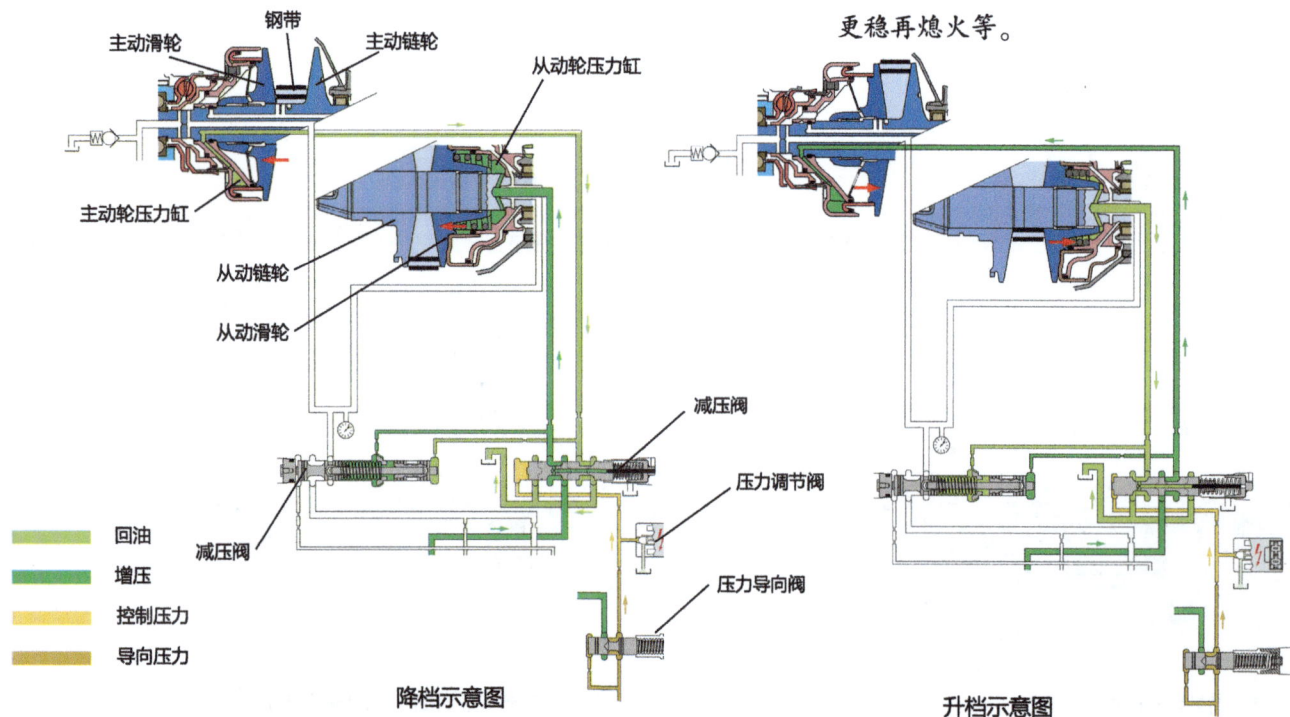

降档示意图

升档示意图

图例：
- 回油
- 增压
- 控制压力
- 导向压力

双离合自动变速器传动原理

双离合自动变速器将两套彼此独立的手动变速器组合在一起，再给每台传统的手动变速器分配一个摩擦片式离合器，并利用机械电子控制装置根据要接通的档位来分离和接合，从而实现换档而不中断牵引力的目的。

与传统的手动变速器相比，双离合变速器使手动变速器具备自动性能，同时大大改善了汽车的燃油经济性，换档更快速、顺畅，动力输出不间断。

双离合变速器与其他自动变速器相比，体积更小、重量更轻、结构简单，而研发制造成本低才是它能够普及的重要原因。

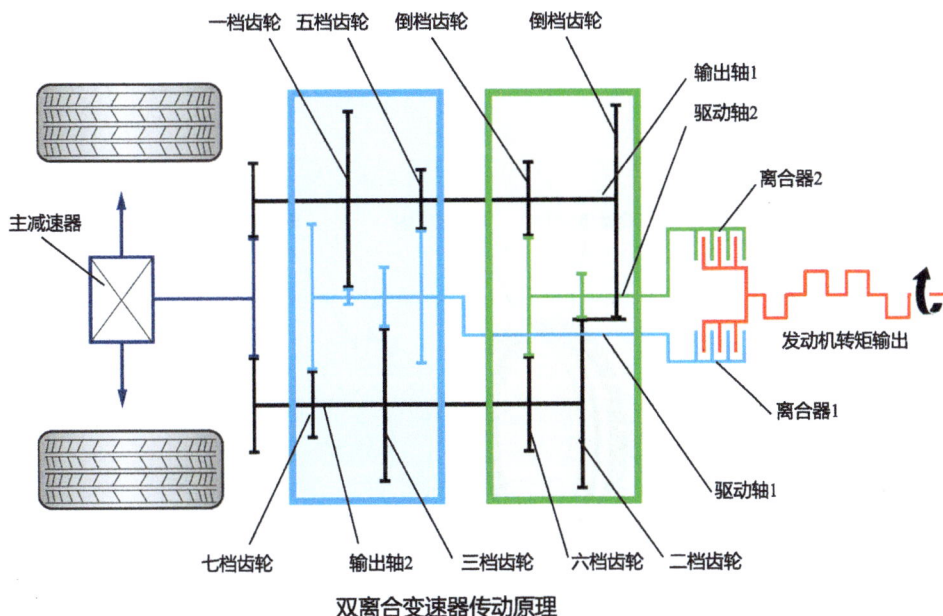

双离合变速器

双离合变速器传动原理

▶ **知识链接**

1. 双离合变速器最早搭载在 20 世纪 80 年代初的保时捷赛车上。其目的是消除换档时动力传递停滞现象，让赛车获得更大的加速度。

2. 双离合变速器简称 DCT（Dual Clutch Transmission），大家通常理解的 DSG 是大众公司自有的双离合变速器。

3. 干式双离合和湿式双离合在工作原理和基本构造上没有本质区别。湿式双离合的两组离合器片浸在一个密封的液压油腔内，可以通过液压油吸收热量，而干式双离合没有密封油槽，主要通过风冷散热。

湿式双离合自动变速器离合器

湿式双离合器为一大一小两组同轴安装在一起的多片式离合器，它们安装在一个充满液压油的密闭油腔里，并通过液压缸的作用压紧多个钢片和摩擦片使离合器接合，回油后则在弹簧力的作用下使钢片和摩擦片分离。

湿式双离合器的结构有着更好的调节能力和优异的热熔性，它能够传递比较大的转矩，耐用性也更好。

知识链接

1. 湿式双离合变速器的离合器由于有变速器油包裹，它的传动效率低于干式，但它的耐热性高，离合器摩擦片磨损程度低，可承受较大的转矩和适应较为激烈的驾驶环境。但由于结构复杂，制造成本和养护成本较高（需定期更换变速器油），所以它一般用于高端豪华车和跑车。

2. 在干式双离合变速器出现之前，几乎所有的电控/液控离合器都是湿式的。例如四驱系统中的多片离合器、一些主动控制系统中采用的离合器，包括液力自动变速器内的离合器全都是湿式的。

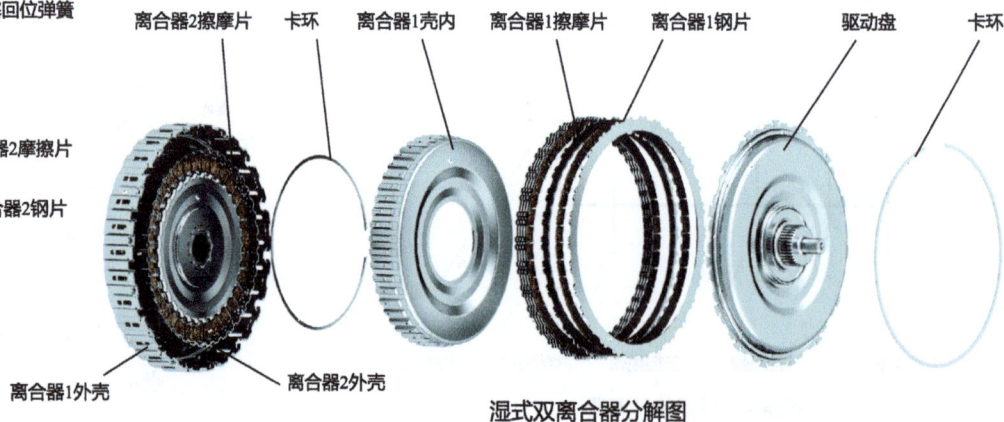

离合器1钢片
离合器1内壳
驱动盘
离合器1摩擦片
离合器1外壳
离合器1活塞
离合器2外壳
离合器2活塞
输入轴轮毂
活塞回位弹簧
输入轴1花键
输入轴2花键
离合器2摩擦片
离合器2钢片

湿式双离合器

离合器2擦摩片
卡环
离合器1壳内
离合器1擦摩片
离合器1钢片
驱动盘
卡环
离合器1外壳
离合器2外壳

湿式双离合器分解图

湿式双离合自动变速器动力传动路线

发动机转矩通过双惯性飞轮的啮合齿传递到膜片式离合器的驱动轴轮毂上。双离合变速器驱动轴轮毂上的双惯性飞轮通过花键将转矩传至多片离合器的驱动盘，这样发动机转矩就能传递到双离合变速器上。

离合器 1 的外壳和离合器 2 的外壳均与轮毂连接在一起，因此始终都可实现动力啮合。转矩经过外片壳体传输到相关离合器，如果离合器接合，则转矩继续传递到内片壳体，然后传递到有关驱动轴。

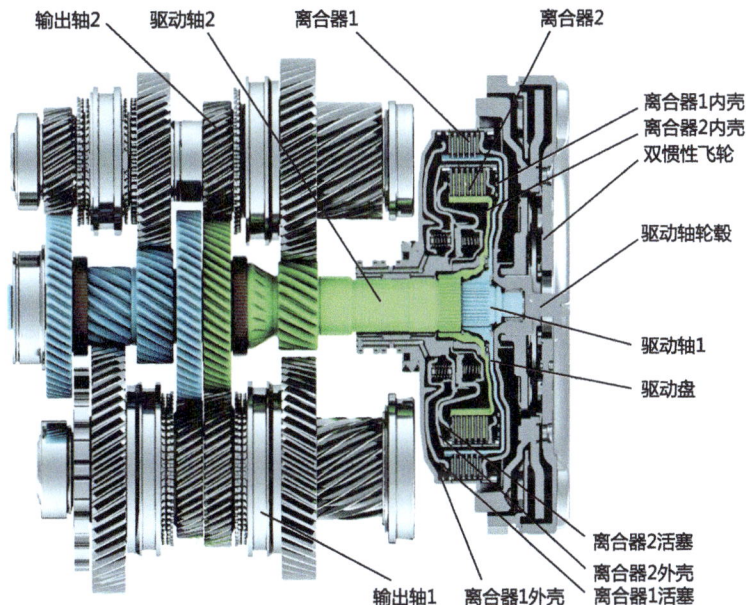

输出轴2　驱动轴2　　离合器1　　　离合器2

离合器1内壳
离合器2内壳
双惯性飞轮

驱动轴轮毂

驱动轴1

驱动盘

离合器2活塞
离合器2外壳
离合器1活塞

输出轴1　离合器1外壳

湿式双离合变速器动力传动布置图

▶ 知识链接

由于双离合变速器中没有液力变矩器，要达到良好的换档品质，需要通过精确控制离合器的接合来实现。当车辆行驶时，一组齿轮先处于啮合状态，而接近换档时，下一个档位的齿轮已被预选，换档时，先前处于接合状态的离合器分离，同时另一组离合器啮合。此时传动效率几乎接近于手动变速器，这就是双离合变速器经济性好的原因。

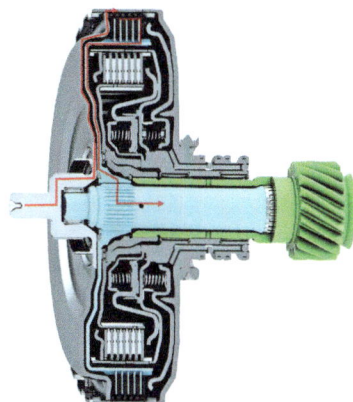

离合器1（外）接合状态

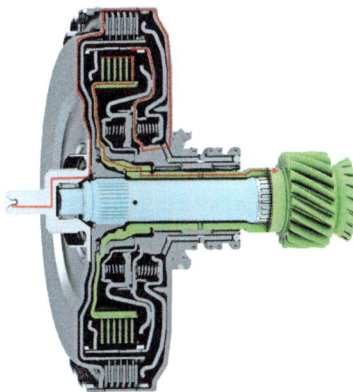

离合器2（内）接合状态

湿式双离合自动变速器驱动轴

湿式双离合变速器驱动轴布置图

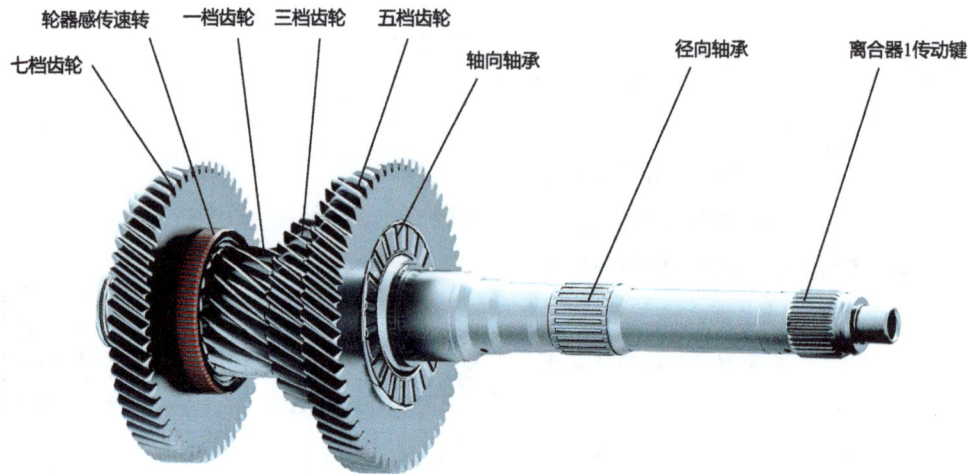

湿式双离合变速器驱动轴1

轮器感传速转　一档齿轮　三档齿轮　五档齿轮

七档齿轮　　　　　　　　　　　轴向轴承　　径向轴承　　离合器1传动键

驱动轴 1 和离合器 1 通过花键传动，通过离合器可以在一、三、五和七档之间切换。

驱动轴 2 是空心轴，它与离合器 2 通过花键传动，通过驱动轴 2 可以实现二、四、六档和倒档之间的切换。

▶ **知识链接**

这就是整个变速器的齿轮变速机构，有两根同轴心的驱动轴、两根输出轴和一根中间轴（也称倒档惰轮轴），在每根轴上都安装有齿轮，相应地，在齿轮和齿轮之间还安装有换档执行机构即同步器。

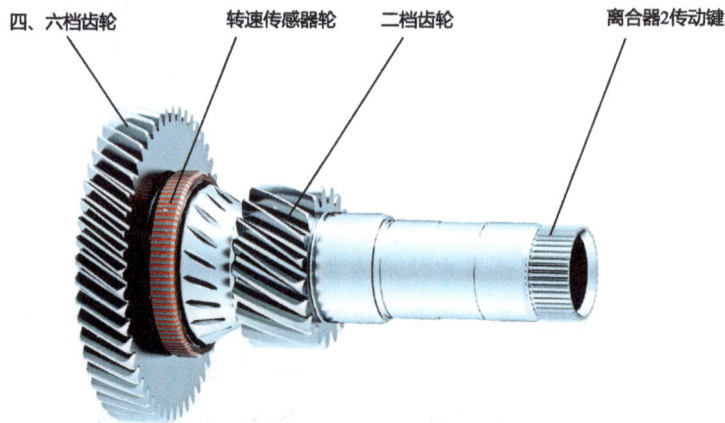

四、六档齿轮　　　转速传感器轮　　二档齿轮　　　　　　离合器2传动键

湿式双离合变速器驱动轴2

底盘、车身与电器（彩色版）

汽车构造与原理三维图解

湿式双离合自动变速器输出轴

在变速器内有两根输出轴。根据所换入的档位，发动机转矩由驱动轴传递到输出轴上。

每一根输出轴上都有锁环，借助它可将转矩通过从动齿轮传递到传动轴驱动装置的圆柱齿轮。

▶ 知识链接

每根输出轴上都有同步器、从动齿轮及差速器输出齿轮。输出轴上的从动齿轮分别与位于输入轴上的对应档位的主动齿轮常啮合，形成若干对常啮合的齿轮副。当同步器处于中间位置时，输出轴上的所有从动换档齿轮处于空转状态，不对外输出动力。

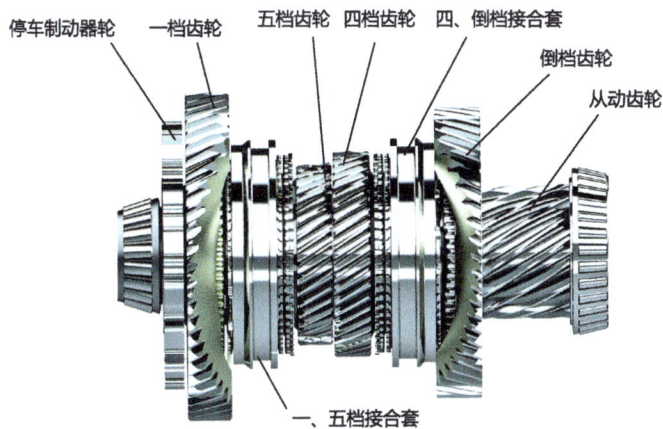

停车制动器轮　一档齿轮　　五档齿轮　四档齿轮　四、倒档接合套　倒档齿轮　从动齿轮　一、五档接合套

湿式双离合变速器输出轴1

湿式双离合变速器输出轴1布置图

三、七档接合套　六档齿轮　二档齿轮　从动齿轮　七档齿轮　三档齿轮　二、六档接合套

湿式双离合变速器输出轴2

湿式双离合变速器输出轴2布置图

湿式双离合自动变速器档位传动路线

一档：离合器1→驱动轴1→输出轴1→一档锁环；二档：离合器2→驱动轴2→输出轴2→二档锁环；三档：离合器1→驱动轴1→输出轴2→三档锁环；四档：离合器2→驱动轴2→输出轴1→四档锁环；五档：离合器1→驱动轴1→输出轴1→五档锁环；六档：离合器2→驱动轴2→输出轴2→六档锁环；七档：离合器1→驱动轴1→输出轴2→七档锁环；倒档：离合器2

▶ 知识链接

负责控制动力传动路线的是换档控制装置，这个装置与其他自动变速器类似。双离合变速器控制单元由电子控制单元和电子液压控制单元两部分构成，这两部分集成在一起。这两部分连同阀体都位于滑阀箱内，浸在变速器油内。

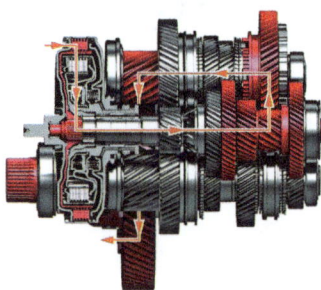

一档

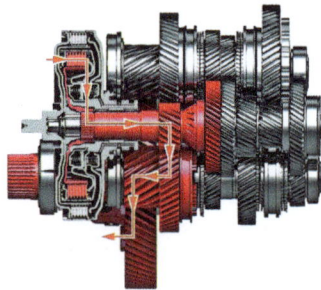

二档

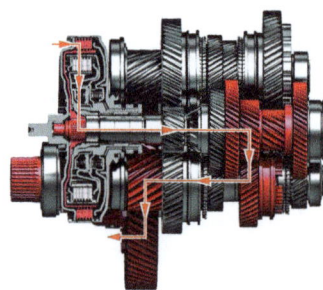

三档

四档

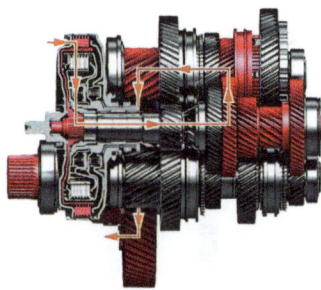

五档

六档

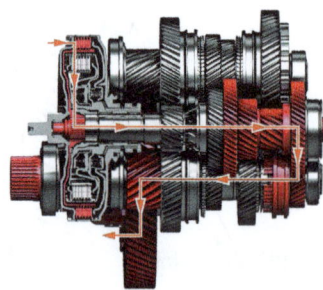

七档

倒档

第五章

传动装置与驱动桥

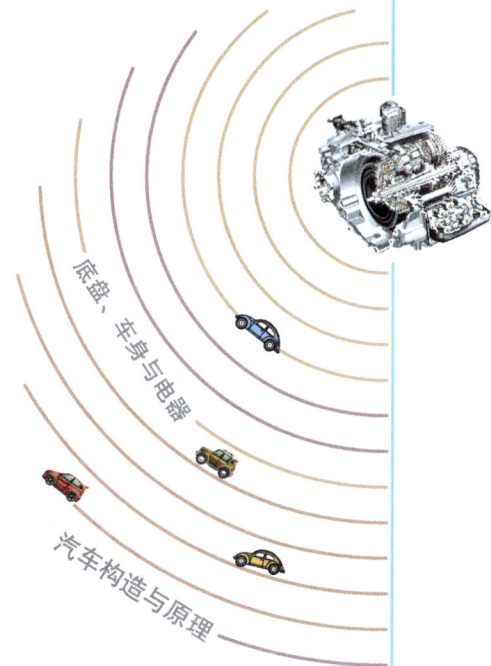

底盘、车身与电器

汽车构造与原理

车架　　中桥　万向传动装置　分动器　万向传动装置　变速器　　发动机

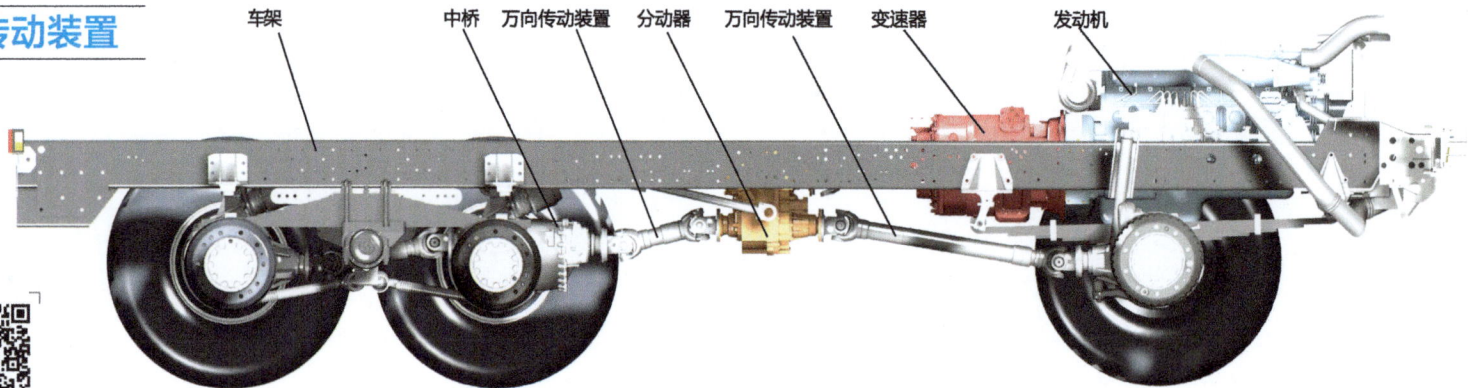

传动系统中的万向传动装置

万向传动装置

在发动机前置后轮驱动的汽车上，变速器与发动机、离合器连成一体，并支承在车架上，而驱动桥则通过弹性悬架与车架连接。这样变速器输出轴与驱动桥的输入轴难以在一条传动线上，并且在汽车行驶过程中，由于不平路面的冲击等因素，使弹性悬架系统产生振动，造成两根轴相对位置经常变化，所以变速器输出轴与驱动桥输入轴不可能刚性连接，而必须采用一般由十字万向节和传动轴组成的万向传动装置。

万向传动装置除用于汽车的传动系统外，还可用于动力输出装置和转向操纵机构。

▶ **知识链接**

1. 十字轴式刚性万向节结构简单，传动可靠，效率高，它允许两根传动轴之间有较大的交角，在汽车传动系统中应用很广泛。

2. 在长期实践过程中，人们创造了各种形式的等速和准等速万向节。只要用一个这样的万向节，就能实现或基本实现等角速传动。在转向驱动桥及独立悬架的后驱动桥中，广泛采用等速万向节。

万向节叉及法兰　　卡环
十字轴
传动轴
伸缩节

万向传动装置结构

转向驱动桥中的球笼式万向节

球笼式万向节中的星形套以内花键与传动轴相连，其外表面有条凹槽，形成内滚道。球形壳内表面有相应的凹槽，形成外滚道。六个钢球分别装在各条凹槽中，并由保持架使之保持在一个平面内。动力由传动轴经钢球、球形壳输出。

球笼式万向节承载能力强，结构紧凑，拆装方便，因此应用广泛。

▶ 知识链接

1. 靠近发动机的是内球笼，靠近车轮的是外球笼。由于工作受力等原因，外球笼损坏的概率比内球笼要大。

2. 在转向时前轮异响，通常是外球笼出现了问题，一般是球笼的防尘套破损导致球笼内的钢球和保持架因缺少润滑进而磨损造成的。

3. 球笼损坏后会造成转向跑偏，加速轮胎磨损，甚至损坏转向助力泵等。

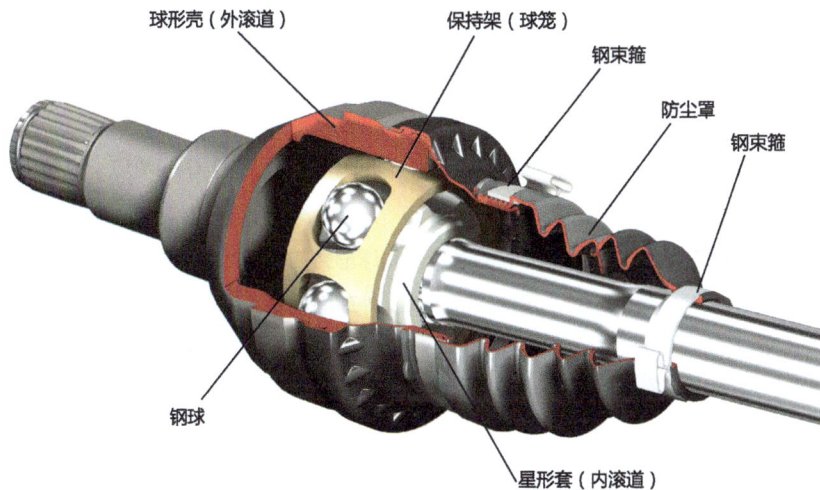

球笼式等速万向节

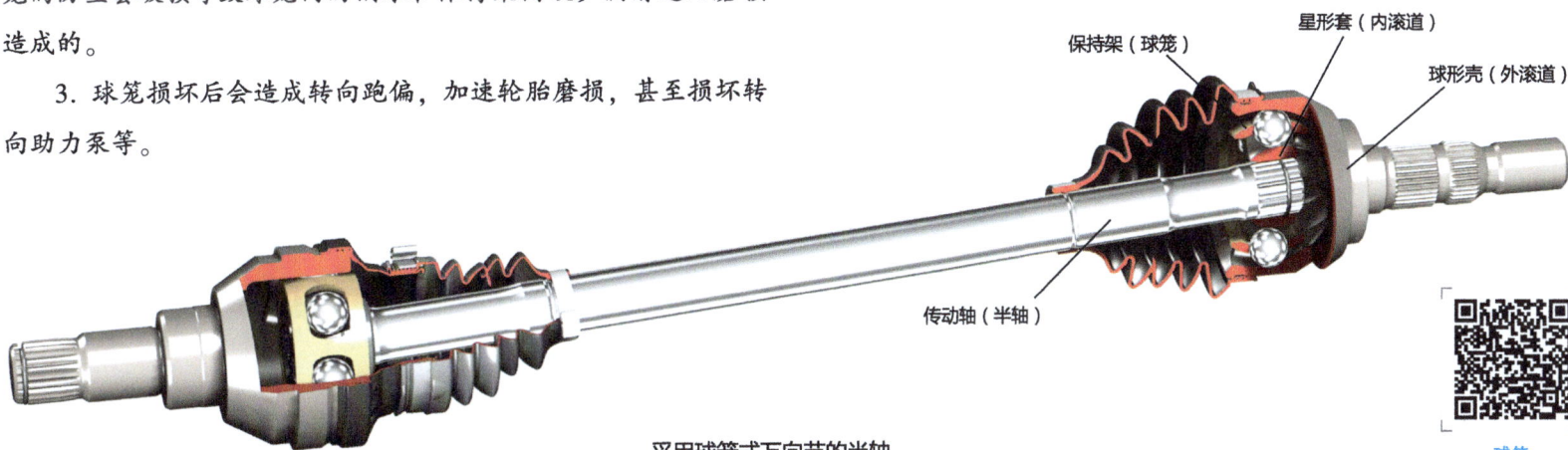

采用球笼式万向节的半轴

球笼

球笼式万向节工作原理

外滚道的中心 A 与内滚道的中心 B 分别位于万向节中心 O 的两边，且与 O 等距离。钢球中心 C 到 A、B 两点的距离也相等。

保持架的内外球面、星形套的外球面和球形壳的内球面，均以万向节中心 O 为球心。因此，当两轴交角变化时，保持架可沿内、外球面滑动，使钢球保持在一定位置。

传力钢球都位于交角平分面上，此时钢球到主动轴和从动轴的距离 a 和 b 相等，从而保证了从动轴与主动轴以相等的角速度旋转。

▶ 知识链接

1. 等速万向节的基本原理就是从结构上保证万向节在工作过程中，其传力点始终位于主从动轴夹角的平分面上。

2. 与球叉式万向节相比，球笼式万向节承载能力强，结构紧凑，拆装方便，为现代汽车广泛采用。

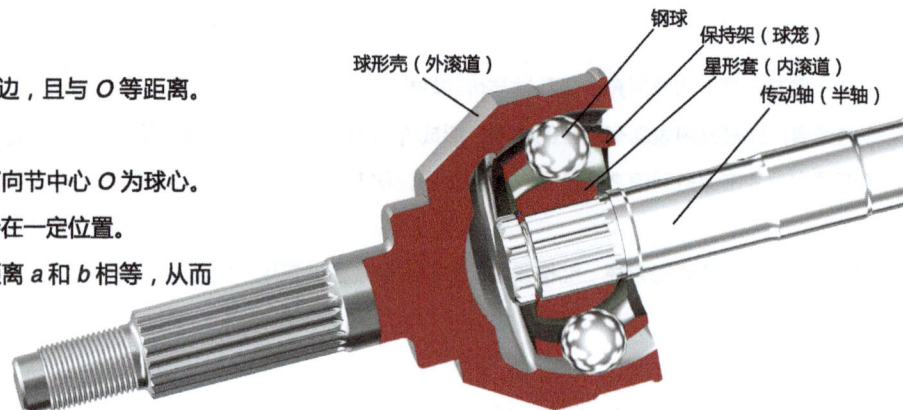

球笼式等速万向节同轴状态

钢球
保持架（球笼）
球形壳（外滚道）
星形套（内滚道）
传动轴（半轴）

O——万向节中心
A——外滚道中心
B——内滚道中心
C——钢球中心
α——两轴夹角

球笼式等速万向节正夹角状态

球笼式等速万向节负夹角状态

底盘、车身与电器（彩色版）
汽车构造与原理三维图解

驱动桥的类型

制动鼓　主减速器和差速器　驱动桥壳　半轴套管　轮毂

非断开式驱动桥

驱动桥的功用：将万向传动装置传来的发动机转矩通过主减速器、差速器和半轴等传到驱动车轮，实现降速增矩；主减速器圆锥齿轮副能改变转矩的传递方向；差速器实现两侧车轮差速作用，满足内外侧车轮以不同转速转动的需要。

当半轴套管与主减速器壳刚性连成一体时，两侧的半轴和驱动轮不可能在横向平面内做相对运动，我们称这种驱动桥为非断开式驱动桥，也称之为整体式驱动桥。

为了提高汽车行驶平顺性和通过性，有些乘用车全部或部分驱动轮采用独立悬架，即将两侧的驱动轮分别用弹性悬架与车架相连，两轮可彼此独立地相对于车架上下跳动。与此对应，主减速器壳固定在车架上。驱动桥壳制成分段并通过铰链连接，这种驱动桥称为断开式驱动桥。

▶ 知识链接

1. 主减速器、差速器、半轴、万向节、驱动轮和桥壳等组成了汽车驱动桥。

2. 驱动桥是汽车传动系统中最末端的总成，其两侧装有驱动轮。

3. 驱动桥可以布置在汽车前轴，也可以布置在汽车后轴，或前后轴同时为驱动桥。当驱动桥与发动机在汽车前后布置形式相互关联时，分别形成发动机前置前轮驱动、发动机前置后轮驱动和发动机后置后轮驱动等布置形式。

轮边减速器　半轴　主减速器和差速器

断开式驱动桥

驱动桥

整体铸造式桥壳

　　整体式桥壳具有较大的强度和刚度，便于主减速器的装配、调整和维修，因此普遍应用于各类汽车上。

　　整体铸造式桥壳刚度大、强度高、易铸成等强度梁形状，但因质量大，铸造品质不易保证，适用于中、重型汽车，目前主要用于重型汽车上。

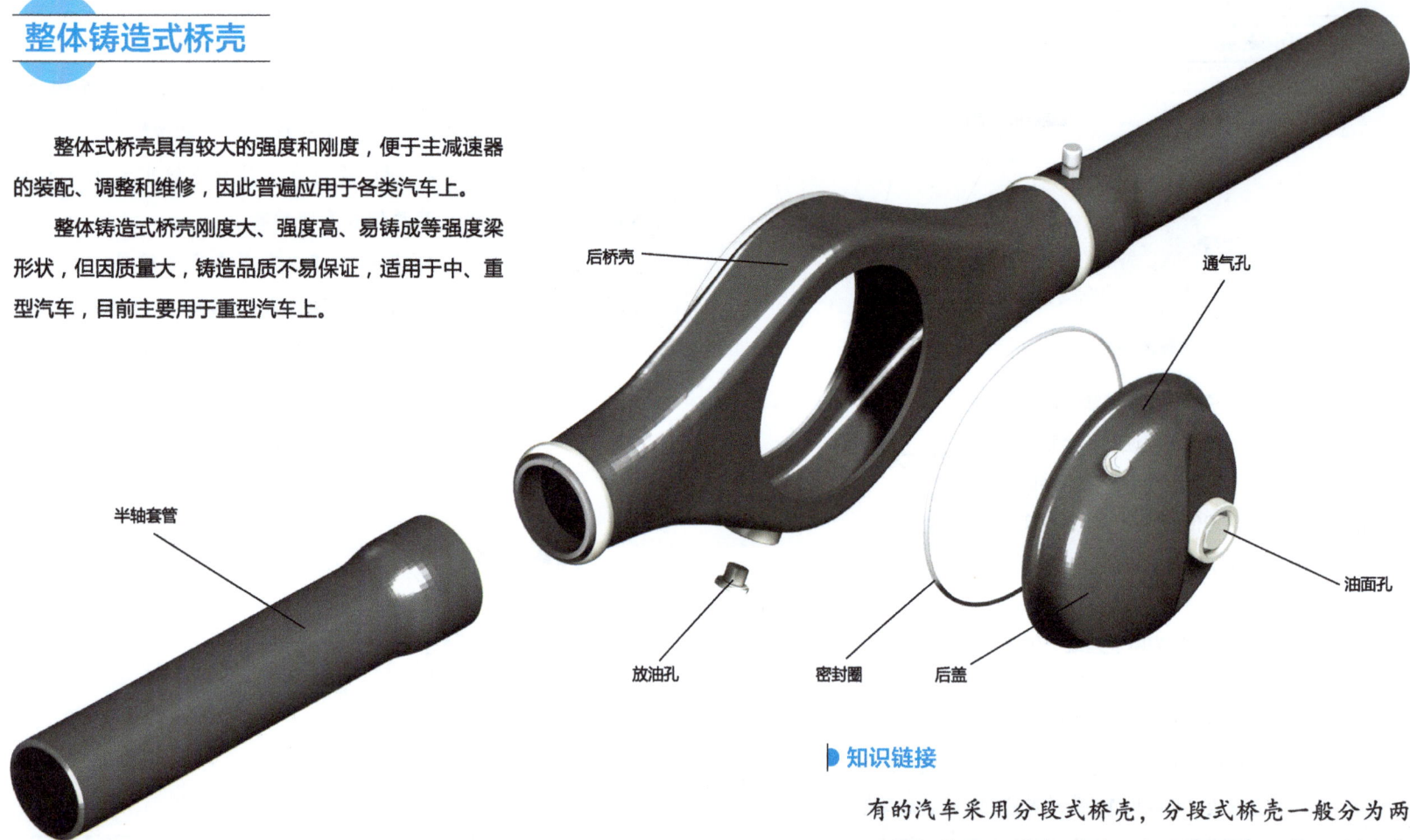

半轴套管

后桥壳

通气孔

油面孔

放油孔　　密封圈　　后盖

▶ 知识链接

　　有的汽车采用分段式桥壳，分段式桥壳一般分为两段，用螺栓将两段连成一体。分段式桥壳比整体式桥壳易于铸造，加工简便，但维修不便。当拆检主减速器时，必须把整个驱动桥从汽车上拆卸下来。

贯通式驱动桥

有些多轴越野汽车，为使结构简化、部件通用性好以及便于形成系列产品，常采用贯通式驱动桥。前面或后面两驱动桥的传动轴是串联的，传动轴从距分动器较近的驱动桥中穿过，通往另一驱动桥。这种布置方式的驱动桥称为贯通式驱动桥。

发动机

变速器

万向传动装置

分动器

中桥

后桥

前桥

万向传动装置

万向传动装置

万向传动装置

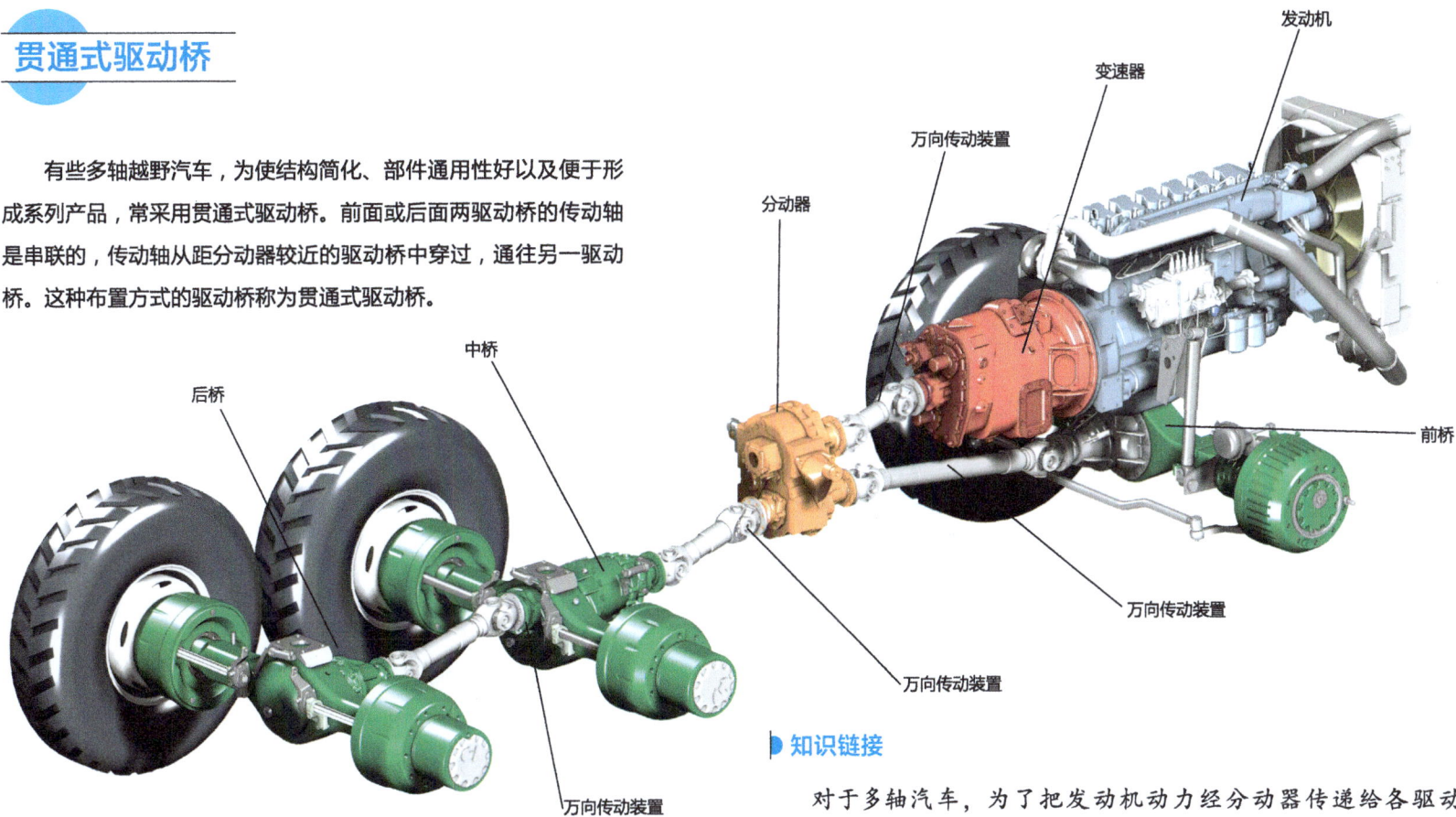

▶ **知识链接**

对于多轴汽车，为了把发动机动力经分动器传递给各驱动桥，需要分动器对应每个驱动桥都要有传动轴传递动力，这样不仅使传动轴的数量增多，还会使各驱动桥的桥壳和半轴等部件不通用，对于8×8（8轮8驱）以上车型来讲，这种半贯通式车桥几乎无法布置。因此，采用贯通式车桥既分配了轴荷，又能保证动力传动，这是绝大多数多轴汽车采用的方式。

轮边减速器

轮边减速器是汽车传动系统最后一级减速增矩装置。采用轮边减速器可满足在总传动比相同的条件下，使变速器、传动轴、主减速器、差速器和半轴等部件载荷减少、尺寸变小，使驱动桥获得较大的离地间隙。轮边减速器广泛应用于载货汽车、大型客车、越野汽车和大型工矿用车。

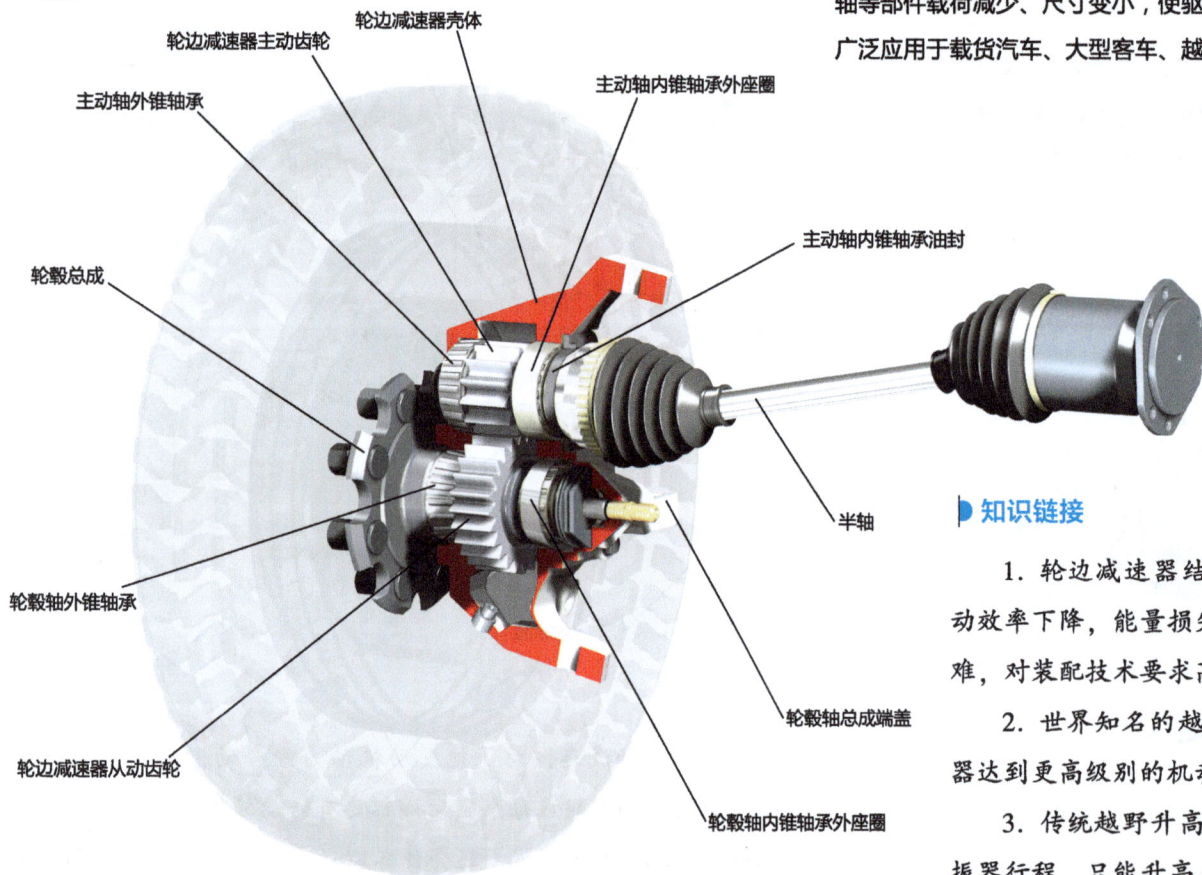

轮边减速器主动齿轮
轮边减速器壳体
主动轴外锥轴承
主动轴内锥轴承外座圈
轮毂总成
主动轴内锥轴承油封
轮毂轴外锥轴承
半轴
轮毂轴总成端盖
轮边减速器从动齿轮
轮毂轴内锥轴承外座圈

轮边减速器

▶ 知识链接

1. 轮边减速器结构复杂，传导件较多，这使得传动效率下降，能量损失加大。复杂的结构让设计变得困难，对装配技术要求高，维修保养也更加麻烦。

2. 世界知名的越野汽车基本都通过加装轮边减速器达到更高级别的机动性要求。

3. 传统越野升高套件通过改变车身悬置、增加减振器行程，只能升高车身，并不能提高越野车通过性，反而导致车辆稳定性差，容易造成底盘和车身过早损坏，而轮边减速器改装套件可以较好地解决这些问题。

单级主减速器及差速器

主减速器的功用是将输入的转矩增大并相应降低转速,当发动机纵置时还具有改变转矩旋转方向的作用。

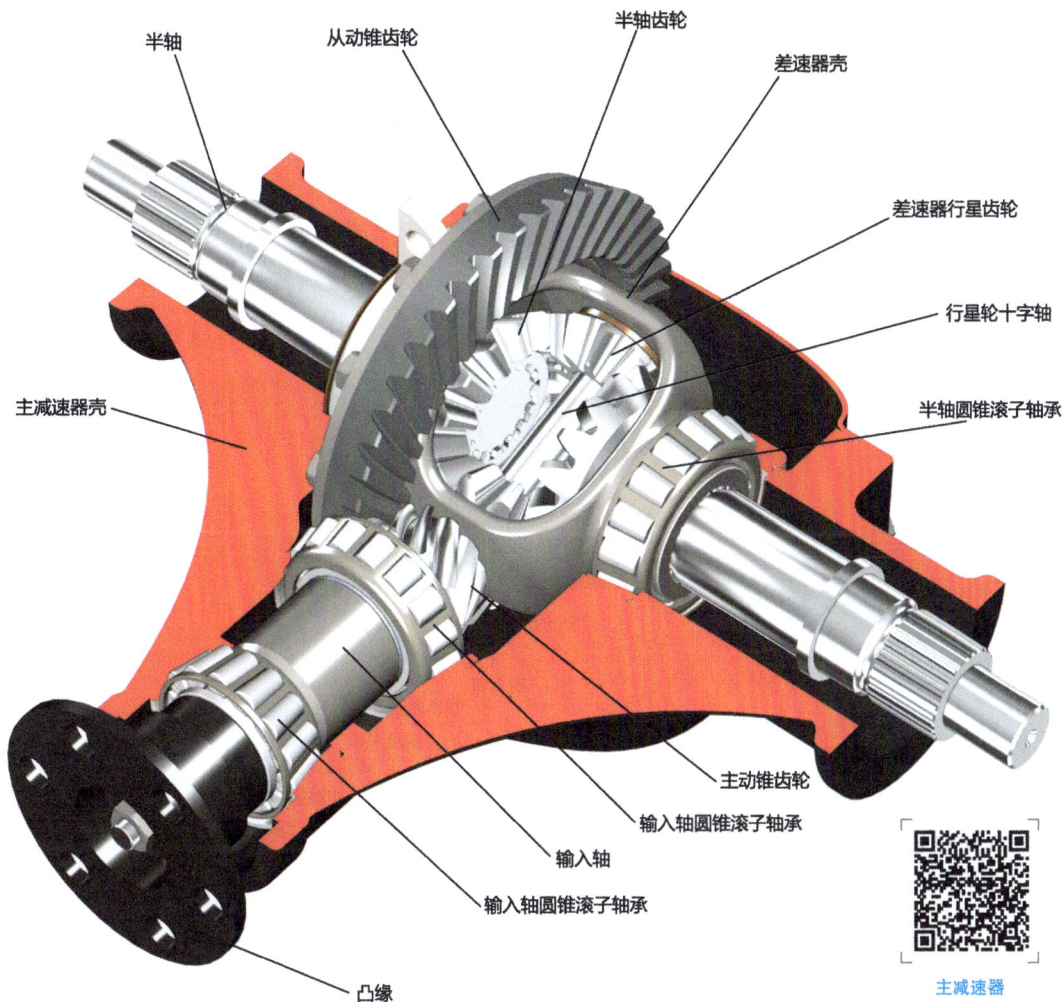

半轴
从动锥齿轮
半轴齿轮
差速器壳
差速器行星齿轮
行星轮十字轴
半轴圆锥滚子轴承
主减速器壳
主动锥齿轮
输入轴圆锥滚子轴承
输入轴
输入轴圆锥滚子轴承
凸缘

主减速器

单级主减速器具有结构简单、体积小、质量轻和传动效率高等优点,一般应用于轿车和轻、中型货车。

知识链接

1. 汽车行驶时,发动机转速一般在1500r/min 以上,这么高的转速如果只靠变速器来减速,变速器中齿轮副的传动比要很大,主减速器其实分担了变速器的功能。

2. 按参加减速传动的齿轮副数目分,主减速器可分为单级主减速器和双级主减速器。除了一些要求大传动比的中、重型汽车采用双级主减速器外,一般微、轻、中型汽车基本采用单级主减速器。

3. 根据主减速器和差速器的工作原理,可以看到它们在汽车传动系统中的工作条件比较恶劣,承受的转矩很大。对于中、重型汽车而言,不管是急加速、高速档直接换入低速档,还是急减速制动,这对于刚性连接的主减速器来说冲击力都很大。因此,不良的驾驶习惯会损坏主减速器。

单级主减速器及差速器分解图

从动齿轮紧固螺栓

差速器左壳

差速器壳紧固螺栓

半轴齿轮垫片

轴承座紧固螺栓

主减速器轴承座

半轴齿轮

差速器右壳

差速器轴承

差速器轴承垫片

行星轮垫片

行星轮十字轴

差速器行星齿轮

从动锥齿轮

主减速器壳紧固螺栓

主减速器轴承

主动锥齿轮

输入轴

轴承内圈卡套

轴承卡环

主减速器前轴承

主减速器调整垫片

主减速器油封

输入轴法兰

主减速器锁紧螺母

单级减速器就是一个主动锥齿轮（俗称角齿）和一个从动锥齿轮（俗称盆角齿），主动锥齿轮连接传动轴，顺时针旋转，从动锥齿轮贴在其右侧，啮合点向下转动，与车轮前进方向一致。由于主动锥齿轮直径小，从动锥齿轮直径大，从而实现减速功能。

▶ 知识链接

1. 在发动机横向布置汽车的驱动桥上，主减速器往往采用简单的斜齿圆柱齿轮；在发动机纵向布置汽车的驱动桥上，主减速器往往采用圆锥齿轮和准双曲面齿轮等形式。

2. 主减速器将变速器输出的转速再次减速，以增加转矩，之后将动力传递给差速器。而对于后轮驱动的汽车，如客车和货车，主减速器和差速器都安装在后桥内形成一个大总成。

采用托森差速器的驱动桥

差速器壳体

托森差速器

从动锥齿轮

凸缘

法兰盘　　桥壳　　主动锥齿轮

采用托森差速器的驱动桥

托森差速器

托森差速器综合了蜗轮蜗杆和普通差速器的行星齿轮机构。蜗轮蜗杆不同于齿轮，它具有单向传动、反向锁止的能力，因此正向传动可以产生差速，反向锁止可以限制动力传输到打滑的车轮。

▶ 知识链接

托森差速器实现了恒时、连续转矩控制管理，它持续工作，没有时间延迟，但不介入总转矩输出的调整，也就不存在着转矩的损失，与牵引力控制和车身稳定控制系统相比，具有更大的优越性。因为没有传统的自锁差速器所配备的多片式离合器，也就不存在磨损，并实现了免维护，在现代四轮驱动乘用车上得到了广泛应用。

变速驱动桥

目前轿车广泛采用发动机前置前轮驱动形式的传动系统。在此系统中，发动机、变速器、主减速器和差速器成为一体式传动，省去了传动轴，缩短了传动路线，提高了传动效率。它同时实现变速、差速和驱动车轮等功能。变速驱动桥不仅使传动系统结构紧凑，也大大减轻了传动系统的质量，有利于汽车底盘轻量化。

汽车构造与原理三维图解

▶ **知识链接**

1. 变速驱动桥在汽车前后轴上有多种安装布置形式，如前置前驱、前置四驱、后置后驱等。

2. 驱动桥从功能特点上可分为独立式驱动桥和变速驱动桥，而货车驱动桥基本都为独立式驱动桥，乘用车多为变速驱动桥，这就使得两者在驱动桥部分的保养和修理方法大不相同。

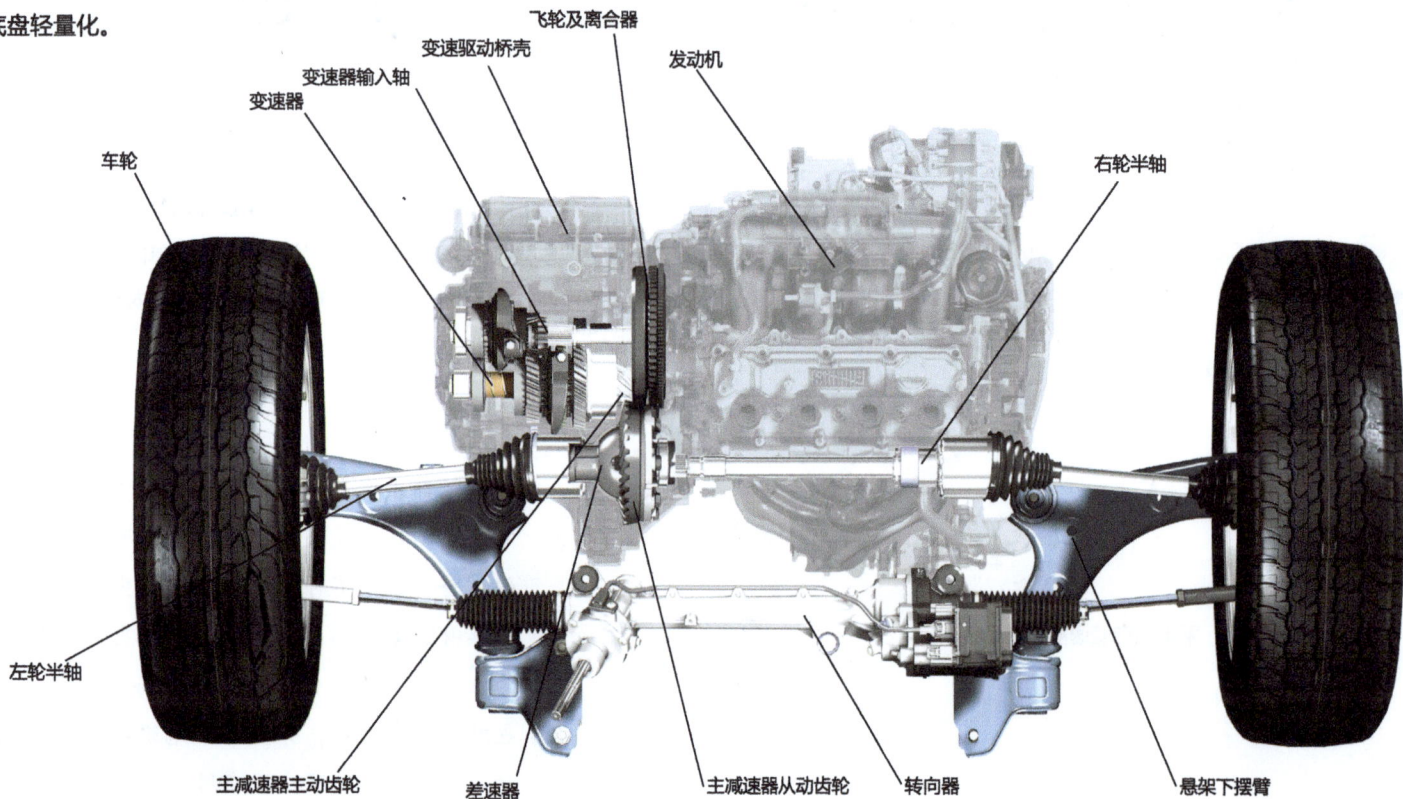

飞轮及离合器
变速驱动桥壳
变速器输入轴
变速器
发动机
车轮
右轮半轴
左轮半轴
主减速器主动齿轮
差速器
主减速器从动齿轮
转向器
悬架下摆臂

变速驱动桥的布置形式

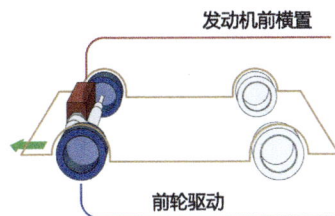

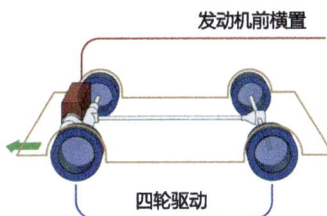

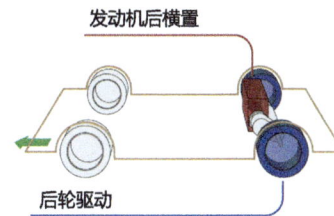

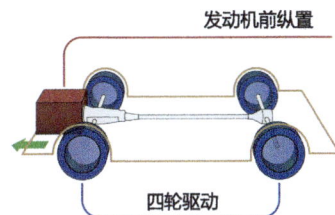

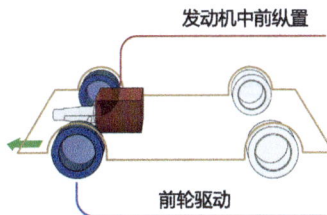

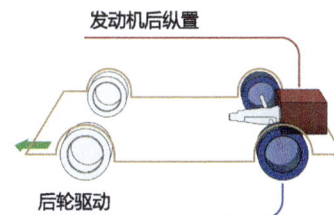

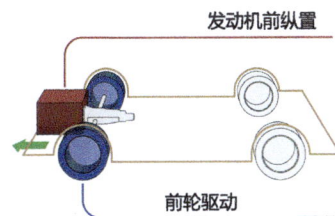

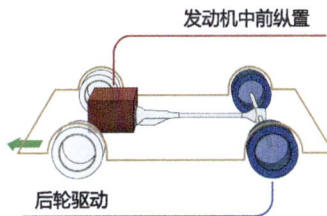

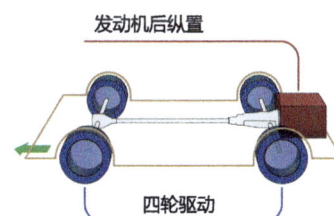

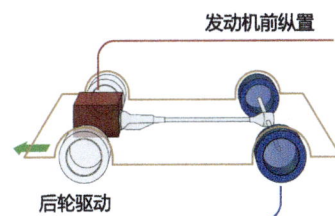

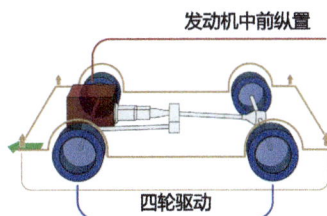

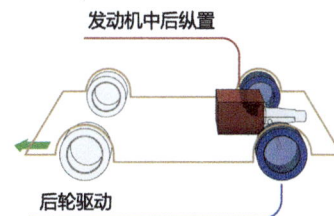

发动机前横置

前轮驱动

发动机前横置

四轮驱动

发动机后横置

后轮驱动

发动机前纵置

四轮驱动

发动机中前纵置

前轮驱动

发动机后纵置

后轮驱动

发动机前纵置

前轮驱动

发动机中前纵置

后轮驱动

发动机后纵置

四轮驱动

发动机前纵置

后轮驱动

发动机中前纵置

四轮驱动

发动机中后纵置

后轮驱动

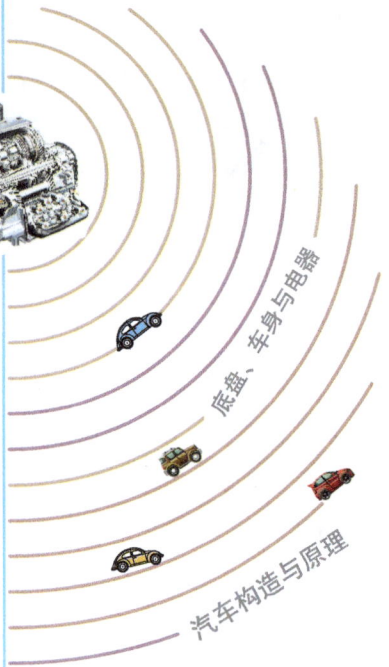

第六章

差速器与四驱

底盘、车身与电器

汽车构造与原理

差速器的工作原理

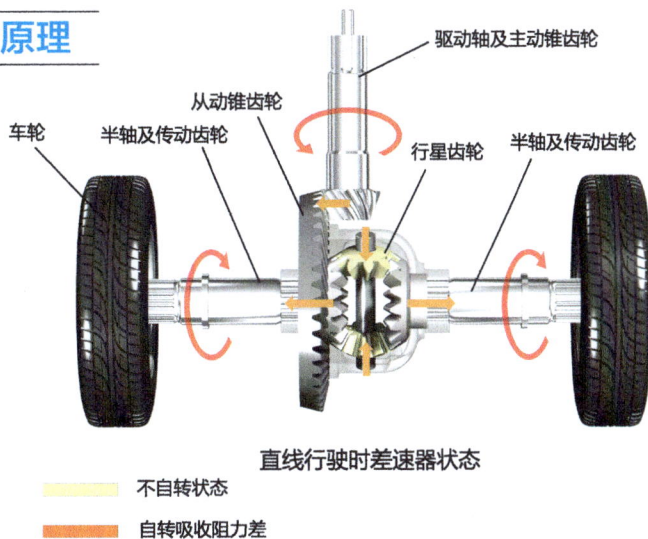

差速器

车轮　半轴及传动齿轮　从动锥齿轮　驱动轴及主动锥齿轮　行星齿轮　半轴及传动齿轮

直线行驶时差速器状态

▬ 不自转状态
▬ 自转吸收阻力差

汽车差速器是能够使左、右（或前、后）驱动轮实现以不同转速转动的机构，主要由左右半轴齿轮、两个行星齿轮和齿轮架组成。功用是当汽车转弯行驶或在不平路面上行驶时，使左右车轮以不同转速滚动，即保证两侧驱动轮做纯滚动运动。差速器可调整左右轮的转速差。

汽车直线行驶时，动力自主减速器从动锥齿轮依次经差速器壳体、行星轮轴、行星轮、半轴齿轮和半轴输出到驱动轮。这时两侧驱动轮阻力差不多，行星轮和半轴齿轮一起绕差速器旋转轴线公转，半轴齿轮和行星齿轮没有相对转动。此时差速器不起作用。

当汽车转弯行驶时，内侧车轮和地面之间产生较大的阻力，并通过半轴反映到半轴齿轮上，迫使行星齿轮产生自转，这时两个驱动轮此时就会产生两个方向相反的附加力，使内侧车轮转速减慢，外侧车轮转速加快，从而实现两侧车轮转速的差异。

▶ 知识链接

1. 对于同一组车轮，单侧车轮的转速在某些特定时期能达到差速器壳的两倍。由于差速器的作用是使两侧车轮做不等速运动，因此，这种差速器叫作轮间差速器。

2. 对于多轴汽车来讲，多轴同时驱动，当遇到转弯、起伏及复杂路面时，两根驱动轴的转速也不尽相同，因此，需要在两个驱动桥之间安装一个差速器，这种差速器叫作轴间差速器。

3. 差速器在车轮打滑时会起反作用，由于差速器的特性，会自动将动力分配给打滑一侧的车轮或车桥，使车辆无法行驶，这时就需要差速锁来发挥作用。

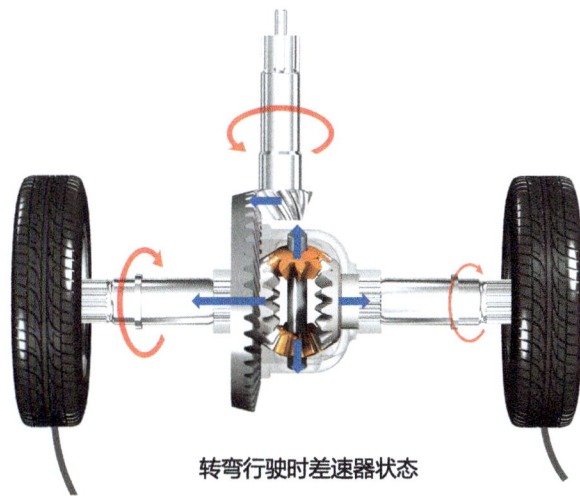

转弯行驶时差速器状态

齿轮式差速器的主要类型

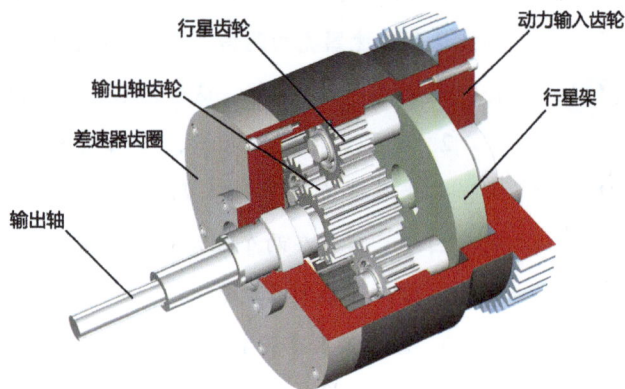

行星齿轮　输出轴齿轮　差速器齿圈　输出轴　动力输入齿轮　行星架

圆柱齿轮式差速器

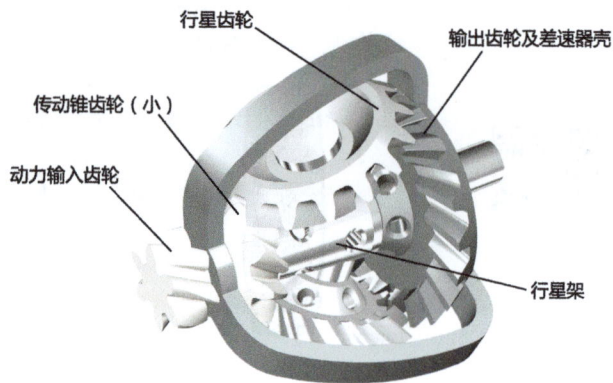

传动锥齿轮（小）　动力输入齿轮　行星齿轮　输出齿轮及差速器壳　行星架

不对称齿轮式差速器

按两侧输出转矩是否相等，齿轮式差速器有对称式和不对称式两种。

对称式用作轮间差速器或由平衡悬架联系的两驱动桥之间的轴间差速器，如对称圆锥齿轮式差速器。

不对称式用作前、后驱动桥之间或前驱动桥与中、后驱动桥之间的轴间差速器。

目前，汽车上广泛应用的是对称圆锥齿轮式差速器。

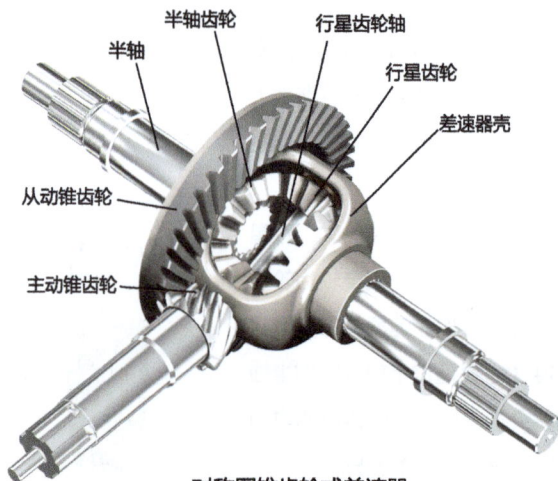

半轴齿轮　半轴　行星齿轮轴　行星齿轮　差速器壳　从动锥齿轮　主动锥齿轮

对称圆锥齿轮式差速器

▶ 知识链接

1. 这几种差速器都属于开放式差速器，能向左右两驱动半轴分配同等大小的转矩。对于全驱车辆来讲，如果其前后轴都使用开放式差速器，在越野时遇到单个前轮或后轮离地的状况，是不可能脱困的。因此，需要对差速器进行锁止。

2. 差速器除了这种分类以外，还分为开放式差速器、带有离合组件的限滑差速器、可以自锁的托森差速器和锁止式差速器。后两种都是开放式差速器的衍生形式。

底盘、车身与电器（彩色版）

汽车构造与原理三维图解

摩擦片式自锁差速器

自锁差速器

摩擦片式自锁差速器是在对称式锥齿轮差速器基础上发展而来的。

当一侧车轮在路面上滑转或汽车转弯时，行星轮自转，左右半轴齿轮转速产生差异，这种转速差的存在和轴向力的作用，使主、从动摩擦片间产生摩擦力矩，其数值大小与差速器传递的转矩和摩擦片数值成正比。而摩擦力矩的方向与转速较高的半轴旋向相反，与转速较慢的半轴旋向相同。高摩擦力矩作用的结果是使低转速半轴传递的转矩大大增加。

这种差速器结构简单、工作平稳、锁紧系数高，因此在轻型车辆上广泛应用。

▶ **知识链接**

这类限滑差速器也有很多种，它通过电子、气动或液压执行机构将两半轴齿轮锁止为一体，这样驱动桥就类似于一根实心轴。这种装置在越野拉力赛车中比较常见，因为越野时难免会遇到单轮离地的状况。差速器锁止后，左右两车轮将保持相同转速前进。

摩擦片式自锁差速器总成

主动摩擦片
从动摩擦片
膜片弹簧
差速器壳
行星轮轴
差速器壳
行星齿轮
半轴齿轮
推力压盘

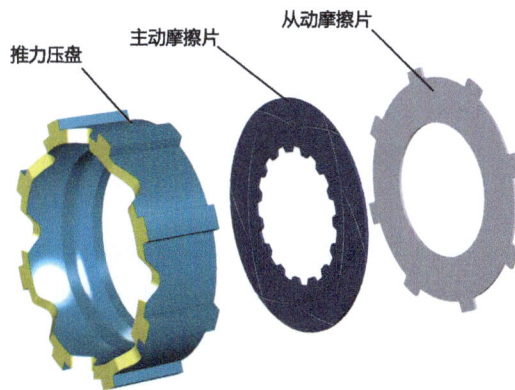

摩擦片组与推力压盘

推力压盘
主动摩擦片
从动摩擦片

第六章 差速器与四驱

四轮驱动的主要类型

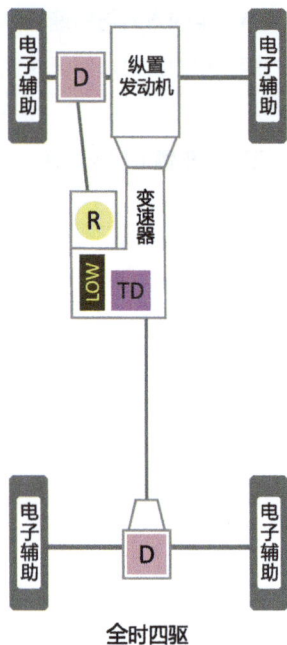

全时四驱

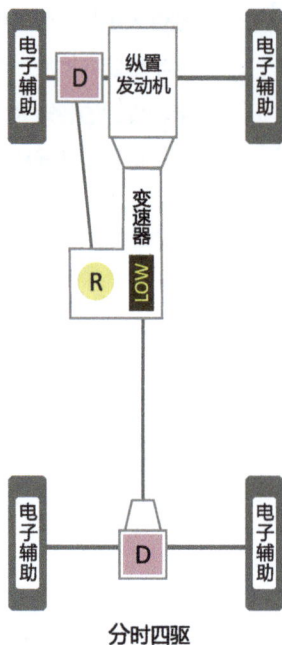

分时四驱

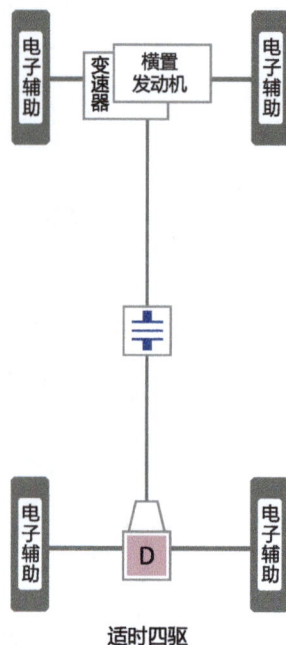

适时四驱

汽车构造与原理三维图解

图例：

D	开放式差速器
TD	托森自锁差速器
R	分动器
LOW	低速转矩放大档
⊥	多片离合器式限滑差速器

全时四驱就是在任何时候，车辆都是由四个车轮独立推动的。

分时四驱是指可以由驾驶人根据路面情况，通过接通或断开分动器来切换驱动模式，从而实现两驱和四驱自由转换。

适时四驱只有在适当的时候才会转换为四轮驱动，而在其他情况下仍然是两轮驱动。系统会根据行驶路况自动切换为两驱或四驱模式，无须人为操作。

▶ 知识链接

全时四驱结构复杂，制造成本高，一般用于中高档车型；分时四驱通过切换到四驱模式来提高通过性能，结构简单，稳定性好，但操作复杂，常用于硬派越野汽车；适时四驱在一般情况下是两轮驱动，四驱由 ECU 控制，常用于城市 SUV。

适时四驱系统工作状态

采用液力耦合系统的四驱系统可以保证车辆在多种状态下都能稳定行驶。在正常行驶时，前桥和后桥之间也会存在转速差，这个转速差使得液力耦合器接合并将动力传递到四个车轮上。当前轮打滑时，全部的驱动力就会被传递到后桥上，差速器会补偿两个前轮之间的转矩差。当后轮打滑时，前桥和后桥之间也有转速差。于是四轮驱动装置会将动力分配到四个车轮。此时，前桥承担驱动车辆的作用。当前轮与后轮同时打滑时，车桥上差速器会对转速进行补偿（平衡），理论上车轮上都不会有驱动力。但是，可以通过将打滑车轮制动，从而差速器将更大一些的驱动力传送到其他车轮上。

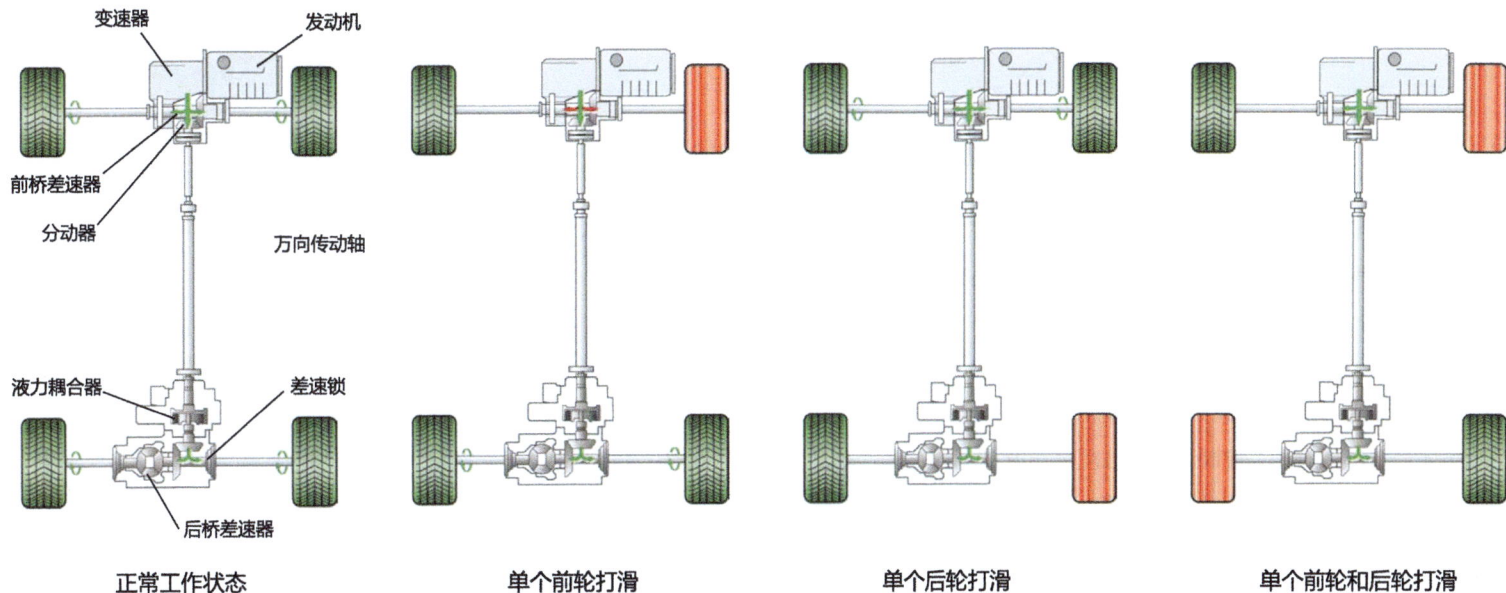

正常工作状态   单个前轮打滑   单个后轮打滑   单个前轮和后轮打滑

知识链接

1. 电控差速锁是利用电控多片离合器结构的中央差速器通过电液或电磁控制摩擦片的接合程度，市面上大多数前横置发动机布局的 SUV 使用的都是这类四驱系统。

2. 差速锁对同轴两侧车轮的汽车其功能实现是最为彻底的，限滑差速器次之，而所谓的电子差速锁比起限滑差速器和差速锁在性能上还是有差距的，仅可以理解为 ESP 的附加功能。

3. 交叉轴测试就是考验四驱系统动力分配效率高低的常见项目。这时有无前/后差速锁就成为能否通过该测试的决定因素。当然，少数车辆由于车轮上下移动行程足够大偶尔也能通过测试。

液力耦合器工作原理

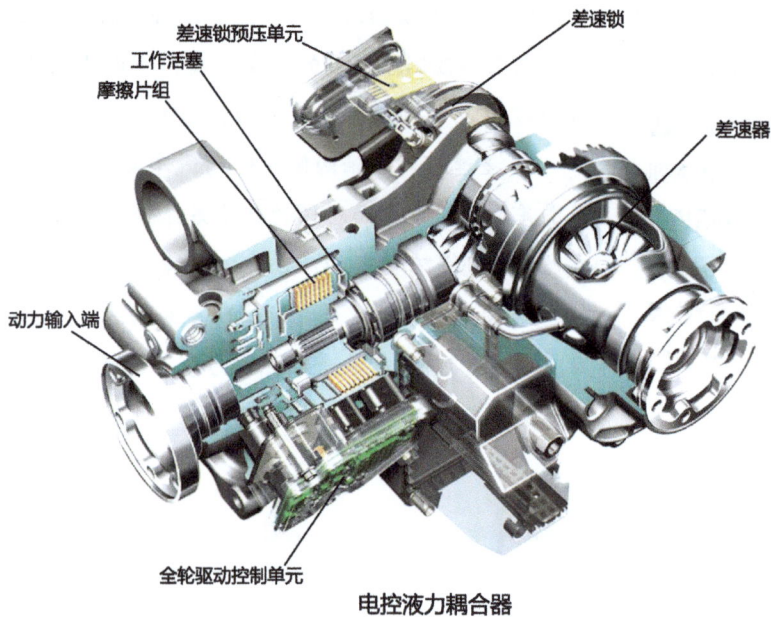

差速锁预压单元
工作活塞
摩擦片组
差速锁
差速器
动力输入端
全轮驱动控制单元

电控液力耦合器

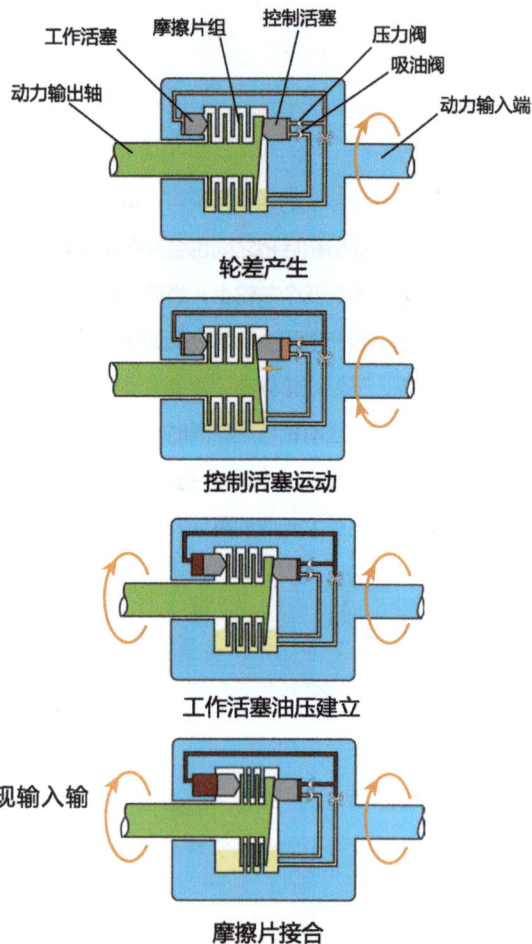

工作活塞　摩擦片组　控制活塞　压力阀　吸油阀
动力输出轴　　　　　　　　　　　动力输入端

轮差产生

控制活塞运动

工作活塞油压建立

摩擦片接合

　　两个车桥间的车轮转角差达到 10°时，液力耦合器的摩擦片组就开始传递转矩。当车轮转角差达到 20°时才能输出全部转矩。

　　当出现车轮转速差时，输入轴就会与控制活塞和输出轴一起绕着与盘形凸轮联接在一起的输出轴（该轴在以较低转速转动）转动，控制活塞的往复运动形成了油液体积流量的变化。这个具有压力的机油流经机油道被导入工作活塞，并使工作活塞推动摩擦片组

的止推垫圈压向右边（右图所示），进而实现输入输出轴联动。

▶ **知识链接**

　　这种电控四驱系统的出现模糊了全时四驱与适时四驱的界限，但它仍然是从适时四驱演变发展出来的一种，只是在功能上模仿了全时四驱，但在性能上完全不在一个层面。

商用车边梁式车架

边梁式车架是由两根位于两边的纵梁和若干根横梁通过铆接或焊接而成的刚性构架。由于边梁式车架便于安装车身和布置总成，有利于改装和发展多品种车型，所以被广泛采用。

边梁式车架的纵梁通常用低碳合金钢板冲压而成。其断面形状有槽形断面、箱形断面、Z字形断面和工字形断面等。根据汽车形式和结构布置的要求，纵梁可以在水平面内或纵向平面内做成弯曲的、等截面的或非等截面的。

纵梁形式繁多，有前窄后宽结构、前宽后窄结构和前后等宽结构，还有平行式结构和弯曲式结构。

汽车构造与原理三维图解

▶ **知识链接**

1. 在两根纵梁上各有100多个装置用孔，用来安装转向器、钢板弹簧、燃油箱、储气罐、蓄电池、备胎、水箱等的支架。

2. 除了边梁式车架，车架还分为平台式和脊梁式。其中平台式车架适用于小型乘用车或货车；脊梁式车架适用于具有独立悬架的货车或乘用车。

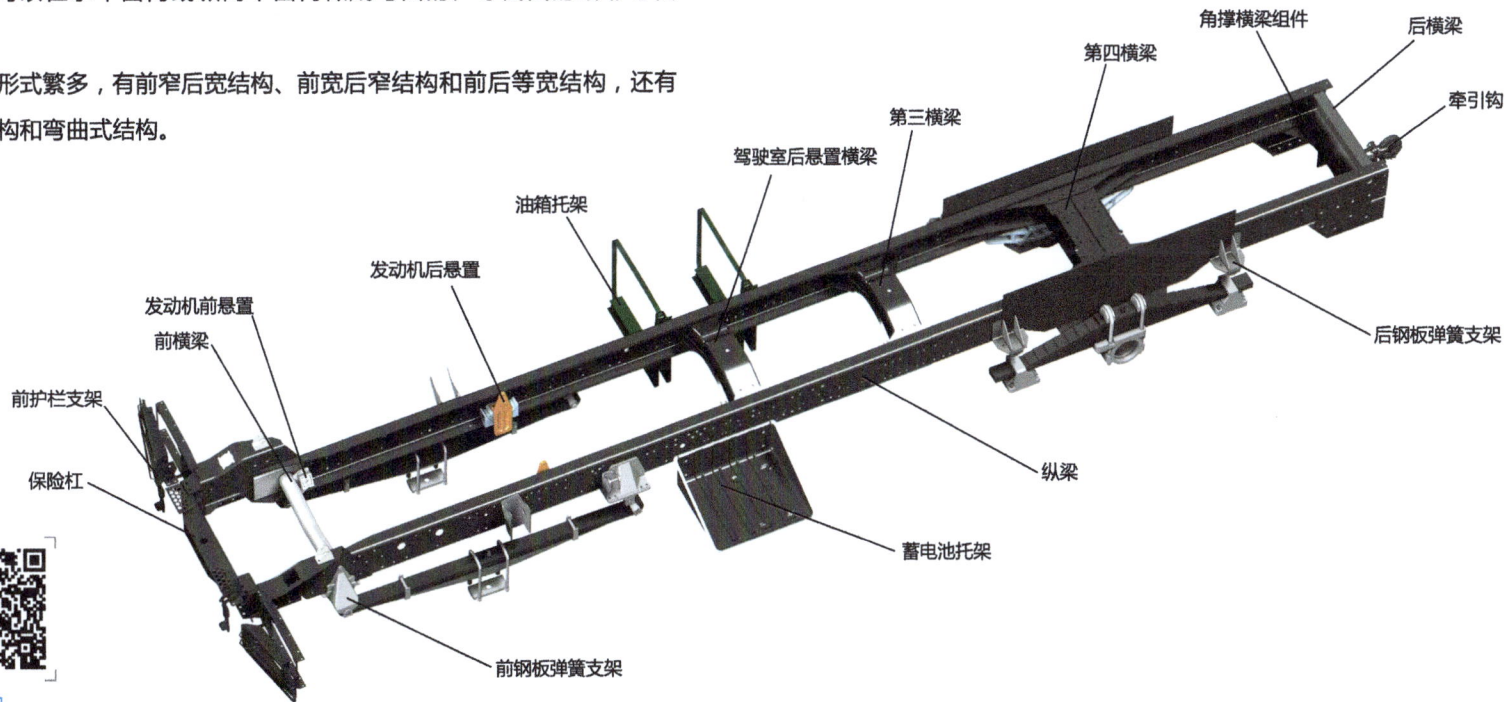

车架

第七章

车架与转向车桥

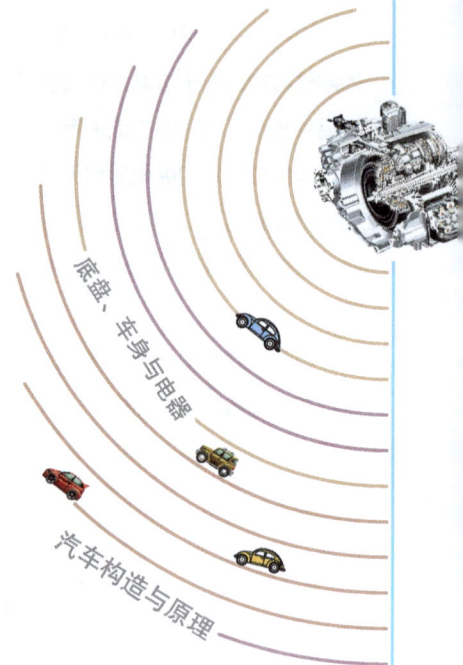

底盘、车身与电器

汽车构造与原理

四驱越野车车架及牵引钩

车架横梁不仅用来保证车架的扭转刚度和承受纵向载荷，而且还用来支承汽车上的主要部件，如散热器、发动机、驾驶舱、传动轴、备胎架和悬架等。

有些越野汽车的保险杠后面还装有绞盘，以便当汽车陷入打滑路段时进行自救。

▶ **知识链接**

粗壮的大梁纵贯全车会影响整车布置和空间利用率，大梁的横截面高度使车厢离地距离加大，乘客上下车不方便，较大的重量使整车经济性变差。这些缺点对普通乘用车是缺点，但对越野车却是优点，因为越野车要求有很强的通过性，在崎岖路面行驶时要有一定的离地间隙，而非常颠簸的道路会令车体大幅扭动，只有带刚性车架的承载式车身结构才能抵御这种冲击力。因此越野车普遍采用非承载式车身。

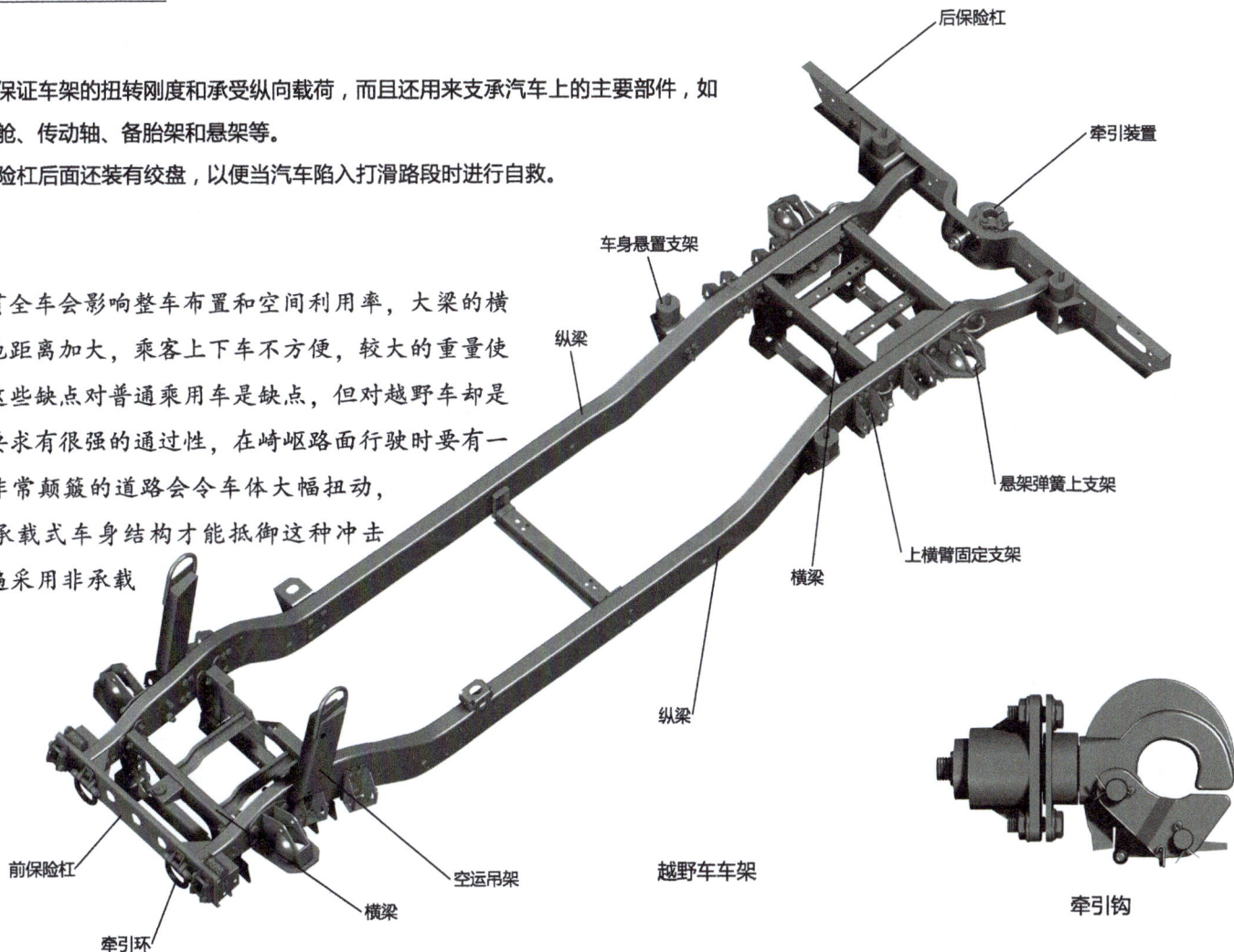

后保险杠

牵引装置

车身悬置支架

纵梁

悬架弹簧上支架

上横臂固定支架

横梁

纵梁

越野车车架

空运吊架

前保险杠

横梁

牵引环

牵引钩

转向桥

转向桥利用转向节使车轮偏转一定的角度以实现汽车的转向，同时还承受和传递车轮与车架之间的垂直载荷、纵向力和侧向力以及这些力形成的力矩。转向桥通常位于汽车的前部，因此也常称为前桥。

各种类型汽车的转向桥结构基本相同，主要由前轴（梁）、转向节、主销和轮毂等组成。前轴是转向桥的主体，其断面形状有工字形或管形。

转向桥

转向桥

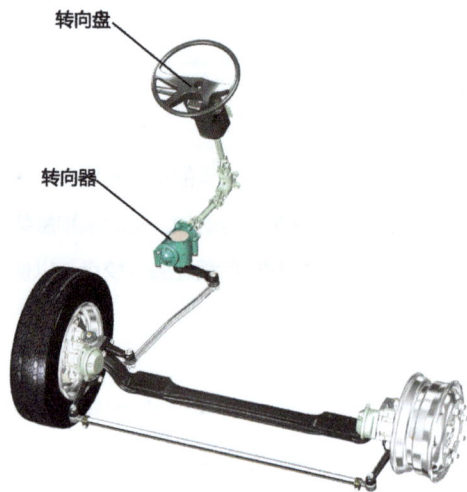

转向桥与转向机构

▶ 知识链接

1. 转向桥按与其匹配的悬架结构不同，可分为非断开式和断开式两类。与非独立悬架相匹配的非断开式车轴是一根支撑于左、右从动车轮上的刚性整体横梁，当它又是转向桥时，则其两端经转向主销与转向节相连。断开式前桥与独立悬架相匹配。

2. 通常非越野的货车及客车都采用这种简单实用的前桥结构。

转向桥内部构造

转向桥的前轴用来降低发动机高度，从而降低汽车重心，扩展驾驶人视野，减小传动轴与变速器输出轴之间的夹角。

转向节是车轮转向的铰链，它是一个叉形件。上下两叉有安装主销的两个同轴孔，转向节轴颈用来安装车轮。转向节上的销孔通过主销与前轴两端相连，使前轮可以绕主销偏转一定角度而使汽车转向。

主销的作用是铰接前轴和转向节，使转向节绕着主销摆动以实现车轮转向。

车轮轮毂通过两个圆锥滚子轴承支承在转向节外端的轴颈上。轴承松紧度可通过调整螺母（装于轴承外端）加以调整。

▶ 知识链接

1. "断轴"现象通常就是由于外力或自身质量不过关导致的转向节断裂。

2. 主销是汽车底盘中最重要的一个销轴，它的工作状态以及调校是否良好，关乎汽车直线行驶的稳定性，以及汽车转弯后能否自动回正。

轮毂

轮毂轴承

转向节垫片

转向节

油封

油嘴

主销油封

主销衬套

转向节臂

主销

前轴

推力滚子轴承

转向驱动桥

能同时实现车轮转向和驱动的车桥称为转向驱动桥。

目前，大多数乘用车采用发动机前置前驱的布置形式，其前桥既是转向桥又是驱动桥。

动力经主减速器和差速器传至传动轴和内等角速万向节，经内等角速万向节（球笼式万向节）和外等角速万向节传至外半轴凸缘和车轮上，驱动车轮旋转。

▶ 知识链接

1. 这类转向驱动桥多与麦弗逊式独立悬架配合使用，因其前轮内侧空间较大，因此便于布置，具有较好的接近性，方便维修。

2. 对于一些重型货车来讲，其车桥采用二级减速，转向驱动桥的主减速器减速比小，主减速器总成相对较小，桥包相对减小，因此相较于单级桥其离地间隙更大，通过性好。

转向横拉杆

转向液罐

转向器

转向液泵

前悬架减振器

制动盘

副车架

等速万向节半轴

制动钳总成

第八章

车轮及定位

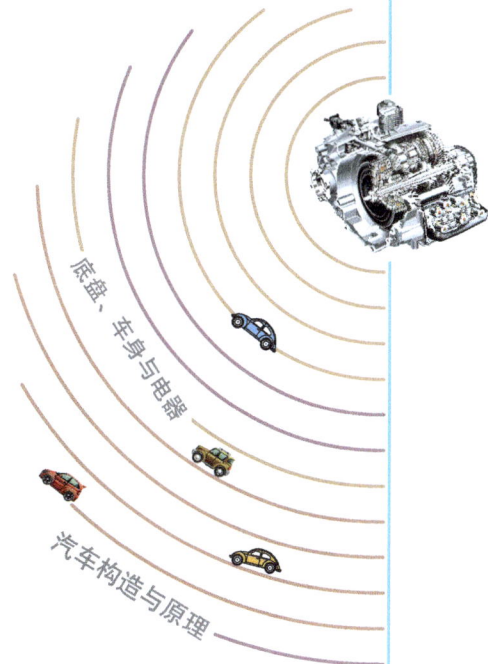

底盘、车身与电器

汽车构造与原理

车轮的主要类型

车轮是介于轮胎和车桥之间承受负荷的旋转组件，一般由轮毂、轮辐和轮辋组成。按轮辐构造，车轮可分为辐板式和辐条式。

▶ 知识链接

1. 车轮除了这两种类型外，还有对开式车轮、可反装车轮、组装轮辋式车轮和可调试车轮等。

2. 现在很多乘用车采用非全尺寸备胎，一方面出于降低成本的考虑，另一方面是为了保证行李舱空间以及整车减重、提升经济性等考虑。

轮胎
辐条式轮辋
螺栓
气门嘴
装饰罩

乘用车辐条式车轮

轮胎
轮毂
辐板式轮辋
螺栓

商用车辐板式车轮

底盘、车身与电器（彩色版）
汽车构造与原理三维图解

轮胎的主要类型

斜交轮胎是一种老式结构的轮胎。其外胎由胎面、帘布层（胎体）、缓冲层和胎圈等组成，帘布层是外胎的骨架，用以保持外胎的形状和尺寸，通常由成双数的多层挂胶布（帘布）用橡胶贴合而成，帘布的帘线与胎面中心线约呈35°角。

子午线轮胎的帘布层与胎面中心线呈90°角或接近90°角排列，与帘布层轮胎的子午断面一致。

子午线轮胎具有滚动阻力小、节约燃料的特点。由于有带束层，轮胎着地后胎冠切向变形及相对滑移比普通轮胎要小很多，而且子午线轮胎胎侧薄，径向变形恢复快。这两个特点有利于减少轮胎内磨损，降低滚动阻力。

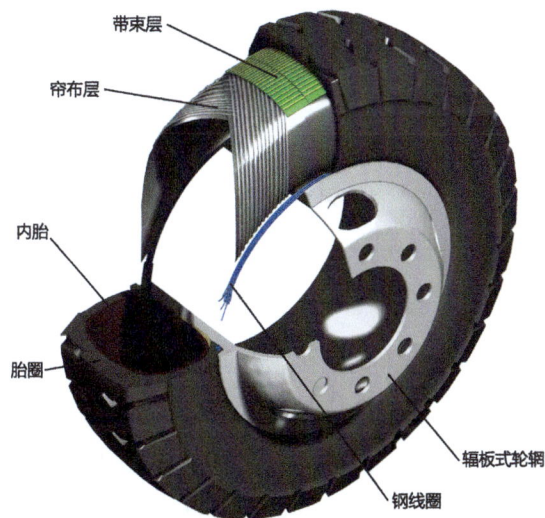

1. 尽管子午线轮胎性能更好，但是其胎侧部位正是其最薄弱的地方，由于没有了带束层的保护，一旦发生严重变形，便会造成胎侧帘线断裂。

2. 不论是更换轮辋还是更换新轮胎，哪怕只把轮胎从轮辋上拆下来检查一下，只要是轮辋和轮胎分开再次组装，就需要做动平衡。

3. 不同的材质、不同的花纹会给轮胎带来不同的性能。一定要选择最适合自己车辆的轮胎，并非越贵越好。

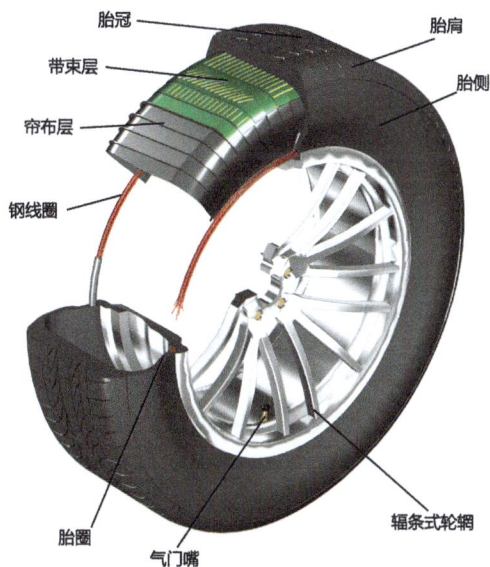

带束层
帘布层
内胎
胎圈
辐板式轮辋
钢线圈

有内胎斜交轮胎

车轮

胎冠
带束层
帘布层
钢线圈
胎肩
胎侧
辐条式轮辋
胎圈
气门嘴

无内胎子午线轮胎

越野车车轮与轮胎

内支承体

轮胎内支承体

内轮辋
密封圈
外轮辋
车轮控制阀
车轮控制阀护罩

越野车轮毂分解图

37X12.5R16.5LT M+S LOAD
123N RANGE D

越野车轮胎总成

越野轮胎使用条件介于子午线轮胎和斜交轮胎之间，既要在良好路面上有较高的车速，又要在恶劣路面上有很强的通过性。有的越野车在其内部还装有内支承体，在车轮泄气情况下越野车仍然可以以一定时速行驶。

根据国标，在外胎的两侧要标出生产编号、制造厂商标、尺寸规格、层级、最大负荷和相应气压、胎体帘布汉语拼音代号、安装要求和行驶方向记号等。

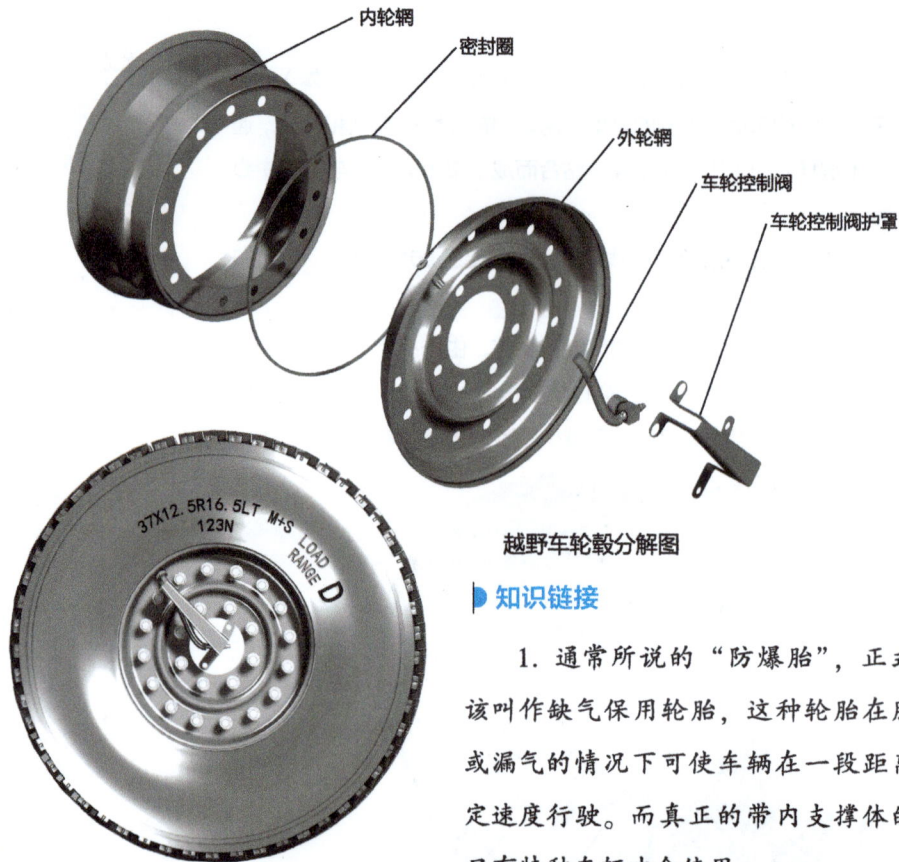

▶知识链接

1. 通常所说的"防爆胎"，正式名称应该叫作缺气保用轮胎，这种轮胎在胎压不足或漏气的情况下可使车辆在一段距离内以一定速度行驶。而真正的带内支撑体的防爆胎只有特种车辆才会使用。

2. 在极低温情况下无法用通常的方法给轮胎充气，需要采用爆炸充气装置实现轮胎快速充气。

轮胎中央充放气系统

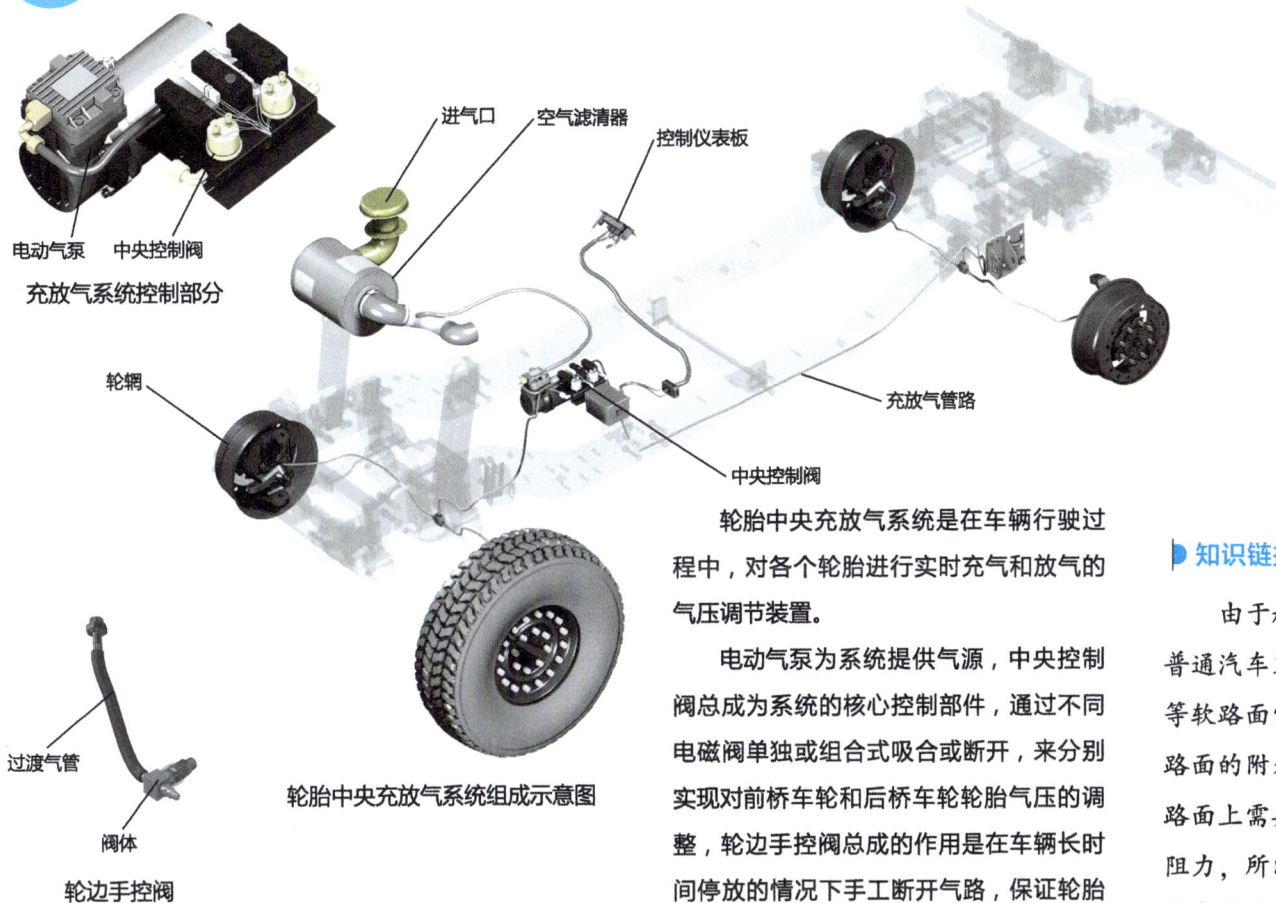

电动气泵　中央控制阀

充放气系统控制部分

进气口　空气滤清器　控制仪表板

轮辋

中央控制阀

充放气管路

过渡气管

阀体

轮边手控阀

轮胎中央充放气系统组成示意图

轮胎中央充放气系统是在车辆行驶过程中，对各个轮胎进行实时充气和放气的气压调节装置。

电动气泵为系统提供气源，中央控制阀总成为系统的核心控制部件，通过不同电磁阀单独或组合式吸合或断开，来分别实现对前桥车轮和后桥车轮轮胎气压的调整，轮边手控阀总成的作用是在车辆长时间停放的情况下手工断开气路，保证轮胎的气密性。

另外，在手控阀上装有气门嘴，可利用外界气源对轮胎进行快速充气。

▶ **知识链接**

由于越野汽车经常行驶的路况比普通汽车复杂得多，沙地、急造路面等软路面需要降低轮胎气压以增加对路面的附着力，而在普通柏油或水泥路面上需要提高轮胎气压以减少滚动阻力，所以轮胎中央充放气系统成为越来越多越野汽车的标准配置。

车轮外倾角

主销内倾角和主销偏距

车轮定位是将车轮以特定的角度固定在地面和特定的悬架上，以保障车辆具有稳定的直线行驶和转弯性能。转向轮定位参数有：主销后倾角、主销内倾角、车轮外倾角、车轮前束。

车轮外倾角是指车轮在安装后，其端面向外倾斜，即车轮所处平面和纵向垂直平面间的夹角。轮胎呈现"八"字形张开时称为负外倾，而呈现"V"字形张开时称为正外倾。

转向节主销轴线在横向平面内向内倾斜，与铅垂线所形成的夹角称为主销内倾角。

主销线与地面交点和胎中心线与地面交点的距离，称为主销偏距。

在汽车纵向平面内，主销轴线上端略向后倾斜，这种现象称为主销后倾。在纵向垂直平面内，主销轴线与垂线之间的夹角叫主销后倾角。

四轮定位是指以车辆的四轮参数为依据，通过调整以确保车辆良好的行驶性能及一定可靠性的方法。

▶ **知识链接**

1．通常车辆跑偏、轮胎严重偏磨（俗称吃胎）时，就要基于车辆原厂的底盘参数，对悬架定位角度进行调整，从而达到恢复车辆稳定性、转向能力和一定的地面附着力。

2．通常采用独立悬架的汽车需要对全部车轮调整参数，而非独立悬架只需调节驱动轮的参数。

主销后倾角

底盘、车身与电器（彩色版）

汽车构造与原理三维图解

车轮前束示意图

前束值是指从车的正上方看，车轮的前端和车辆纵线的夹角。如上图所示，车轮前端或向内侧倾斜（呈内八字），车轮前端或向外倾（呈外八字）。前束的功用在于补偿轮胎因外倾角及路面阻力所导致向内或向外滚动的趋势，确保车辆的直进性。

前束的作用主要是为了使车辆具有自动回正功能。前束一般为正。前束过小，方向不能自动回正；过大会导致轮胎外侧过度偏磨或表面不平、转向较沉。

汽车车轮的轴线都相交于一点，保证在汽车转向时使所有车轮均做纯滚动，此交点称为转向中心。对于两轴汽车，内转向轮偏转角 β 应大于外转向轮偏转角 α。

▶ 知识链接

做四轮定位时，需要使汽车处于空载状态，四轮定位是一种维修手段，没有使用问题无须定期做。

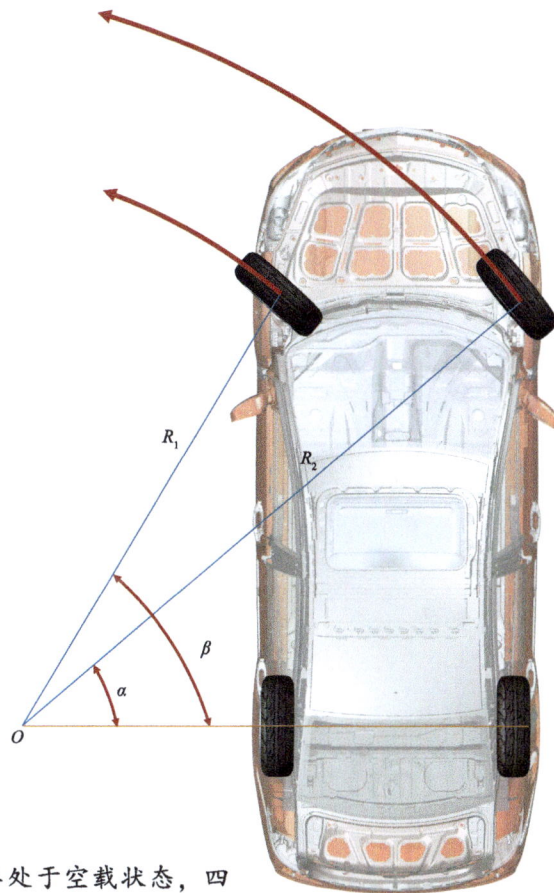

两轴汽车转向示意图

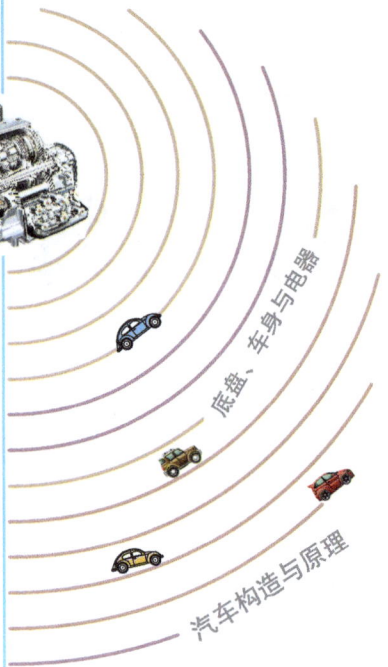

底盘、车身与电器

汽车构造与原理

第九章

悬　架

悬架的主要类型

悬架的主要作用是把路面作用于车轮上的支承力、驱动力、制动力和侧向反力以及这些反力所形成的力矩传递到车架或承载式车身上，以保证汽车正常行驶。

根据汽车两侧车轮运动是否相互关联，汽车悬架可分为非独立悬架和独立悬架。

非独立悬架的结构特点是汽车两侧车轮分别安装在一根整体式的车轴两端，车轴则通过弹性元件与车架相连，当一侧车轮因道路不平而跳动时，会影响另一侧车轮的工作。

独立悬架的结构特点是两侧车轮分别安装在断开式的车轴两端，每段车轴和车轮单独通过弹性元件与车架相连，当一侧车轮跳动时，对另一侧车轮不产生影响，因此称为独立悬架。

独立悬架的前轮可调整其定位，故在乘用车上被广泛应用，而非独立悬架因结构简单、制造和维修方便，故中、重型商用车中普遍采用。

▶ 知识链接

1. 非独立悬架并非都是低端产品，钢板弹簧多在承重要求高的商用车上出现。如果采用扭力梁悬架的汽车调校到位，也会有不错的操控性。

2. 在每款汽车设计之初，都会根据车型定位选择悬架形式，运动、舒适、空间、耐用等不同需求，都会匹配和设计不同的悬架。

钢板弹簧式悬架

螺旋弹簧式悬架

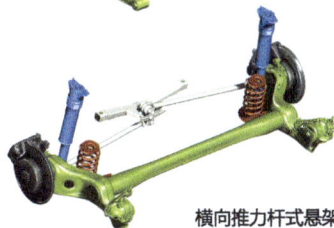

横向推力杆式悬架

扭力梁式悬架

非独立悬架常见类型

麦弗逊式悬架

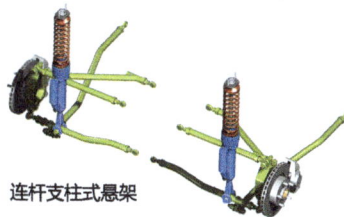

连杆支柱式悬架

双叉臂式悬架

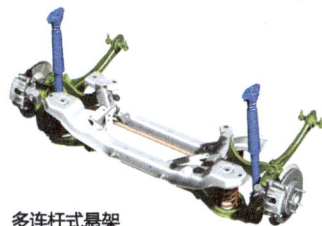

多连杆式悬架

独立悬架常见类型

纵置钢板弹簧非独立悬架

载货汽车一般采用钢板弹簧作为弹性元件的非独立悬架，因钢板弹簧既有缓冲、减振功能，又起到传力、导向作用，使悬架结构大为简化。

在板簧式非独立悬架中，钢板弹簧一般是纵向安置的，它与车桥的连接绝大多数是用两个 U 形螺栓将钢板弹簧的中部刚性地固定在车桥上部。钢板弹簧两端通过钢板弹簧销与车架支座活动铰接，以起到传力和导向作用。

钢板弹簧悬架

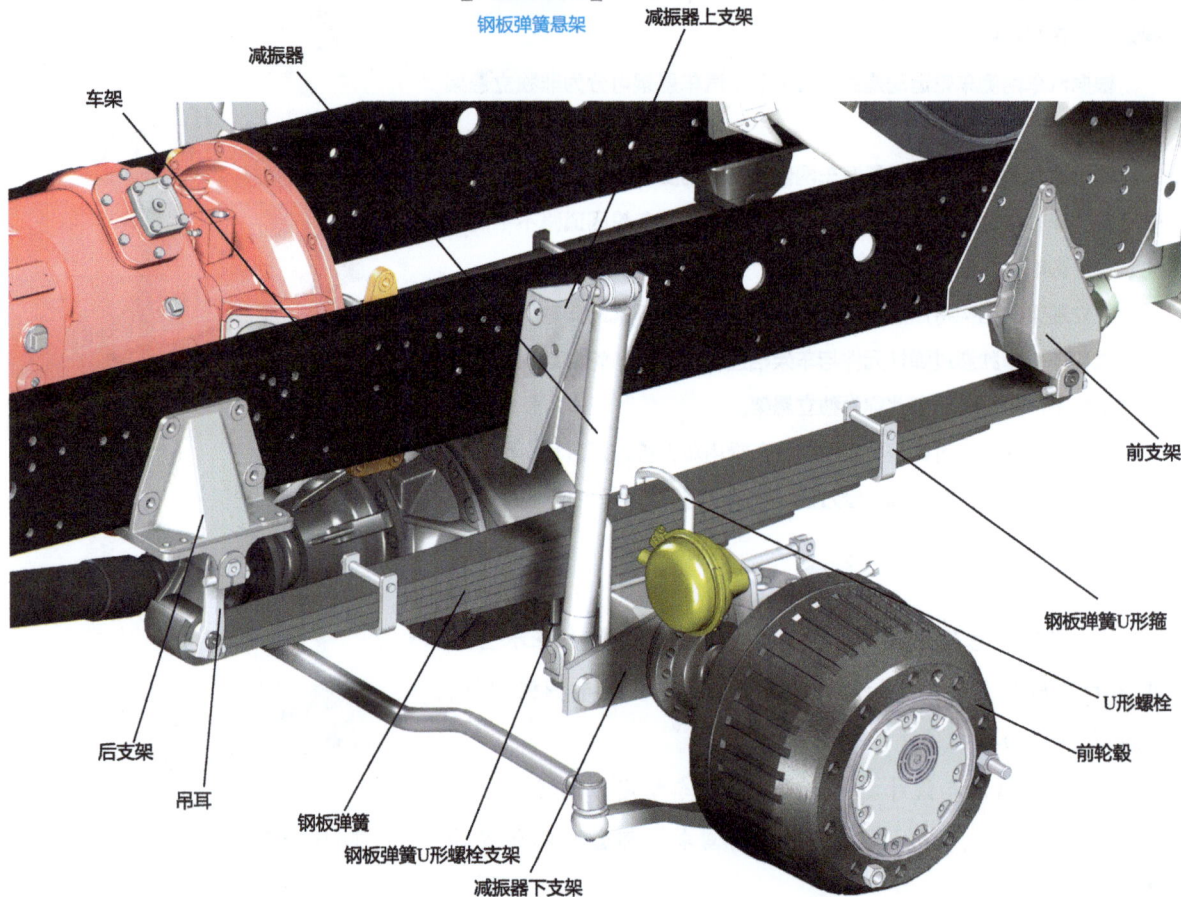

减振器上支架

减振器

车架

减振器

前支架

钢板弹簧U形箍

U形螺栓

前轮毂

后支架

吊耳

钢板弹簧

钢板弹簧U形螺栓支架

减振器下支架

▶ 知识链接

1. 钢板弹簧主要分为多片簧、少片簧两种形式，由于两种形式薄厚以及结构上的差异，多片簧主要适应于重型汽车，少片簧主要应用于轻型汽车。

2. 钢板弹簧只适用于非独立悬架上，在使用上有一定的局限性；钢板弹簧顾名思义由钢板组合而成，整体质量以及刚度都很大，导致舒适性比较差，纵向尺寸过长，不利于缩短汽车前悬和后悬。

多轴汽车中后桥平衡悬架

多轴汽车的全部车轮如果都是单独刚性地安装在车架上，则在不平道路上行驶时将不能保证所有的车轮同时接触地面。 为解决这一问题，保证中后桥车轮垂直载荷相等，多轴汽车在其中后桥通常采用平衡悬架。

多轴汽车采用平衡悬架，可使中后桥形成一个总的支承机构，能连同钢板弹簧一起绕心轴转动。 另外，钢板弹簧变形时，中后桥能各自单独移位，适应行驶在不平道路上的需要。并且在中后桥载荷平均分配的条件，增强了汽车的行驶性能。

▶知识链接

载货汽车装载货物后，一般有 2/3 左右的负荷由后轴来承担，但现行法规和实际条件限制轴荷不能超过允许范围，为了使后轴不承受过大的载荷，减小后轮的接地压力，如今各大汽车生产厂都采用增加车轴和轮胎数量的方法来提高载质量，这就需要平衡悬架来保证多轴汽车正常工作。

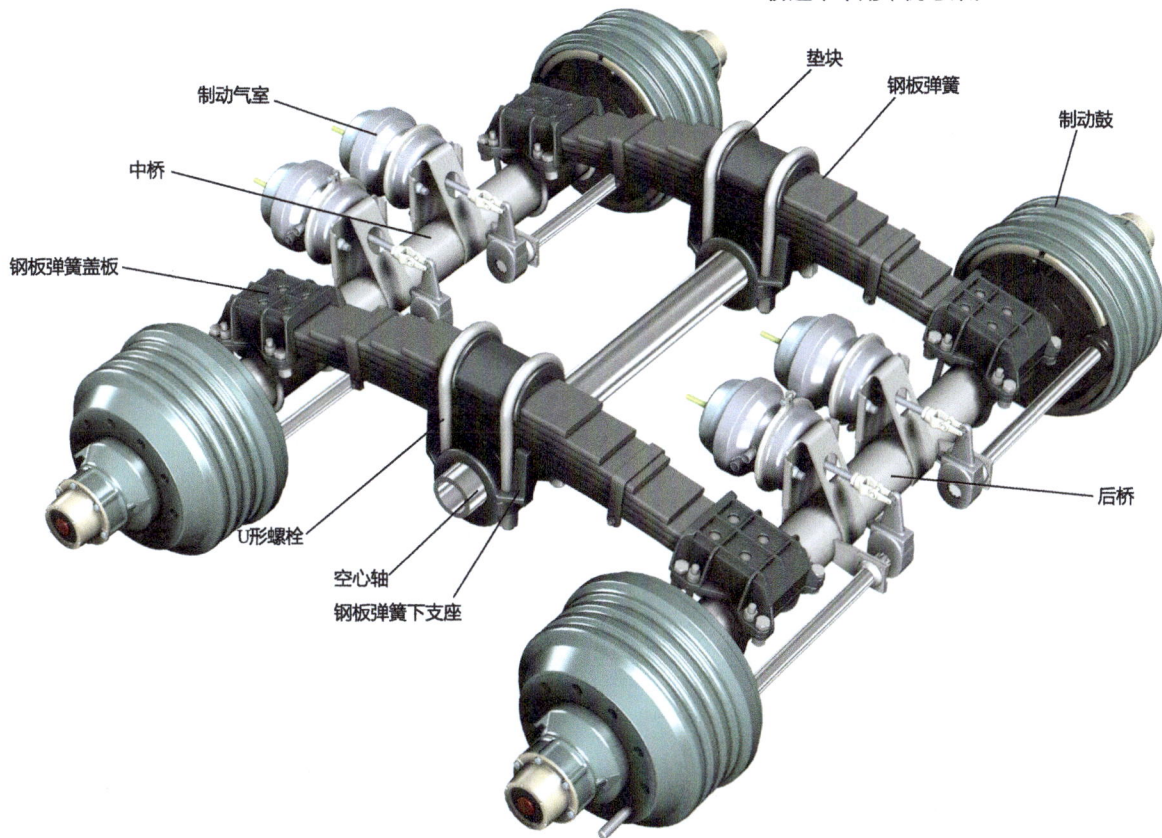

制动气室
中桥
钢板弹簧盖板
U形螺栓
空心轴
钢板弹簧下支座
垫块
钢板弹簧
制动鼓
后桥

螺旋弹簧非独立悬架

扭力梁非独立悬架平稳性和舒适性相对较差，但由于其构造简单、承载力大，因此常作小型乘用车后悬架。

其工作原理是将非独立悬架的车轮装在一根扭力梁的两端，当一边车轮上下跳动时，会使扭力梁跳动，从而带动另一侧车轮也相应地跳动，减小整个车身的倾斜或摇晃。由于其自身具有一定的扭转刚度，可以起到与横向稳定杆相同的作用，可增加车辆的侧倾刚度，提高车辆的侧倾稳定性。

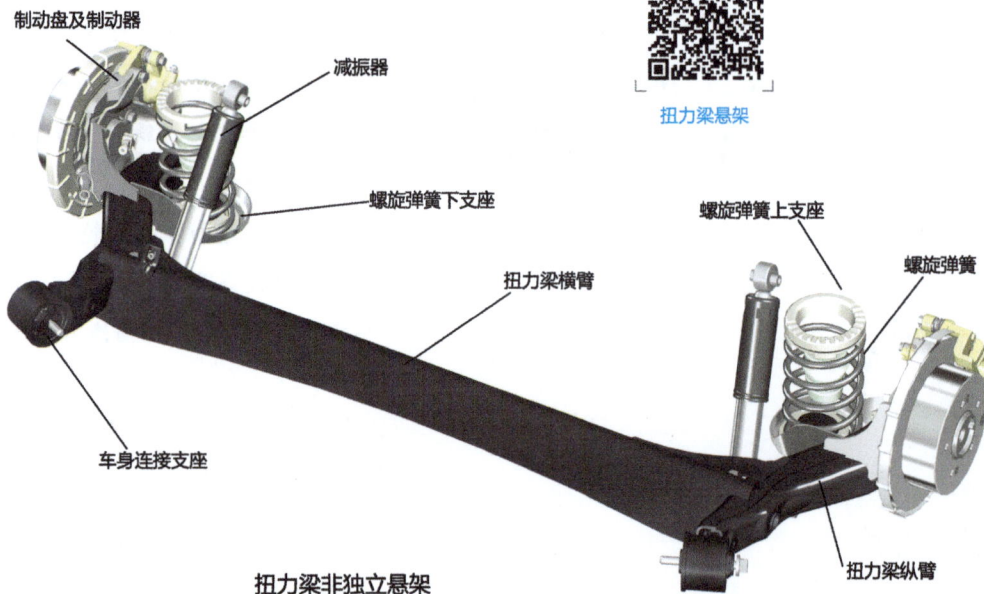

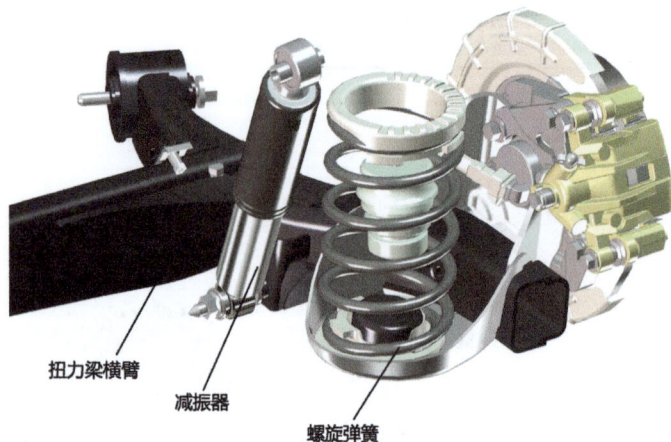

扭力梁非独立悬架局部

扭力梁悬架

扭力梁非独立悬架

▶ 知识链接

1. 扭力梁非独立悬架体积较小，为后排省出大量乘坐空间，这种结构制造成本较低，降低了汽车的造价。

2. 平时驾车比较激烈、喜欢运动型汽车的驾驶人，可选择多连杆式或双横臂式独立后悬架的车型更适合，对于城市路况，对空间要求高的车型，调校不错的扭力梁悬架也是不错的选择。

3. 现在很多车型采用带有瓦特连杆的扭力梁结构，这种结构使得两侧车轮在过弯时受力互相补偿，尽可能地抑制车体出现严重的侧倾。也正因为有了瓦特连杆的支撑，可以让悬架调校得更软一些，保证车辆乘坐舒适性。

麦弗逊式独立悬架

麦弗逊式独立悬架是当今世界用得最广泛的乘用车前悬架之一。麦弗逊式独立悬架由螺旋弹簧、减振器、三角形下摆臂等组成，绝大部分车型还会加上横向稳定杆。

这种悬架的主要结构简单说就是螺旋弹簧套在减振器上，减振器可以避免螺旋弹簧受力时向前、后、左、右偏移的现象，限制弹簧只能做上下方向的振动，并且可以根据减振器行程、阻尼搭配不同硬度的螺旋弹簧对悬架性能进行调校。

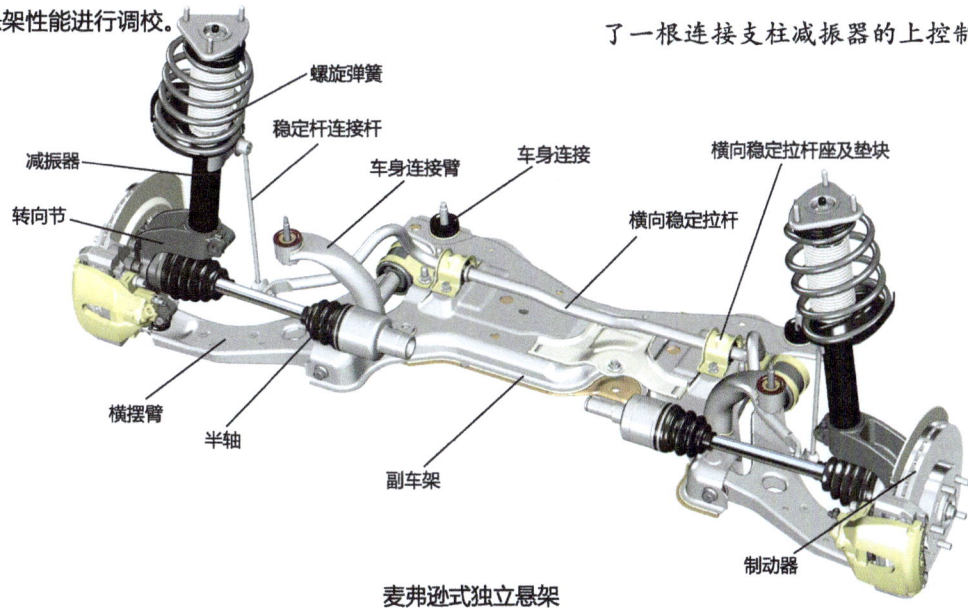

▶ 知识链接

1. 中级以下乘用车几乎都选用麦弗逊式前独立悬架，这种结构简单、占用空间小、重量轻、操控性好的悬架稳定性差、抗侧倾和制动点头能力弱。因此，很多汽车增加横向稳定杆以弥补麦弗逊式前独立悬架的弱点。

2. 对可靠性和稳定性要求更高的中高级乘用车会采用横向刚度大、抗侧倾性能优异的双叉臂式前独立悬架。这种悬架下控制臂和麦弗逊式前独立悬架一样都是叉形控制臂，但其多了一根连接支柱减振器的上控制臂。

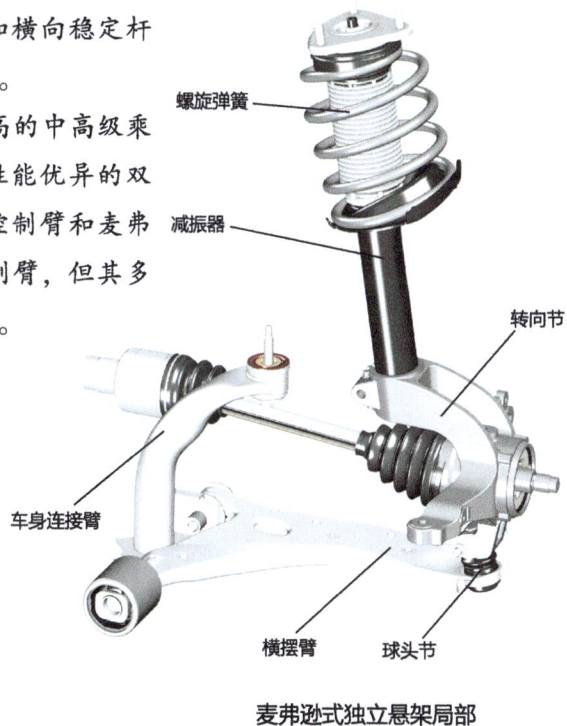

螺旋弹簧

减振器

转向节

车身连接臂

横摆臂　　　球头节

麦弗逊式独立悬架局部

螺旋弹簧

稳定杆连接杆

减振器

车身连接臂　　车身连接

转向节

横向稳定拉杆座及垫块

横向稳定拉杆

横摆臂

半轴

副车架

制动器

麦弗逊式独立悬架

第九章　悬架

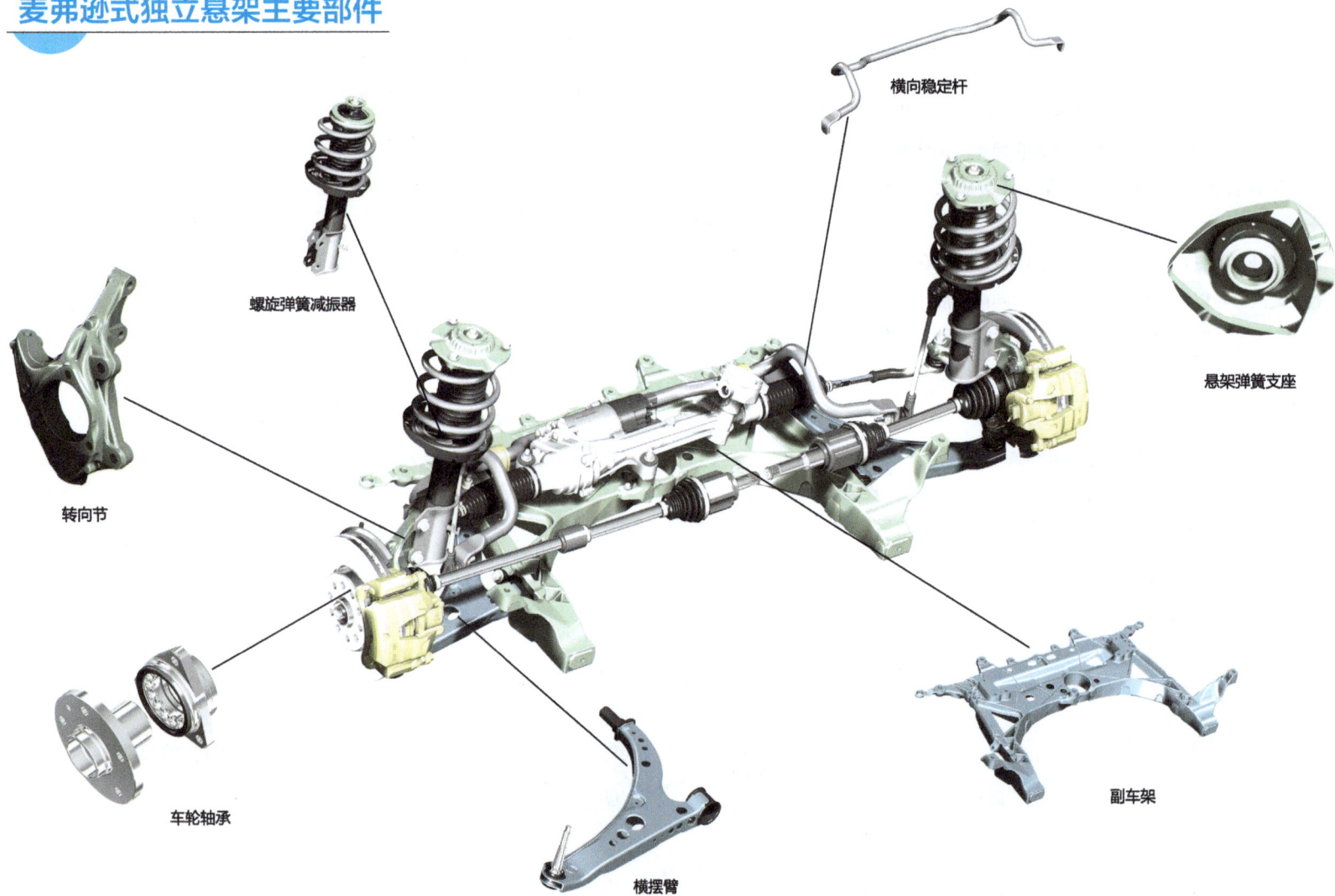

横向稳定杆

螺旋弹簧减振器

悬架弹簧支座

转向节

车轮轴承

横摆臂

副车架

多连杆式独立悬架

多连杆式独立悬架，可分为多连杆前悬架和多连杆后悬架。其中前悬架一般为三连杆或四连杆式独立悬架；后悬架一般为四连杆或五连杆式后悬架，其中五连杆式后悬架应用较为广泛。

多连杆式独立悬架能实现主销后倾角的最佳位置，大幅度减少来自路面前后方向的力，从而改善加速和制动时的平顺性和舒适性，同时也保证了直线行驶的稳定性，因为由螺旋弹簧拉伸或压缩导致的车轮横向偏移量很小，不易造成非直线行驶。

汽车转弯或制动时，多连杆悬架结构可使后轮形成正前束，提高了车辆的控制性能，减少了转向不足的情况。

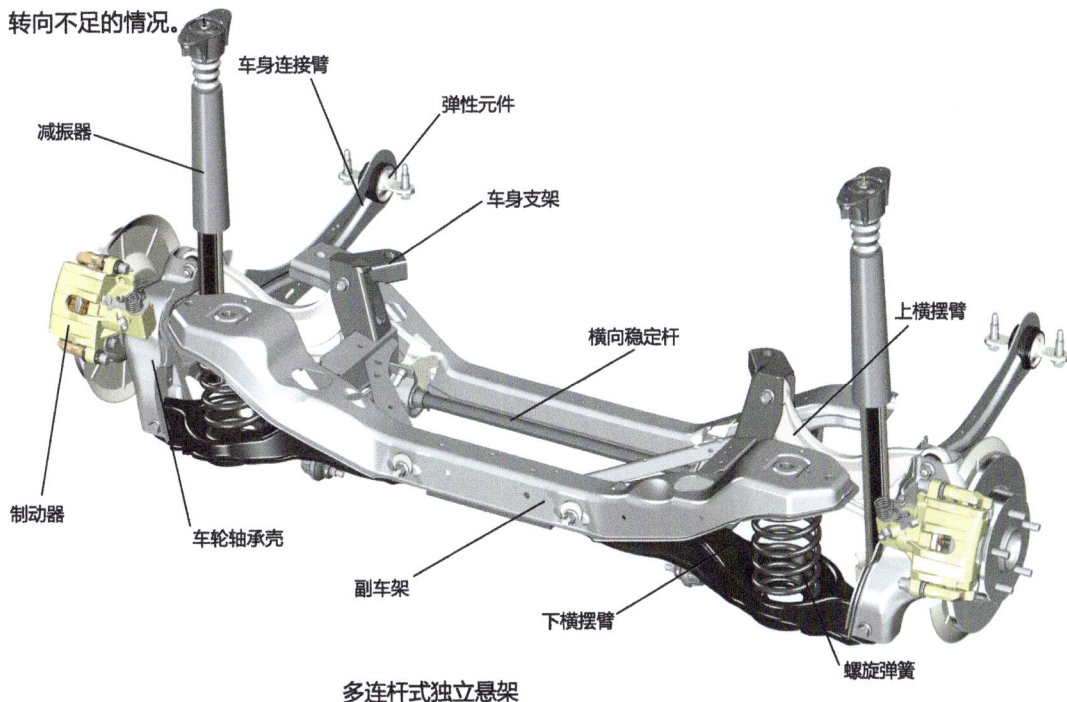

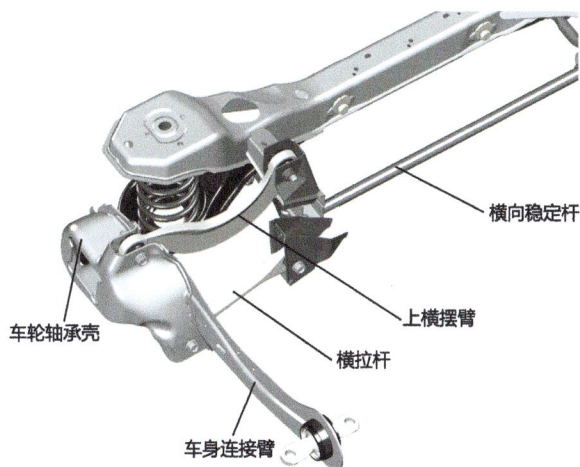

横向稳定杆
车轮轴承壳
上横摆臂
横拉杆
车身连接臂

多连杆式独立悬架局部

减振器
车身连接臂
弹性元件
车身支架
上横摆臂
横向稳定杆
制动器
车轮轴承壳
副车架
下横摆臂
螺旋弹簧

多连杆式独立悬架

多连杆式
独立悬架

▶ **知识链接**

独立悬架整体性能明显优于非独立悬架或半独立悬架，汽车的舒适性和运动性并不仅仅取决于悬架类型，还与底盘调校和悬架优化等方面有很大关系。例如法系车后悬架特别喜欢用扭力梁式半独立悬架，它的调校非常出色，比起很多多连杆式后独立悬架车型舒适性都高。

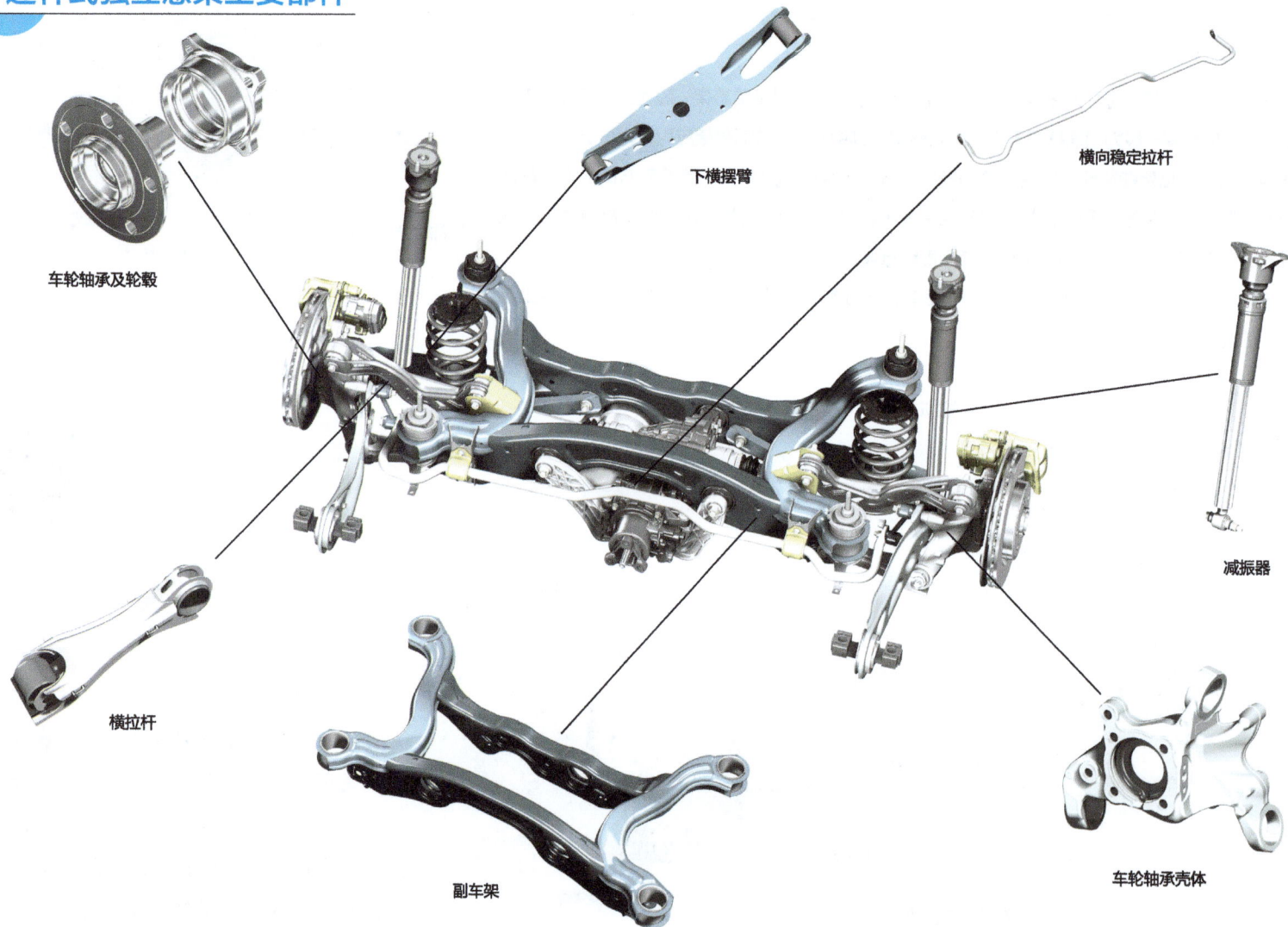

多连杆式独立悬架主要部件

底盘、车身与电器（彩色版）

汽车构造与原理三维图解

车轮轴承及轮毂

下横摆臂

横向稳定拉杆

减振器

横拉杆

副车架

车轮轴承壳体

越野车双横臂式前独立悬架

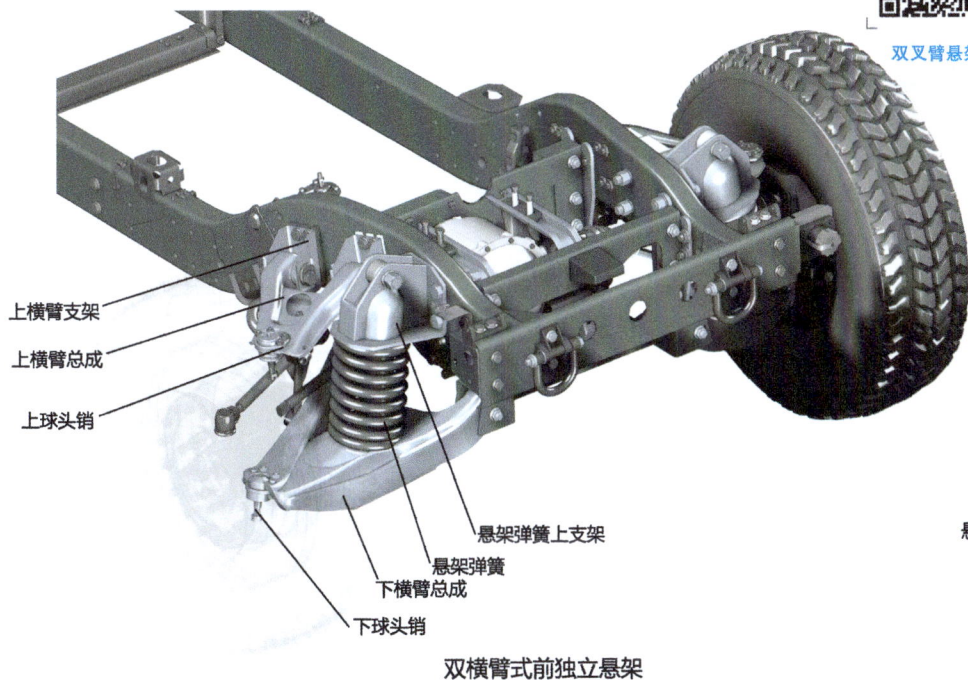

双叉臂悬架

上横臂支架
上横臂总成
上球头销

悬架弹簧上支架
悬架弹簧
下横臂总成
下球头销

双横臂式前独立悬架

有些越野汽车前悬架采用双横臂独立悬架结构形式，主要零件有：螺旋弹簧、双向作用液压减振器、上横臂总成、下横臂总成和相关的固定连接支架。

采用双横臂式前独立悬架时，设计车轮定位参数的变化及侧倾中心位置的自由度比较大，与转向机构设计合理匹配，可以得到最佳的操纵性和平顺性。

知识链接

双横臂和双叉臂两者在设计上存在不同，双横臂是两条平行线，而双叉臂是相互交叉的，所以双叉臂稳定性更好，特别是快速过弯时。双横臂式悬架和双叉臂式悬架有许多共性，只是结构比双叉臂式简单些，也可以称之为简化版的双叉臂式悬架。因此，国内有些硬派越野车会采用双横臂结构。

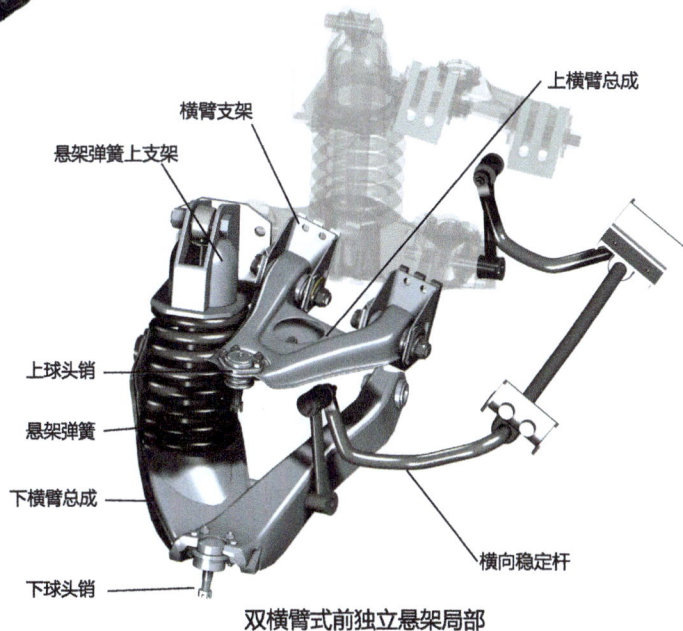

横臂支架
上横臂总成
悬架弹簧上支架
上球头销
悬架弹簧
下横臂总成
横向稳定杆
下球头销

双横臂式前独立悬架局部

越野车双横臂式后独立悬架

越野车双横臂式后独立悬架主要由螺旋弹簧、双向作用液压减振器、上横臂总成、下横臂总成和相关的固定连接支架等组成，并装有横向推力杆，上下横臂与轮边连接采用球销连接。

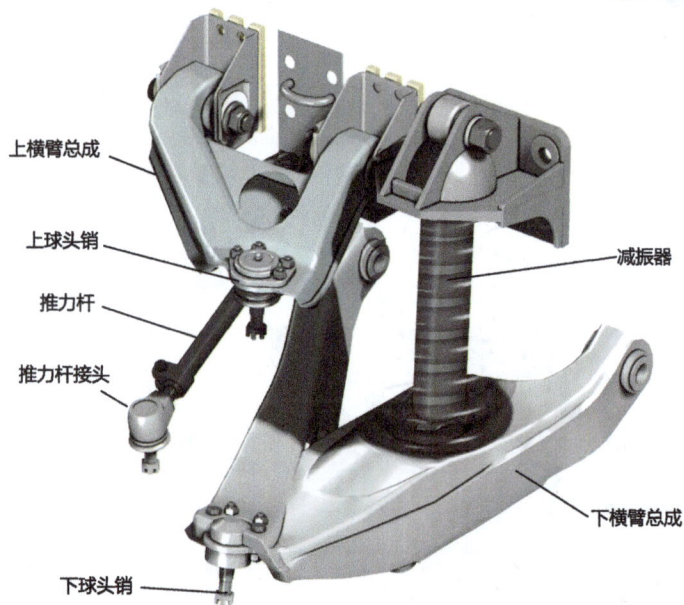

上横臂固定支架
推力杆固定支架
上横臂总成
上球头销
推力杆

推力杆接头

悬架弹簧上支架　悬架弹簧　下横臂总成

下球头销

双横臂式后独立悬架

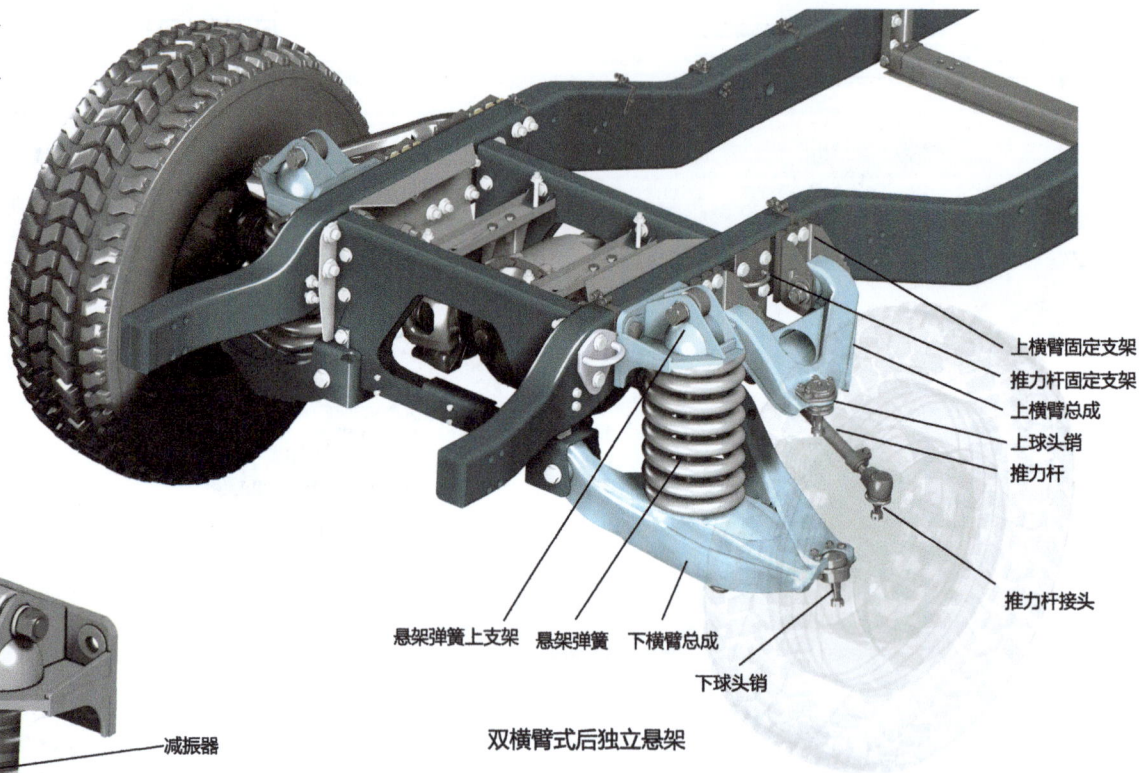

上横臂总成

上球头销

推力杆

推力杆接头

减振器

下横臂总成

下球头销

双横臂式后独立悬架局部

▶知识链接

双横臂式独立悬架可以很简单地获得强度很高的结构，并且用料少。通过横臂长度、横臂平面角度、上下横臂相互距离和相对位置以及角度的调整，可以调校出不同的悬架参数。尽管其需要占据较大的车体空间，但是对于体积和空间都足够大的大型越野车来讲，这不是问题。

底盘、车身与电器（彩色版）
汽车构造与原理三维图解

液力减振器

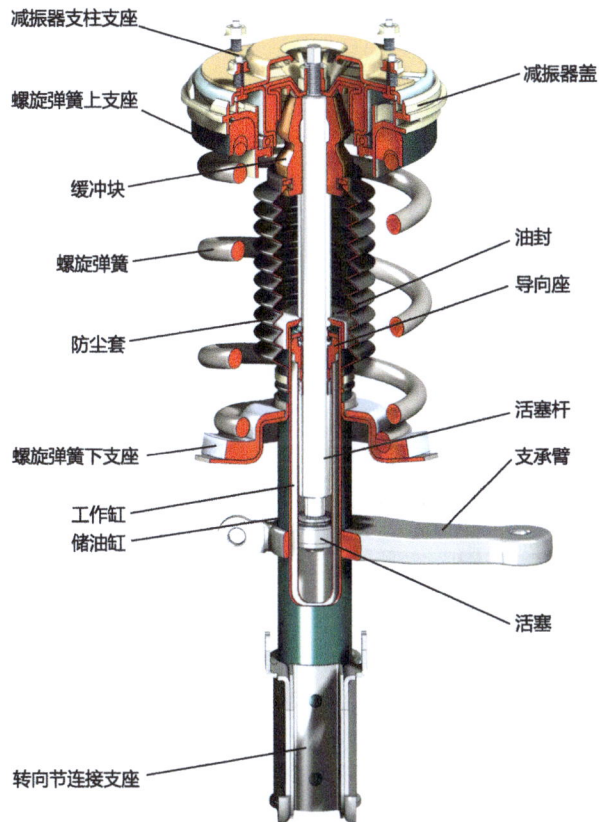

液力减振器剖面图

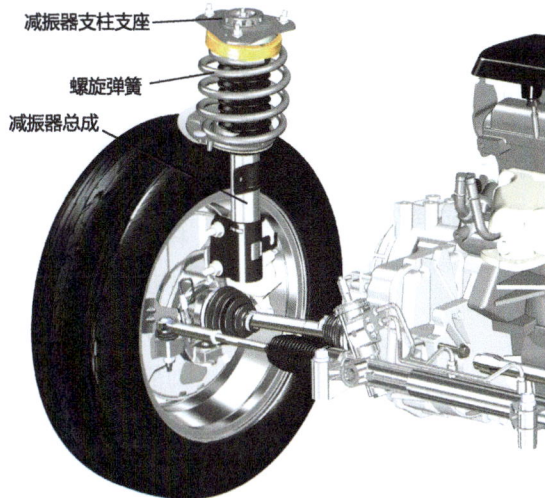

- 减振器支柱支座
- 螺旋弹簧上支座
- 缓冲块
- 螺旋弹簧
- 防尘套
- 螺旋弹簧下支座
- 工作缸
- 储油缸
- 转向节连接支座
- 减振器盖
- 油封
- 导向座
- 活塞杆
- 支承臂
- 活塞

液力减振器布置图

- 减振器支柱支座
- 螺旋弹簧
- 减振器总成

减振器的作用是吸收钢板弹簧起落时车辆的振动，使其迅速恢复到平稳状态，改善汽车行驶时的平稳性。

汽车悬架广泛采用液力减振器，其工作原理是利用液体流动阻力来消耗振动能量。

减振器阻尼力大小随车架与车桥的相对运动速度的增减而增减，并且与油液黏度有关。

▶ **知识链接**

1. 减振器是汽车易损件，减振器工作好坏将直接影响汽车行驶平稳性和其他机件寿命。

2. 减振器漏油是常见的现象，这时就需要更换减振器。为了考虑和原车的匹配性能，应尽量更换原厂减振器。如果是保有量很高的车型，更换适合的名牌非原厂减振器也未尝不可。

双向作用筒式减振器

在压缩行程时，车轮接近车身，减振器被压缩，其内活塞向下移动。活塞下腔室的容积减小，油压升高，油液经流通阀流到活塞上腔。活塞杆占去上腔一部分空间，因而上腔增加的容积小

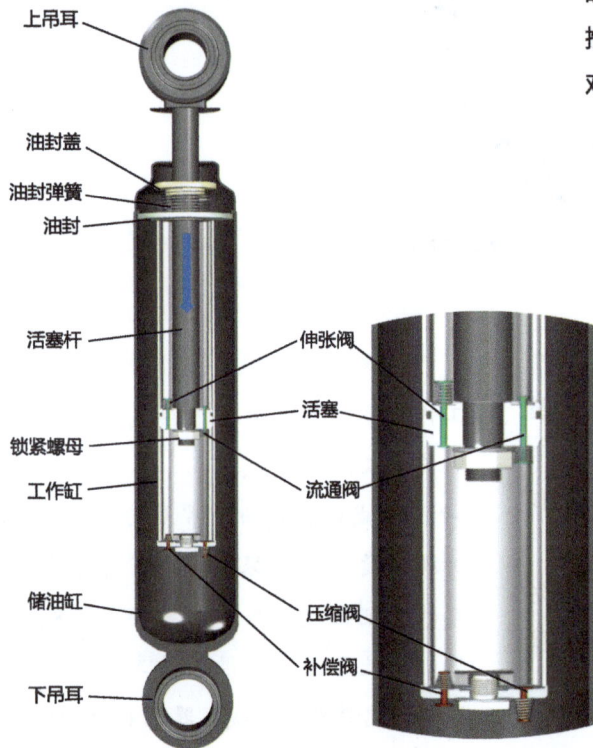

压缩行程

上吊耳
油封盖
油封弹簧
油封
活塞杆
伸张阀
活塞
锁紧螺母
工作缸
流通阀
储油缸
压缩阀
补偿阀
下吊耳

于下腔减小的容积，一部分油液推开压缩阀，流回储油缸。这些阀对油的节流形成悬架受压缩运动的阻尼力。

在伸张行程时，车轮远离车身，减振器受拉，其内活塞向上移动。活塞上腔油压升高，流通阀关闭，上腔内的油液推开伸张阀流入下腔。由于活塞杆的存在，自上腔流来的油液不足以充满下腔增加的容积，使下腔产生真空度，这时储油缸中的油液推开补偿阀流进下腔进行补充。这些阀的节流作用对悬架在伸张运动时起到阻尼作用。

▶ 知识链接

1. 在悬架压缩行程中（车桥和车架相互靠近），减振器阻尼力较小，以便充分发挥弹性元件的弹性作用，缓和冲击。此时弹性元件起主要作用。

2. 在悬架伸张行程中（车桥和车架相互远离），减振器阻尼力应较大，以迅速减振，此时减振器起主要作用。

3. 当车架或车身与车桥之间的相对速度过大时，要求减振器能自动加大流液量，使阻尼力始终保持在一定限度之内，以避免车架或车身承受过大的冲击载荷。

伸张行程

底盘、车身与电器（彩色版）
汽车构造与原理三维图解

空气式可调悬架

采用空气式可调悬架汽车的前轮和后轮都设有离地距离传感器,电子控制单元(ECU)根据该传感器信号判断出车身高度变化,再控制空气压缩机和排气阀门,使弹簧自动压缩或伸长,从而降低或升高底盘离地间隙,以增加高速行驶时车身稳定性或复杂路况时的通过性。

这种悬架的弹簧振动和行程永远保持在最佳状态,即使在颠簸路面行驶也非常平稳。空气式可调悬架不仅可以改变悬架的软硬度,还可以改变阻尼大小。自动高度调整装置可确保在任一悬架模式时,不论汽车承载多少,车身都与路面保持一定距离。只有当车速高于某一数值时,底盘高度才会自动下降。车身重心下降不仅增加了地面附着力,同时还减小了风阻,进而降低了油耗。

▶ 知识链接

1. 除了这类可调悬架,还有液力可调悬架、电子液力可调悬架和电磁可调悬架等。

2. 空气弹簧悬架不等于空气式可调悬架。空气弹簧悬架在商用车上应用很广泛,其自重比钢板弹簧低,提高了车辆的承载能力,减少了车辆对路面的冲击,可延长路面寿命。

3. 可调悬架结构复杂,对调校和匹配要求很高,曾经在有些国产车上有应用,但是可靠性和匹配性能限制了它的进一步普及。

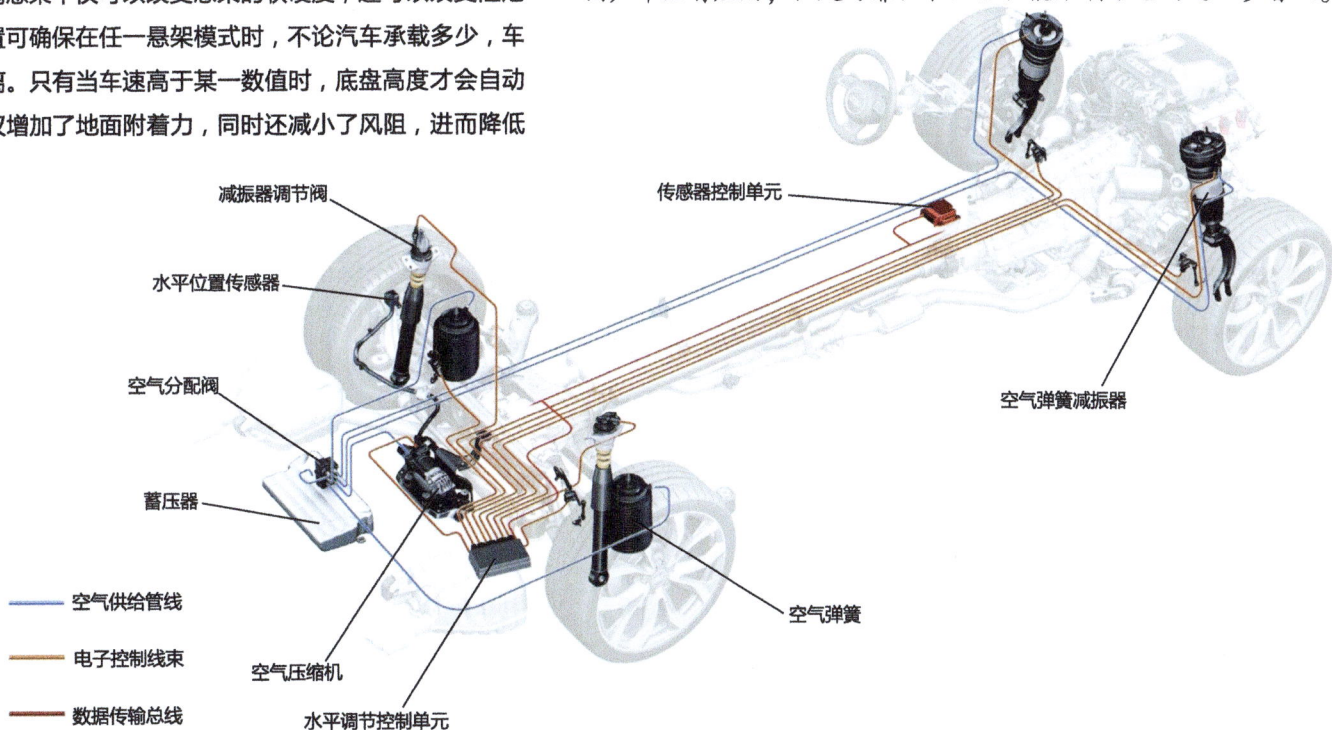

减振器调节阀
水平位置传感器
空气分配阀
蓄压器
空气供给管线
电子控制线束
数据传输总线
空气压缩机
水平调节控制单元
传感器控制单元
空气弹簧减振器
空气弹簧

空气弹簧双向作用筒式减振器

双管式充气减振器中用来替代螺旋弹簧的空气弹簧气囊裹在充气减振器外部。

空气弹簧气囊壁很薄，可以提供极佳的悬架响应。通过将起伏活塞轮廓、外部导套与直接连接在支柱上的辅助储压器组合起来，就得到了所需的弹簧刚度。

▶ 知识链接

1. 这种悬架可以让汽车在动态模式下，使底盘下降20mm，提高车辆在高速时的稳定性，并降低燃油消耗；也可以在舒适模式下，使底盘升高25mm，以满足通常路况下对舒适性的要求。

2. 这个提升过程通常是按照先后桥、再前桥的顺序，降低过程是按照先前桥、再后桥的顺序，这样可避免夜间调节时汽车远光灯给对面来车造成眩目效果。

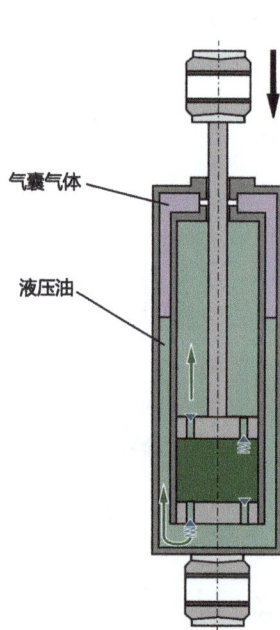

空气弹簧盖
减振器缆线
辅助储压器
支座
橡胶限位块
减振器活塞杆
外部导套
空气弹簧气囊
起伏活塞
波纹管
液压减振器

空气弹簧减振器总成

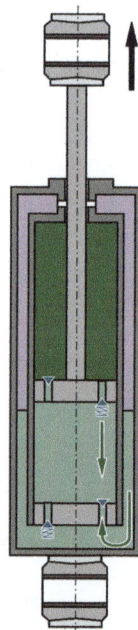

气囊气体
液压油

压缩过程

伸张过程

第十章

转向系统

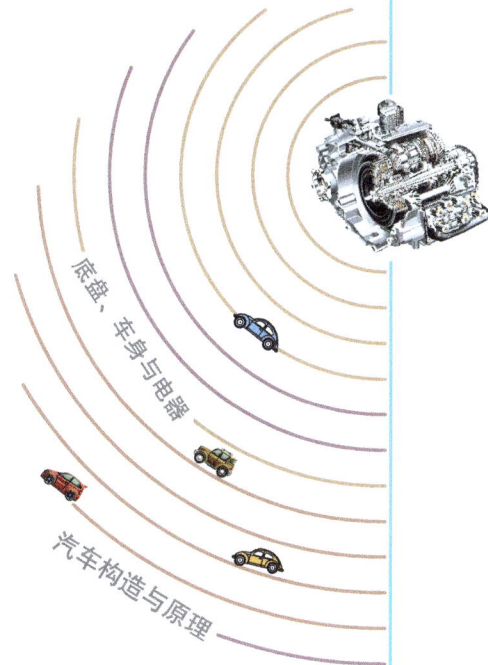

底盘、车身与电器

汽车构造与原理

液压动力转向系统

汽车在道路上行驶时，驾驶人可根据道路情况和交通状况转动转向盘使转向轮偏转，改变汽车的行驶方向。用来改变或保持汽车行驶方向的机构称为汽车转向系统。汽车转向系统的功能是按照驾驶人的意愿控制汽车的行驶方向。

车轮　转向侧拉杆总成　转向随动臂　横向稳定杆　转向液罐　转向液压泵　转向传动轴　转向柱管　转向盘

液压助力器

转向节臂　转向横拉杆　转向垂臂　整体式动力转向器

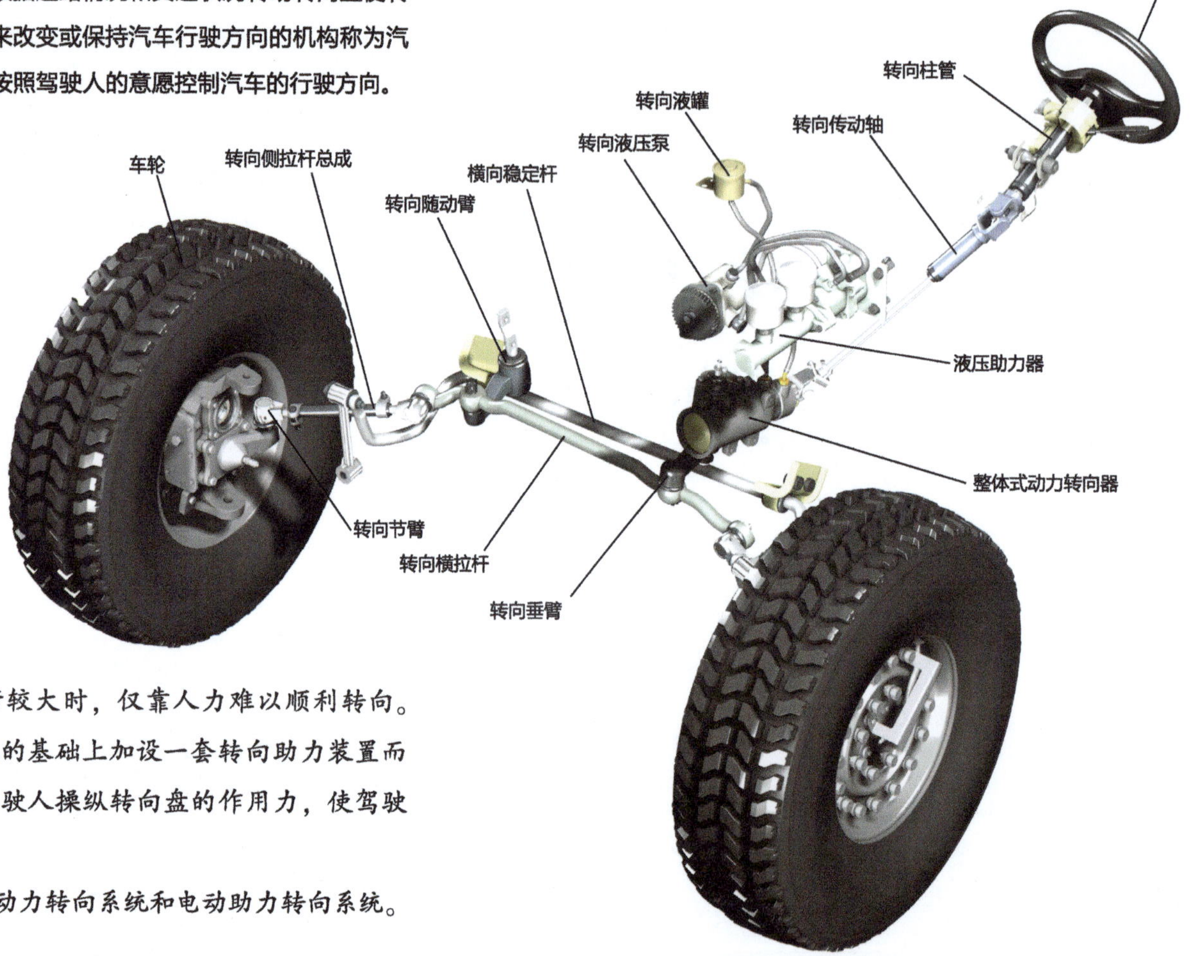

▶ 知识链接

当机械转向装置转向轴负荷较大时，仅靠人力难以顺利转向。动力转向系统是在机械转向系统的基础上加设一套转向助力装置而形成的。动力转向系统减轻了驾驶人操纵转向盘的作用力，使驾驶人能轻松地控制转向。

动力转向系统可以分为液压动力转向系统和电动助力转向系统。

动力转向器管路主要部件

转向液压泵是动力转向的动力源，它由发动机通过 V 带驱动或由曲轴或凸轮轴通过齿轮驱动，通过转向控制阀向动力缸的工作腔供油。其结构形式较多，有叶片式、齿轮式、转子式、柱塞式和滚子叶片式等，其中叶片式转向液压泵应用广泛。

动力转向泵的转子每旋转一周，每个工作腔各自吸油、压油两次，即完成两次吸入行程和输出行程，这称为双作用，故这种形式的叶片泵又称为双作用叶片泵。当进行吸入行程时，容积由小变大，形成一定真空度吸油；当进行输出行程时，容积从大变小，压缩油液，由压油口向外供油。

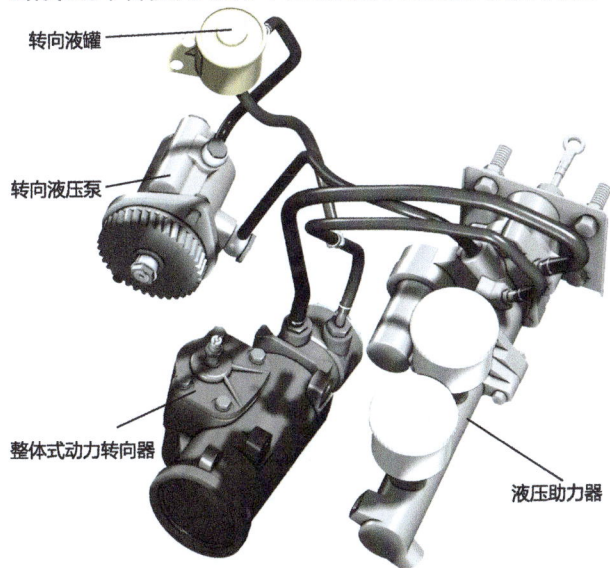

动力转向器管路主要部件

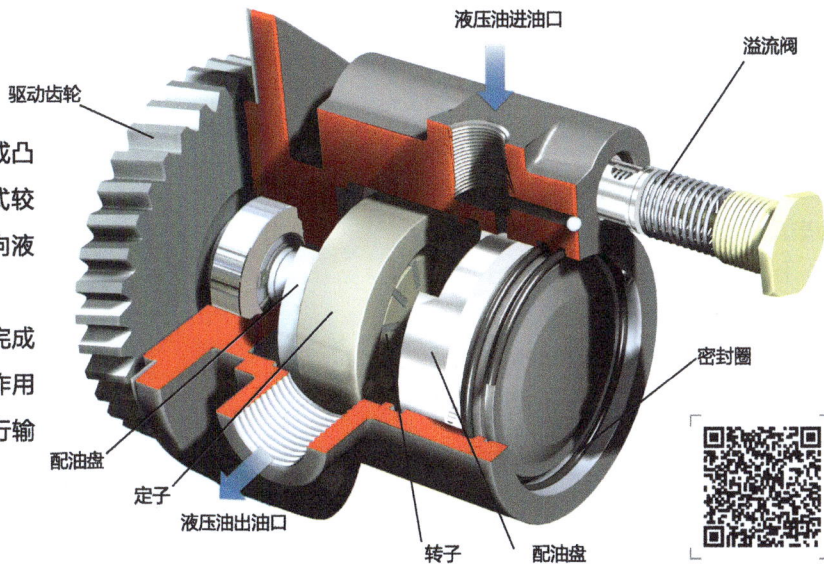

双作用叶片式动力转向液压泵

动力转向泵

知识链接

1. 动力转向液压泵就是我们常说的转向助力泵。无论汽车是否转向，这套系统都要工作，而且在大转向车速较低时，需要液压泵输出更大的功率以获得比较大的助力，尤其是低速转弯时，我们会觉得转向比较沉，这就要求我们尽量不要原地转转向盘。

2. 为了防止转动阻力矩过大损坏液压泵，每个液压系统中都必须装设用以限制最高压力的安全阀，来防止"打死"转向盘损坏液压泵。但是，转向盘转动过快会使转向泵工作压力迅速升高，而通常很多人"打死"方向时转向盘转速都很快，"打死"那一刻还会听到声响。因此，对于液压助力转向系统来讲，尽量不要快速"打死"方向。

很多货车与越野车采用的整体式动力转向器为转阀式。其机械转向器为循环球齿条齿扇式。

相比齿轮齿条式转向器，由于循环球式转向器更多地依靠滚动摩擦，所以具有较高的传动效率，操纵起来轻便舒适，机械磨损较小，使用寿命相对较长。但传动精度与灵敏度较差，在普通乘用车上应用较少。

▶ 知识链接

1. 液压动力转向器主要有齿轮齿条式、循环球曲柄指销式、蜗杆曲柄指销式、循环球齿条齿扇式、蜗杆滚轮式等。

2. 转向器的设计与工作必须让驾驶人从转向盘上感受到行驶阻力变化带来的转向阻力的变化，也就是所谓的"路感"。

3. 转向器还要为驾驶人提供"随动"的操作感觉，也就是转向轮的偏转角度随转向盘的转角变化而变化，助力随转向停止而减小，随继续转动而增大。

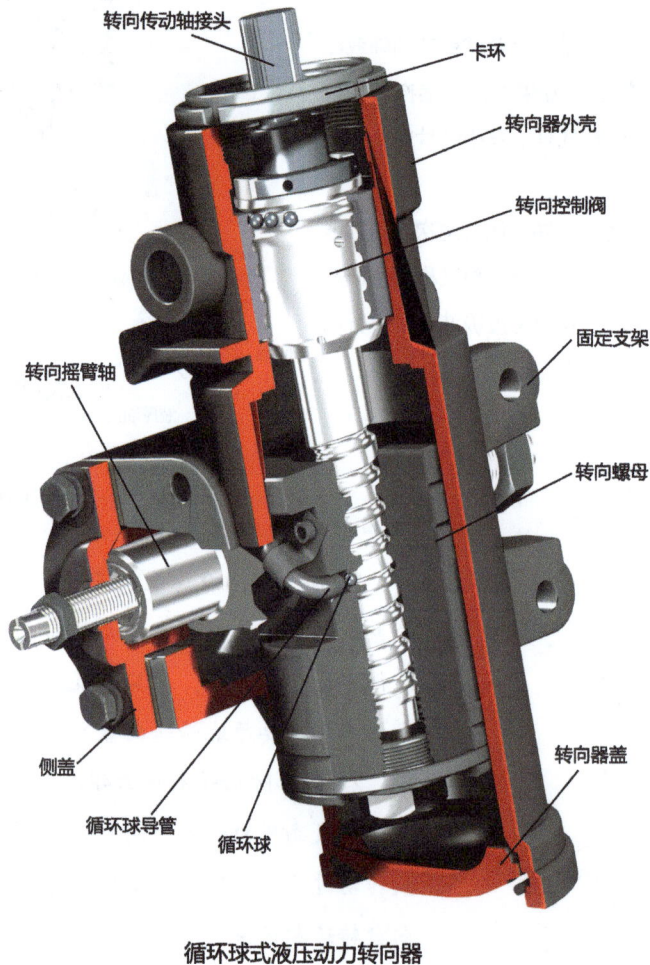

循环球式液压动力转向器

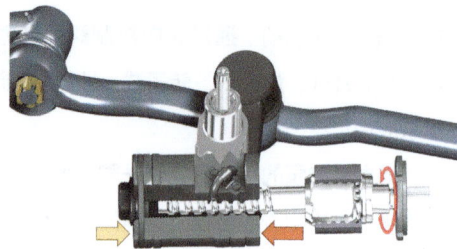

图中标注：
转向传动轴接头
卡环
转向器外壳
转向控制阀
固定支架
转向螺母
转向器盖
转向摇臂轴
侧盖
循环球导管
循环球

右转弯状态

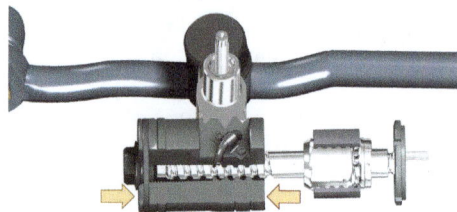

直线行驶状态

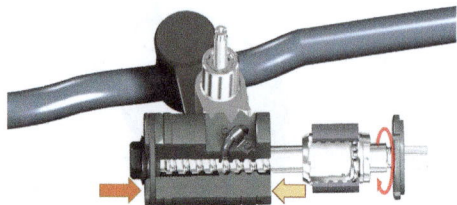

左转弯状态

整体式动力转向器

转向控制阀、齿轮齿条式转向器和转向动力缸设计成一体，组成整体式动力转向器。这种转向器的控制阀为转阀式结构。转向器壳体上有油孔分别通向转向液压泵、转向液罐和转向动力缸左右两个工作腔。转向齿条与转向动力缸内的活塞制成一体，活塞将转向动力缸分隔为左右两个工作腔。转向动力缸上有油管通向转向器壳体内的控制阀。

当汽车直线行驶时，转向阀使液力活塞两侧压力均衡，此时不产生助力作用。当汽车转弯时，转动转向盘，带动控制阀转动，液力活塞两侧产生压力差，进而产生相反方向助力。

转向盘一旦停止转动，转向动力缸暂时继续工作，导致转向轮继续转动，使扭杆的扭转变形减小，转向助力减少。当转向助力刚好与车轮的回正力矩相平衡时，齿轮齿条停止运动。此时，转向阀即停驻在某一位置不动，转向轮转角保持不变。

密封圈
接转向液罐
接转向液压泵
接转向动力缸
转向阀
轴承

整体式动力转向器局部

转向节球头销
转向横拉杆
转向液管道
转向轴
防尘套
液力缸密封圈
液力活塞
液力缸密封圈
齿条
转向斜齿轮
万向节
转向横拉杆

整体式动力转向器

▶ 知识链接

1. 齿轮齿条式结构相对简单，成本也低，同时体积、质量也不大，和助力系统结合起来也非常方便，所以在现代乘用车上得到广泛应用。

2. 对于一些硬派越野车来讲，由于适应路况更恶劣复杂，仍然会采用传统的循环球式动力转向器，尽管电动助力技术已经大行其道。

齿条式整体式
动力转向器

电动助力转向系统工作原理

当汽车转向时，作用在转向盘上的力矩将扭转转向轴。转向力矩传感器向控制单元输出转向力矩信号，转向角传感器传输当前的转向角和转向速度信号，控制单元由转向力矩、车速、发动机转速、转向角、转向速度和在控制单元中存储的特征曲线获得触发电动机的额定转矩。作用在转向盘上的力矩和助力力矩的和即推动齿条作用在转向器上的有效力矩。

当转向盘不再受力时，转向轴上的转向力矩将为零。由于车桥几何形状，在车轮上将产生复位力，控制单元通过转向角传感器的转向角值对此进行识别。

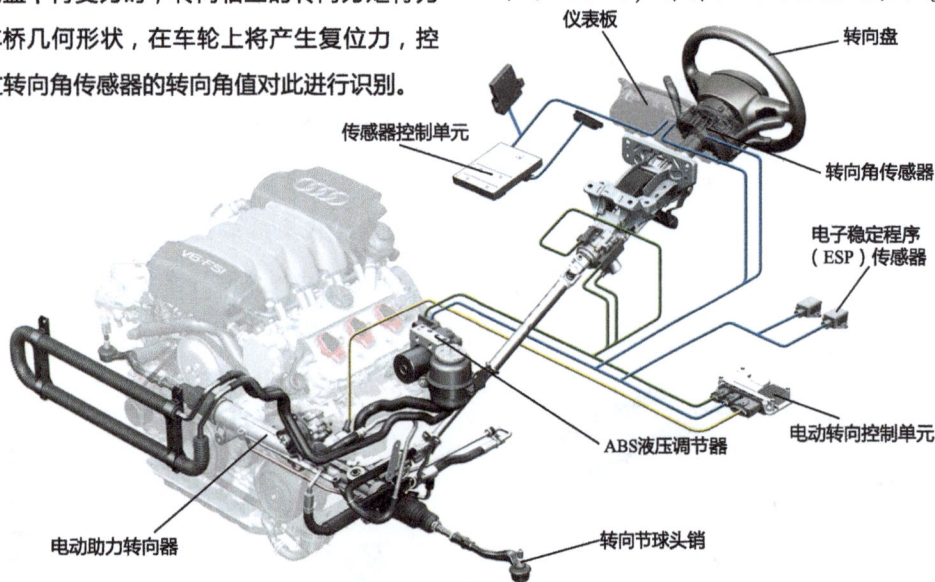

控制单元通过计算出转向力矩、车速、发动机转速、转向角、转向速度和在控制单元中保存的特征曲线来计算出复位所需要的电动机转矩。电动机被触发，车轮将重新转回到直线行驶位置。

▶ **知识链接**

现今乘用车中电动助力转向系统应用已经很普及了，与传统液力动力转向系统相比，其结构简单紧凑，制造成本低，系统损耗和噪声更低，能耗也更小。除此之外，它可与其他电子系统联用，有着强大的功能延展性。

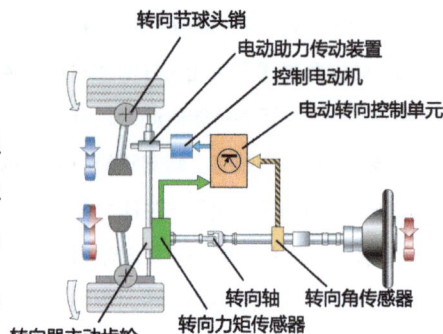

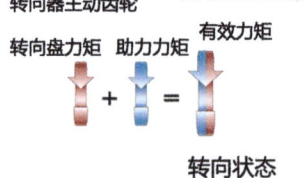

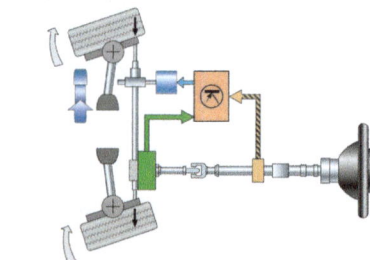

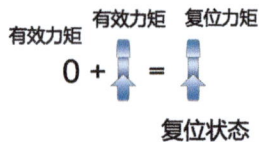

电动助力转向系统组成

转向状态

复位状态

电动助力转向器组成

电动转向

电动式电子控制动力转向系统是在机械转向机构的基础上，增加电动助力机构和转向助力控制系统。电动助力系统可分为齿条驱动式、转向柱驱动式；齿条驱动式转向器通常又分为同轴式、平行轴式驱动方式等。

下图所示的平行轴式电动助力转向器电动机转子与转向器丝杠轴不同轴，采用平行轴结构，利用传动带连接电动机转轴和丝杠螺母，滚珠丝杠上的循环滚珠作为减速机构。它主要由壳体、驱动电动机、滚珠丝杠、输入齿轮轴总成、转矩传感器、电控单元和轴承等组成。

平行轴式电动助力转向系统的电动机多用永磁式三相交流电动机，工作电压一般与蓄电池的电压相同，但也需要通过变频器进行转换。

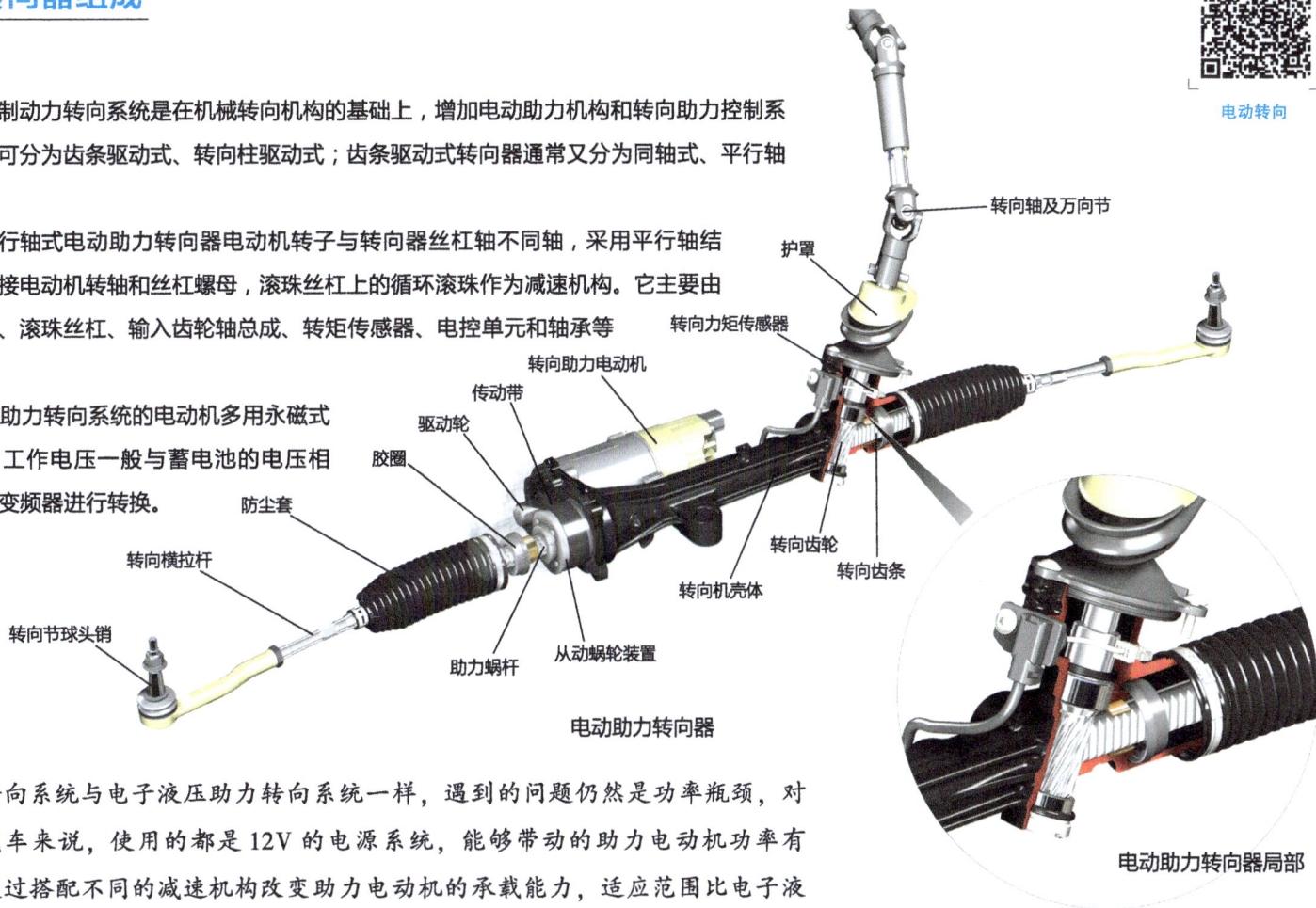

转向轴及万向节
护罩
转向力矩传感器
转向助力电动机
传动带
驱动轮
胶圈
防尘套
转向横拉杆
转向节球头销
助力蜗杆
从动蜗轮装置
转向机壳体
转向齿条
转向齿轮

电动助力转向器

电动助力转向器局部

▶ 知识链接

电动助力转向系统与电子液压助力转向系统一样，遇到的问题仍然是功率瓶颈，对于目前大多数汽车来说，使用的都是12V的电源系统，能够带动的助力电动机功率有限，虽然可以通过搭配不同的减速机构改变助力电动机的承载能力，适应范围比电子液压助力更广，但是改变范围还是有限。因此，对于转向负荷较大的大型汽车来说，电动助力系统仍然有些力不从心。

第十章　转向系统

转向操纵机构

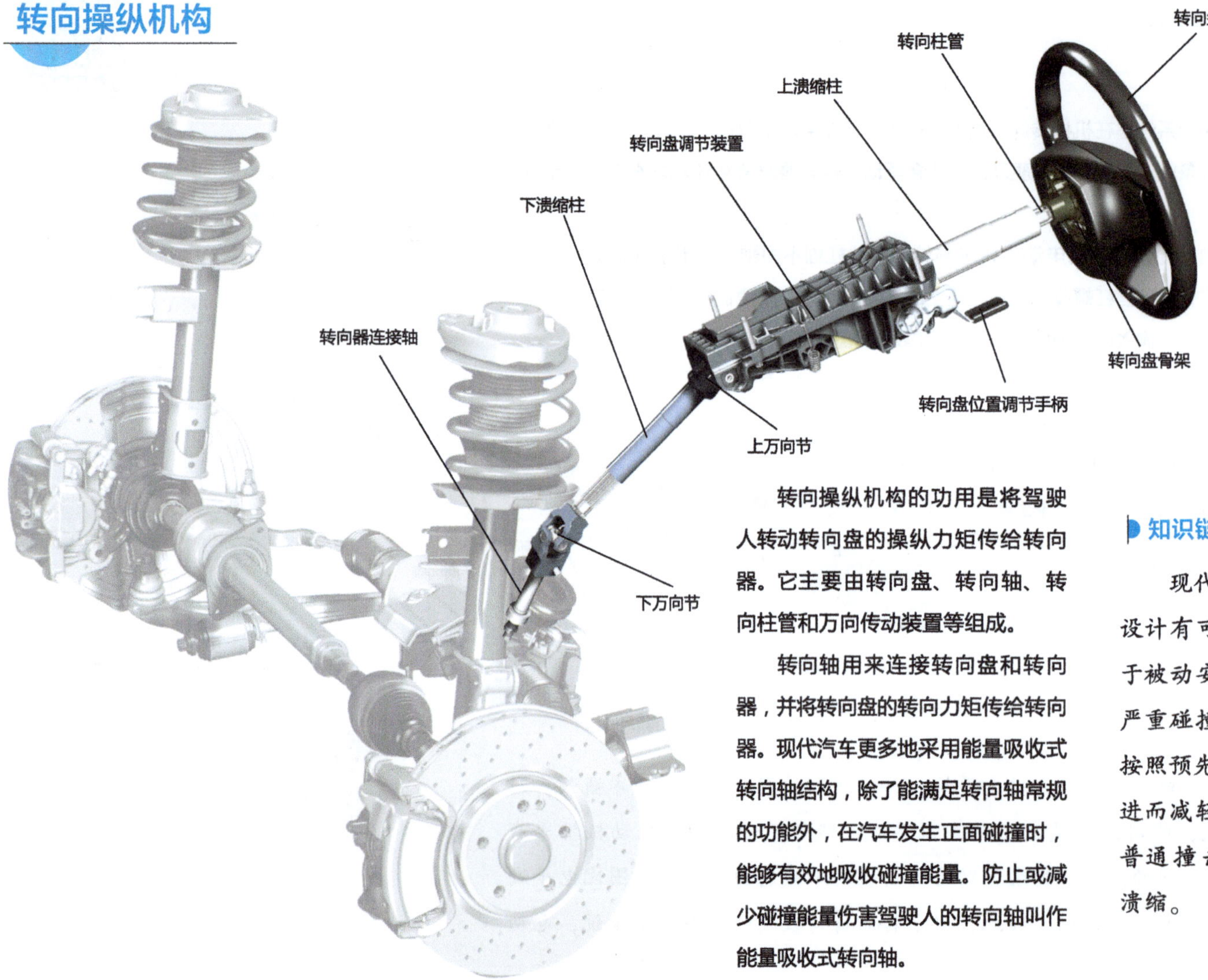

转向盘

转向柱管

上溃缩柱

转向盘调节装置

下溃缩柱

转向器连接轴

转向盘骨架

转向盘位置调节手柄

上万向节

下万向节

转向操纵机构的功用是将驾驶人转动转向盘的操纵力矩传给转向器。它主要由转向盘、转向轴、转向柱管和万向传动装置等组成。

转向轴用来连接转向盘和转向器，并将转向盘的转向力矩传给转向器。现代汽车更多地采用能量吸收式转向轴结构，除了能满足转向轴常规的功能外，在汽车发生正面碰撞时，能够有效地吸收碰撞能量。防止或减少碰撞能量伤害驾驶人的转向轴叫作能量吸收式转向轴。

▶ **知识链接**

现代汽车转向操纵机构都设计有可溃缩式转向柱，这属于被动安全措施，当汽车发生严重碰撞时，可溃缩转向柱会按照预先设计溃缩变形或折叠，进而减轻对驾驶人的伤害，而普通撞击则不会让转向机构溃缩。

转向盘四向调整装置

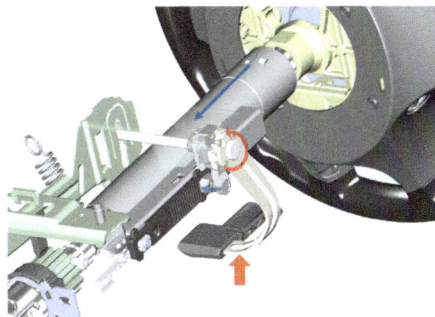
转向盘向前调整

转向盘向后调整

转向盘向下调整

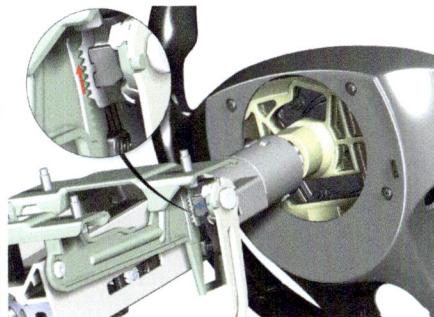
转向盘向上调整

方向盘调整

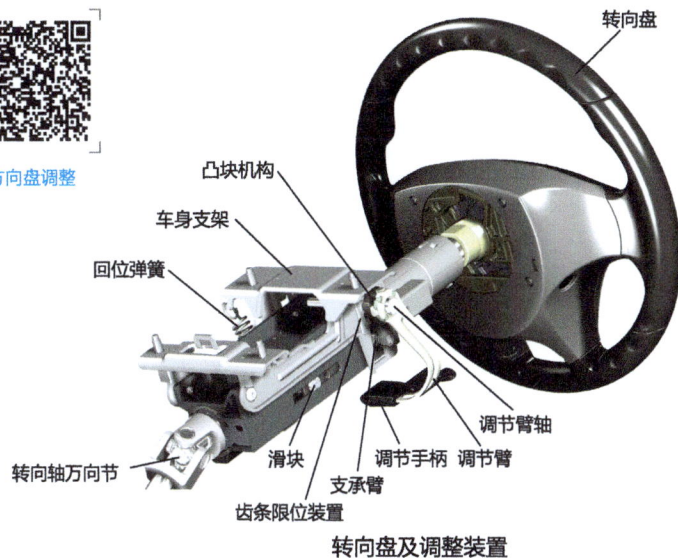

转向盘

凸块机构
车身支架
回位弹簧

转向轴万向节
齿条限位装置
滑块
支承臂
调节手柄　调节臂
调节臂轴

转向盘及调整装置

转向盘上下调节即调节转向盘的垂直距离，目的是满足不同身材的驾驶人对转向盘和驾驶人上下空间上的需要。

转向盘前后调节即调节转向盘轴线的长短，目的是满足不同身材的驾驶人对转向盘与自身距离的需要。

很多乘用车和商用车都配备有转向盘位置调节装置，以满足不同驾驶人的需求。

知识链接

部分高档汽车在自动调节转向盘的基础上增加了记忆功能，通过设置可还原自己设置好的转向盘位置。记忆功能会与驾驶人的钥匙联动，在识别该钥匙后，转向盘会自动调节到该驾驶人设置过的位置。

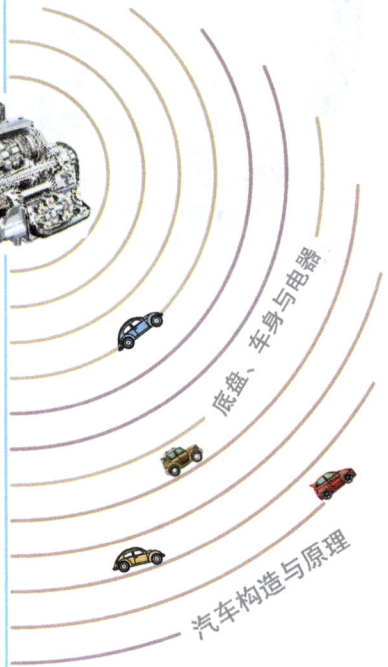

第十一章

制动系统

制动系统的组成

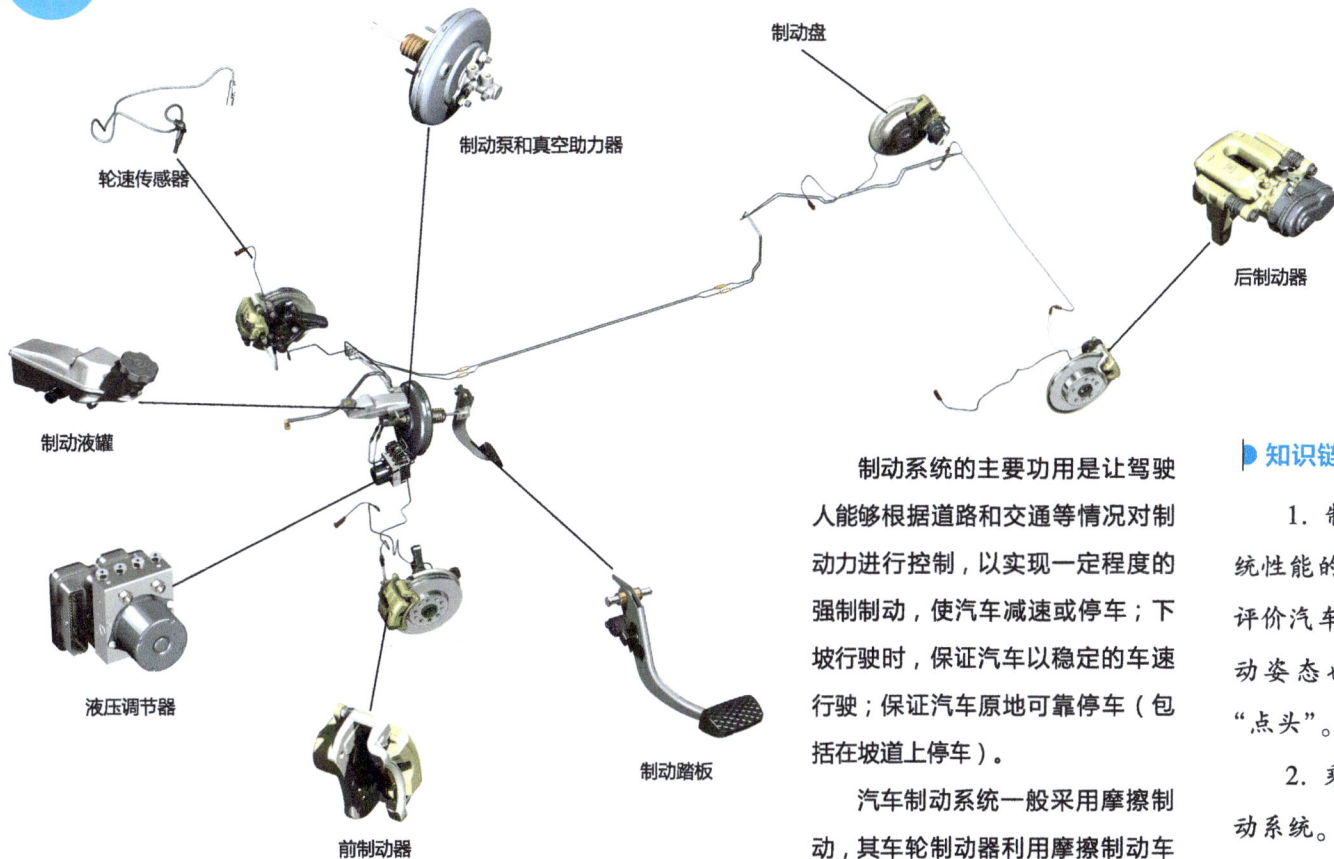

制动盘

制动泵和真空助力器

轮速传感器

后制动器

制动液罐

液压调节器

前制动器

制动踏板

制动系统的主要功用是让驾驶人能够根据道路和交通等情况对制动力进行控制，以实现一定程度的强制制动，使汽车减速或停车；下坡行驶时，保证汽车以稳定的车速行驶；保证汽车原地可靠停车（包括在坡道上停车）。

汽车制动系统一般采用摩擦制动，其车轮制动器利用摩擦制动车轮，利用的是轮胎与路面之间的摩擦力。因此，制动的实质就是将汽车的动能强制地转化为其他形式的能量，通常是热能。

▶ 知识链接

1. 制动距离是汽车制动系统性能的关键参数之一，但是评价汽车制动性能好坏，其制动姿态也很重要，不能过度"点头"。

2. 乘用车通常采用液压制动系统。商用车由于要求制动力大，制动持续时间长，因此普遍采用气压制动。除此之外，商用车还会装有发动机辅助制动装置。

鼓式制动器

鼓式制动器利用制动蹄片挤压制动鼓而获得制动力，可分为内张式和外束式。

内张鼓式制动器是以制动鼓的内圆柱面为工作表面，在现代汽车上广泛使用；外束鼓式制动器则是以制动鼓的外圆柱面为工作表面，目前只用作极少数汽车的驻车制动器。

轮缸式制动器按制动蹄的受力情况不同，可分为领从蹄式、双领蹄式（单向作用、双向作用）、双从蹄式、自增力式（单向作用、双向作用）等。

▶知识链接

鼓式制动器结构简单，制造成本低，其制动能力强，因此中大型汽车一般都采用鼓式制动器。但它的最大缺点是散热差，由于制动工作机构是封闭在制动鼓内的，所以在连续制动后热量无法快速散发，制动鼓在受热膨胀之后与制动摩擦片的接触面会变小，从而影响制动效率，这也是我们经常看到货车长时间制动时利用喷水来降温的原因。

汽车构造与原理三维图解（彩色版）

底盘、车身与电器

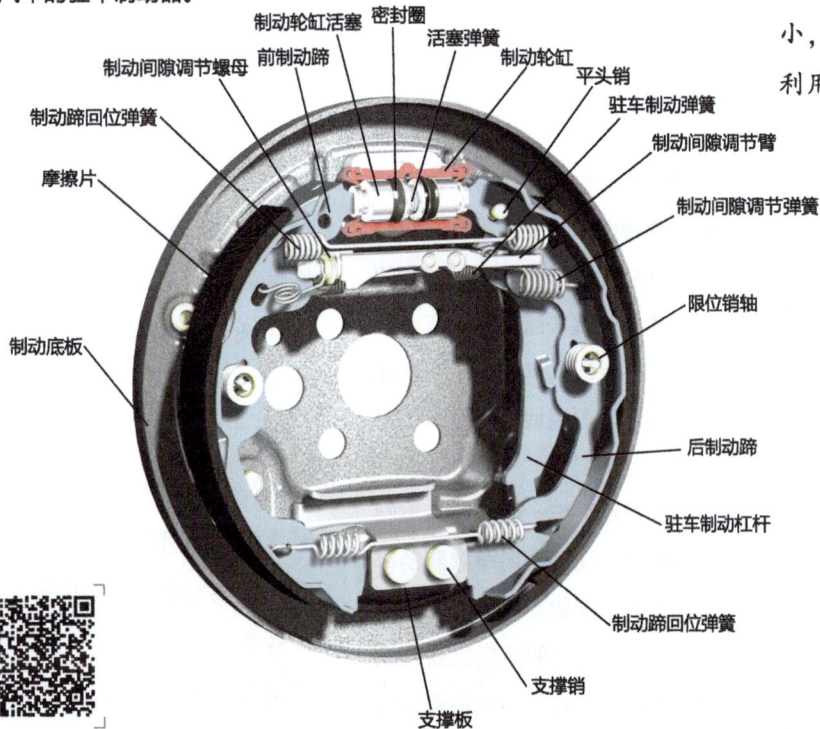

制动间隙调节螺母　制动轮缸活塞　密封圈　活塞弹簧　制动轮缸　平头销　前制动蹄　驻车制动弹簧　制动蹄回位弹簧　制动间隙调节臂　摩擦片　制动间隙调节弹簧　制动底板　限位销轴　后制动蹄　驻车制动杠杆　制动蹄回位弹簧　支撑销　支撑板

行驶状态

鼓式制动器

制动状态

凸轮张开鼓式制动器

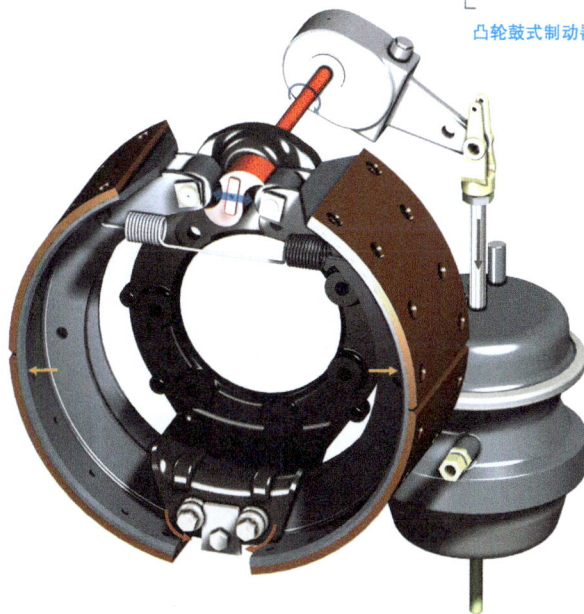

制动凸轮
滚子
制动蹄回位弹簧
摩擦片
制动凸轮驱动臂
传力叉
前制动蹄
制动气室
制动底板
支撑销
后制动蹄

行驶状态

▶知识链接

国产汽车和部分国外汽车的气压制动系统采用凸轮促动的车轮制动器，绝大部分也都设计成领从蹄式。凸轮促动的双向自增力式制动器只宜用作中央制动器。

凸轮鼓式制动器

第十一章
制动系统

在这种制动器中，工作表面对称的制动凸轮与凸轮轴制成一体。制动蹄在不制动时由回位弹簧拉靠在制动凸轮上。制动时，制动调整臂在弹簧制动气室的推动下，带动制动凸轮轴转动，推动两制动蹄压靠在制动鼓上。

由于凸轮轮廓的中心对称性，凸轮只能绕固定的轴线转动而不能移动，另外两制动蹄的结构和安装还具有轴对称性，所以当凸轮转过一定角度时，两制动蹄的位移是相等的。因此两制动蹄对制动鼓施加压紧力的大小，完全取决于凸轮对制动蹄推力的大小，以及凸轮的轮廓形状和凸轮所转过的角度。

制动状态

单向自增力鼓式制动器

单向自增力鼓式制动器只在汽车前进时起自增力作用，使用单活塞制动轮缸。自增力鼓式制动器的增力原理是：利用可调顶杆体浮动铰接的制动蹄来代替固定的偏心销式制动蹄，利用前蹄的助势推动后蹄，使总的摩擦力矩得以增大，起到自动增力的作用。

▶ **知识链接**

在基本结构参数和制动轮缸工作压力相同的条件下，自增力鼓式制动器由于对摩擦能效的利用好，制动性能最好，但其制动性能对摩擦系数的依赖性最大，因而其稳定性最差。单向自增力鼓式制动器只用于中、轻型汽车的前轮，而双向自增力鼓式制动器由于可兼作驻车制动器而广泛用于轿车后轮。

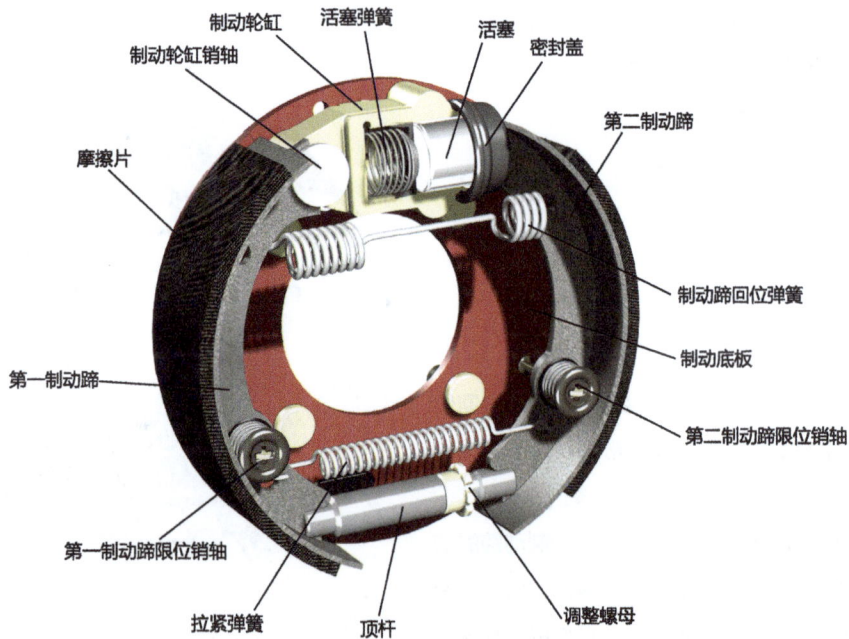

单向自增力鼓式制动器

制动轮缸　活塞弹簧　活塞　密封盖
制动轮缸销轴　　　　　　　第二制动蹄
摩擦片
第二制动蹄回位弹簧
制动底板
第一制动蹄　　　　　　第二制动蹄限位销轴
第一制动蹄限位销轴
拉紧弹簧　顶杆　调整螺母

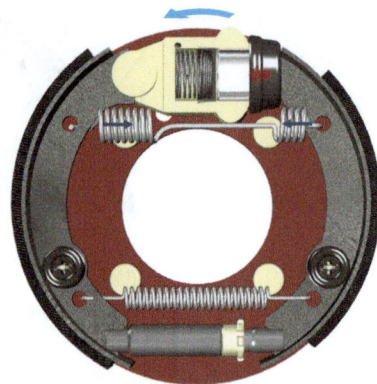

行驶状态

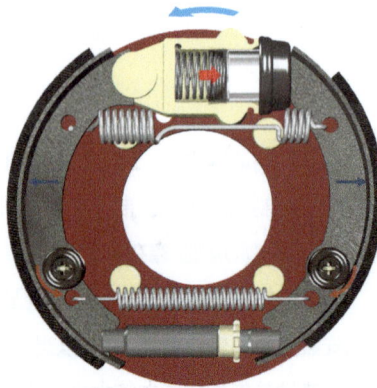

制动状态

底盘、车身与电器（彩色版）　汽车构造与原理三维图解

浮钳盘式制动器

在钳盘式制动器中，由工作面积不大的摩擦块与其金属背板组成制动衬块，每个制动器中一般有2~4块。这些制动衬块及其促动装置都装在横跨制动盘两侧的夹钳形支架中，称为制动钳。钳盘式制动器散热能力强，热稳定性好，故广泛应用于大多数乘用车上。

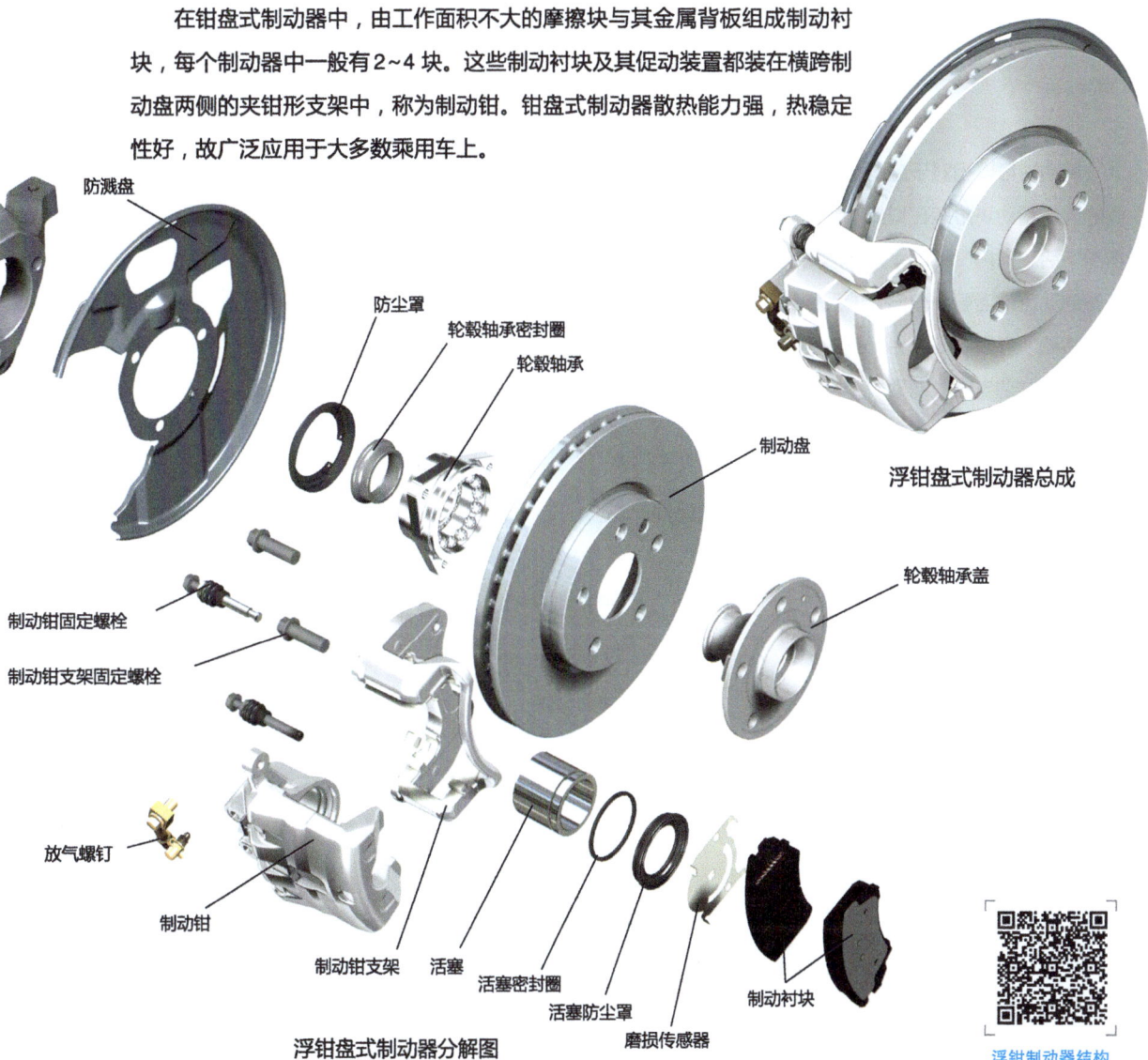

浮钳盘式制动器总成

▶ 知识链接

1. 盘式制动器散热快、重量轻、结构简单、调整方便。高负载时耐高温性能好，制动效果稳定，不怕泥水侵袭。在冬季和恶劣路况下行车，很多轿车采用的盘式制动器有平面式制动盘或通风制动盘。

2. 陶瓷制动盘有很好的抗热衰退性能，其耐热性能要比普通制动盘高出许多倍，常用于高档跑车上。

转向节连接螺栓　转向节　防溅盘　防尘罩　轮毂轴承密封圈　轮毂轴承　制动盘　轮毂轴承盖　制动钳固定螺栓　制动钳支架固定螺栓　放气螺钉　制动钳　制动钳支架　活塞　活塞密封圈　活塞防尘罩　磨损传感器　制动衬块

浮钳盘式制动器分解图

浮钳制动器结构

浮钳盘式制动器工作原理

制动钳可以相对于制动盘沿轴向移动。在制动盘内侧设置有液压缸，外侧的固定制动块附装在钳体上。制动时，制动液被压入液压缸中，在液压力作用下活塞向内侧移动，推动活动制动块也向内侧移动并压靠到制动盘上，于是制动盘给活塞一个向外的反作用力，使活塞连同制动钳体整体沿导向销向外移动，直到制动盘另一侧的固定制动块也压到制动盘上。这时两侧制动块都压在制动盘上，制动块夹紧制动盘，产生阻止车轮转动的摩擦力矩，实现制动。

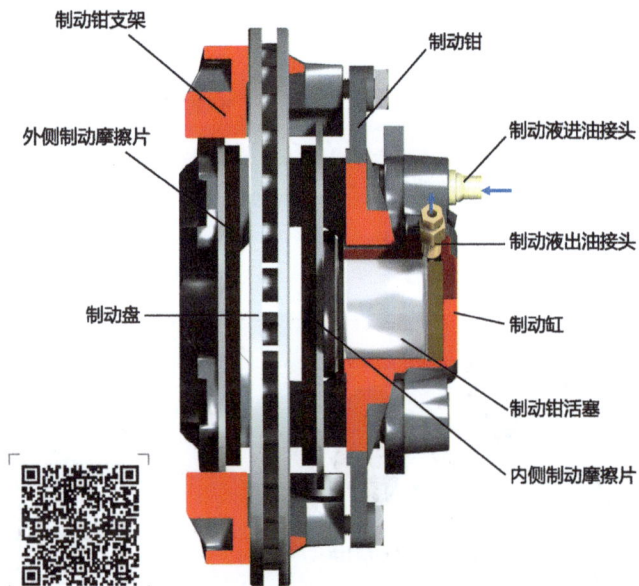

▶ 知识链接

1. 通常发动机前置汽车在制动时重心会前移，在前后制动力度一致的情况下，车辆容易失控，所以前轮需要比后轮更大的制动力来保证车辆平衡，因此会将制动盘尺寸设计为前大后小的形式。

2. 通常制动系统先更换的是制动片（制动摩擦片），制动片上会带有一个称作"磨损指示器"的金属片。制动盘的更换周期可以根据制动片的更换次数确定。

制动钳支架　　制动钳

外侧制动摩擦片

制动液进油接头

制动液出油接头

制动盘

制动缸

制动钳活塞

内侧制动摩擦片

浮钳制动工作　解除制动状态

单片接触状态

制动状态

中央盘式驻车制动器

驻车制动器的作用是：当汽车停驶后使汽车可靠停车，防止汽车滑溜；汽车在坡道起步时，协同离合器、加速踏板等使汽车顺利起步；在行车制动失效后临时使用或配合行车制动器进行紧急制动。

驻车制动器必须可靠地保证汽车原地停驻，并在任何情况下确保汽车不自行滑移。而这一点只有机械锁止方法才能实现，因此驻车制动器多采用机械传能装置。

下图所示为中央盘式驻车制动器，其采用浮钳盘式制动器，布置在主减速器输入端，利用主减速比与轮边减速器减速比来提高制动力矩，采用双级螺旋斜面的楔形结构。这种制动方式可得到较大的制动盘夹紧力，能满足40%坡度的驻车要求。

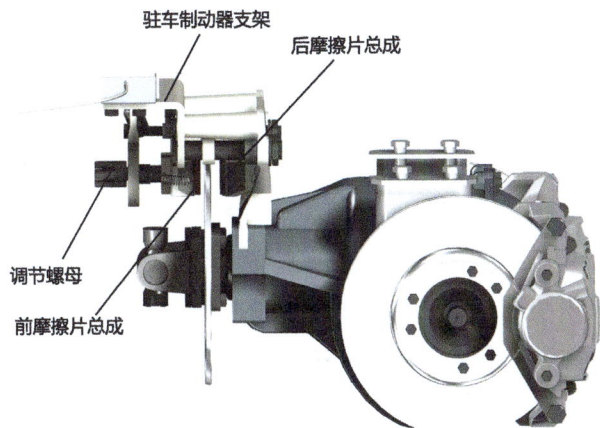

中央盘式驻车制动器组成

中央盘式驻车制动器

▶ 知识链接

1. 中央盘式制动器比较适合越野车，乘用车通常采用鼓式驻车制动器。

2. 机械式驻车制动在使用时不能拉得太紧，也不要长时间在坡道上拉驻车制动器，冰雪天和冬天洗车后驻车制动器可能失效。

3. 货车驻车制动采用气压制动方式，其结构与工作原理比乘用车复杂得多，在起步前还需要时间来解除驻车制动。

制动主缸

制动主缸属于单向作用活塞式液压缸，它的作用是将制动踏板输入的机械能转换成液压能。制动主缸分为单腔和双腔式，分别用于单回路和双回路液压制动系统。

下图所示带有补偿孔的柱塞式双腔制动主缸是为解决有些汽车布置空间狭小、无法安装传统制动主缸的车型而设计的，它结构紧凑，有效地节约了其轴向空间，它的长度只有传统主缸的一半左右。

当双回路液压制动系统中任何一套管路失效，增大制动踏板行程，制动主缸仍能工作。

汽车构造与原理三维图解

制动主缸

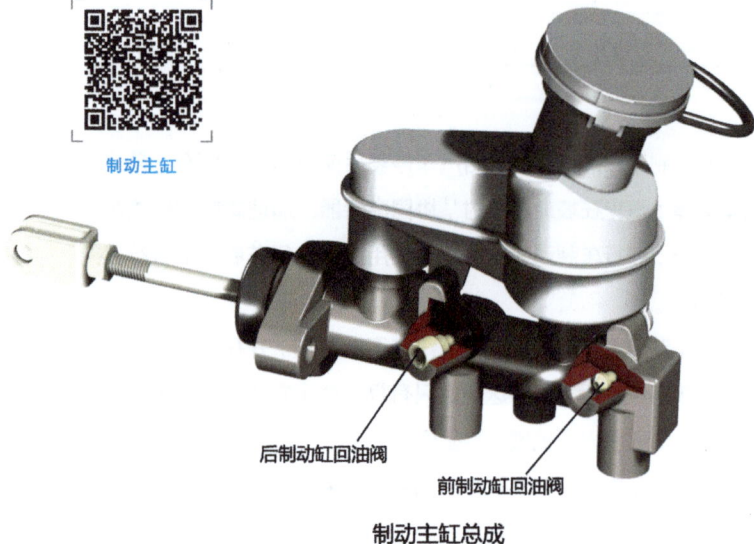

后制动缸回油阀
前制动缸回油阀

制动主缸总成

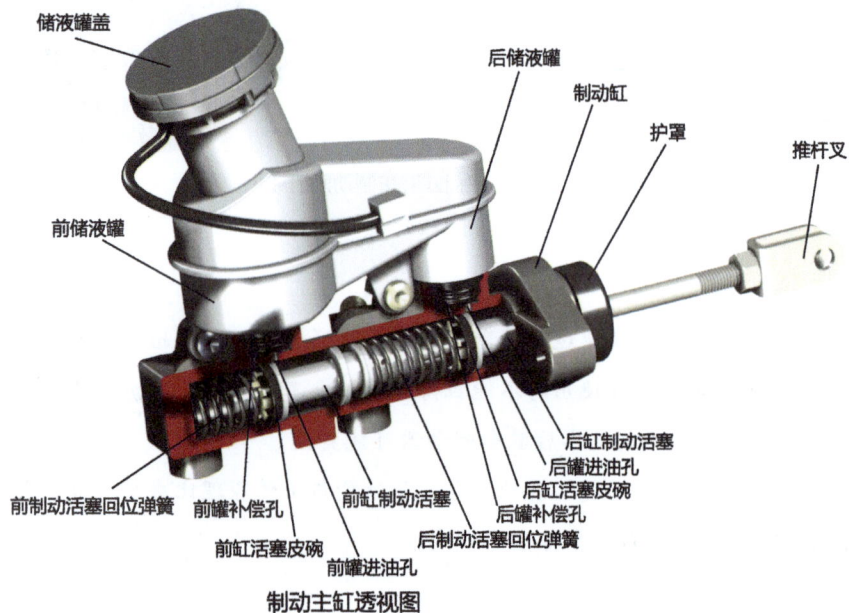

储液罐盖
后储液罐
制动缸
护罩
推杆叉
前储液罐
后缸制动活塞
后罐进油孔
后缸活塞皮碗
后罐补偿孔
后制动活塞回位弹簧
前制动活塞回位弹簧
前罐补偿孔
前缸制动活塞
前缸活塞皮碗
前罐进油孔

制动主缸透视图

▶ 知识链接

1. 制动主缸和真空助力器连接在一起。驾驶人的脚施加在制动踏板上的机械力和真空助力器的力作用在这个制动主缸上，再由它将制动液加压后分配给行车制动器。

2. 制动主缸主要分为补偿孔式、中心阀式和柱塞式主缸。补偿孔式主缸结构简单，但皮碗移动时会经过补偿孔，导致皮碗寿命降低；中心阀式制动主缸由于去掉了补偿孔式制动主缸的补偿孔，而供油方式改为中心阀式，解决了 ABS 所需的快速补油；柱塞式主缸缸体加工简单，活塞与主缸不接触，活塞加工工艺性好，应用更加广泛。

真空助力器

真空助力器是利用真空（负压）来增加驾驶人施加于踏板上力的部件。

真空助力器不工作，即空气阀处于关闭状态。此时伺服气室的前后两腔相互连通，并与大气隔绝。

制动时，踩下制动踏板，真空阀前移，靠在阀座上，即伺服气室的前腔和后腔隔绝。解除制动前，制动主缸推杆上的作用力为踏板力和伺服气室反作用盘推力的总和，使制动主缸输出的压力成倍增长。

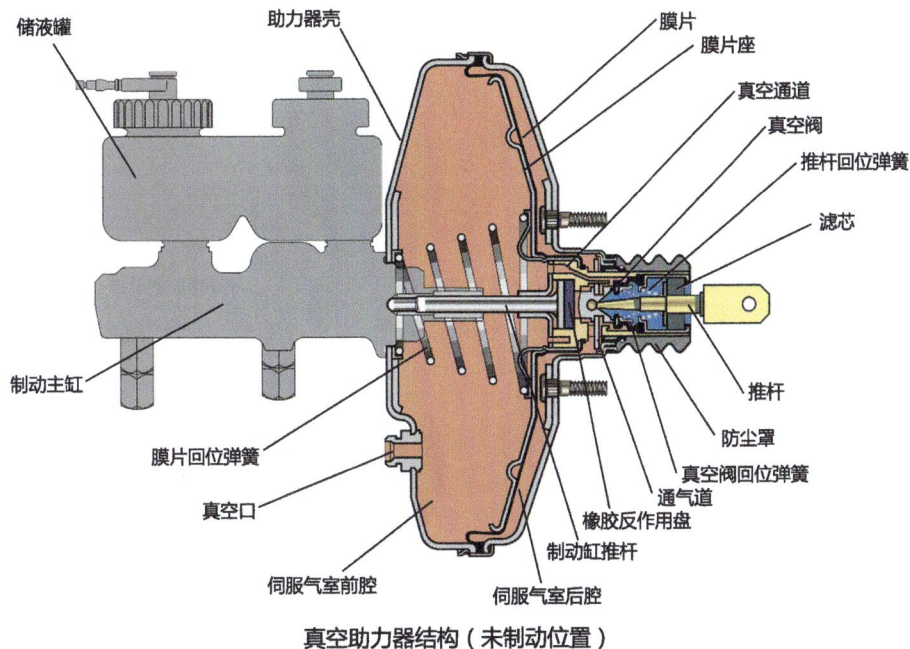

解除制动时，推杆和空气阀向右移动（右图所示），真空阀离开阀座，伺服气室的前后两腔相通，且均为真空状态，膜片座和膜片在膜片回位弹簧的作用下回位，制动主缸解除制动作用。

▶ **知识链接**

助力器工作本质上是依靠大气与真空的压力差来实现帮助驾驶人减轻踏板力，所以只要真空腔室不发生泄漏，真空助力器工作基本正常。一些中高档汽车采用电控真空制动助力器，受 ESP 控制，可进行主动制动。

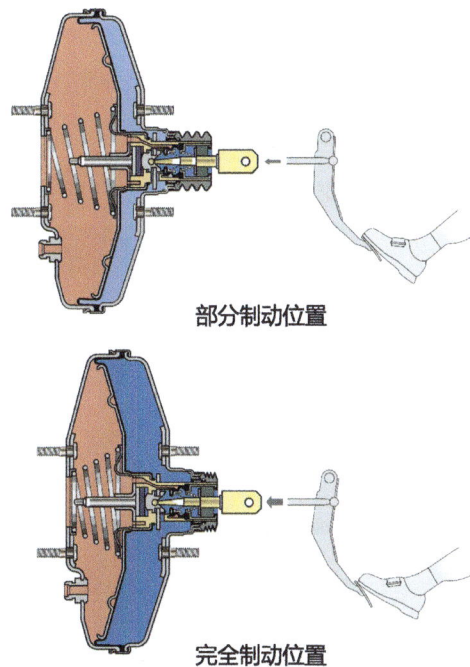

真空助力器结构（未制动位置）

储液罐　助力器壳　膜片　膜片座　真空通道　真空阀　推杆回位弹簧　滤芯　制动主缸　膜片回位弹簧　真空口　伺服气室前腔　橡胶反作用盘　制动缸推杆　伺服气室后腔　真空阀回位弹簧　通气道　防尘罩　推杆

部分制动位置

完全制动位置

防抱死制动系统（ABS ）

ABS 系统布置

制动液罐

制动主缸
液压调节器

ABS液力部分

防抱死制动系统（ABS）是汽车上的一种主动安全装置。其作用是在汽车制动时防止车轮抱死拖滑，以提高汽车制动时的转向稳定性，缩短汽车的制动距离，使汽车制动更为安全有效。

通常，ABS 是在普通制动系统的基础上加装轮速传感器、ABS 电控单元、制动压力调节装置和制动控制电路等电子控制系统组成的。普通制动系统的组成与前述液压制动系统完全相同，由制动主缸、制动轮缸和制动管路等组成，用来实现汽车的常规制动。电子控制系统则是在制动过程中用来确保车轮始终不抱死，车轮滑移率处于合适的范围内，车轮始终处于理想的运动状态。

▶ 知识链接

1. 主流 ABS 都是多路的，也就是每个车轮的控制都是独立不受牵连的，如果只有一个车轮抱死，则 ABS 只会有一路介入工作，控制那个抱死的车轮，这就是所谓的 ABS 带制动力分配（EBD）。

2. 当 ABS 启动时，用力踩下的制动踏板会有抖动及响声，这是 ABS 间歇收放制动的正常反应，不要因此而松开制动踏板。

3. ABS 故障灯亮，通常是因为轮速传感器失效，只需更换即可，也有少数时候是因为液压调节器（ABS 泵）有故障或损坏。

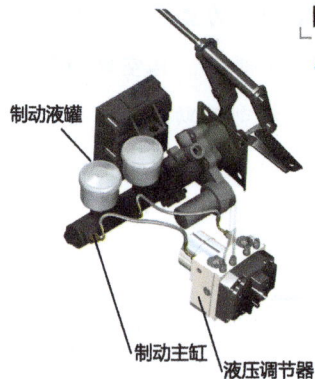

线束接地端

后轮制动器总成

轮速传感器

前轮制动器总成

制动盘

制动踏板

ABS电控单元

制动液管

后轮总成

ABS组成示意图

液压控制单元

ABS 液压控制单元（ABS 泵）主要由电动液压泵、蓄能器、电磁控制阀等部分组成。其中电动液压泵是一个高压泵，它可在短时间内将制动液加压（在蓄能器中）到 15~18MPa，并给整个液压系统提供高压制动液体。活塞-弹簧式蓄能器位于电磁阀与回油泵之间，由轮缸来的液压油进入蓄能器，进而压缩弹簧使蓄能器液压腔容积变大，以暂时储存制动液。ABS 中都有一两个电磁阀，其中有若干对电磁控制阀，分别控制前后轮的制动。常用的电磁阀有四通道式、三通道式、二通道式和一通道式等形式。

▶ 知识链接

1. ABS 液压泵工作时，高压制动液从轮缸返回主缸时，以及制动液从主缸流回轮缸时，制动轮缸的高速收放动作会使高压制

动液被频繁挤压，伴随着制动踏板行程发生往复变化，也就是大家都会遇到的制动踏板抖动顶脚现象。

2. 在 ABS 工作过程（减压过程）中，液压泵电动机一直保持工作，时间长了就会造成电动机电刷磨损，当电动机电刷耗尽，ABS 泵也就无法正常工作了。这也是 ABS 泵常见的故障。

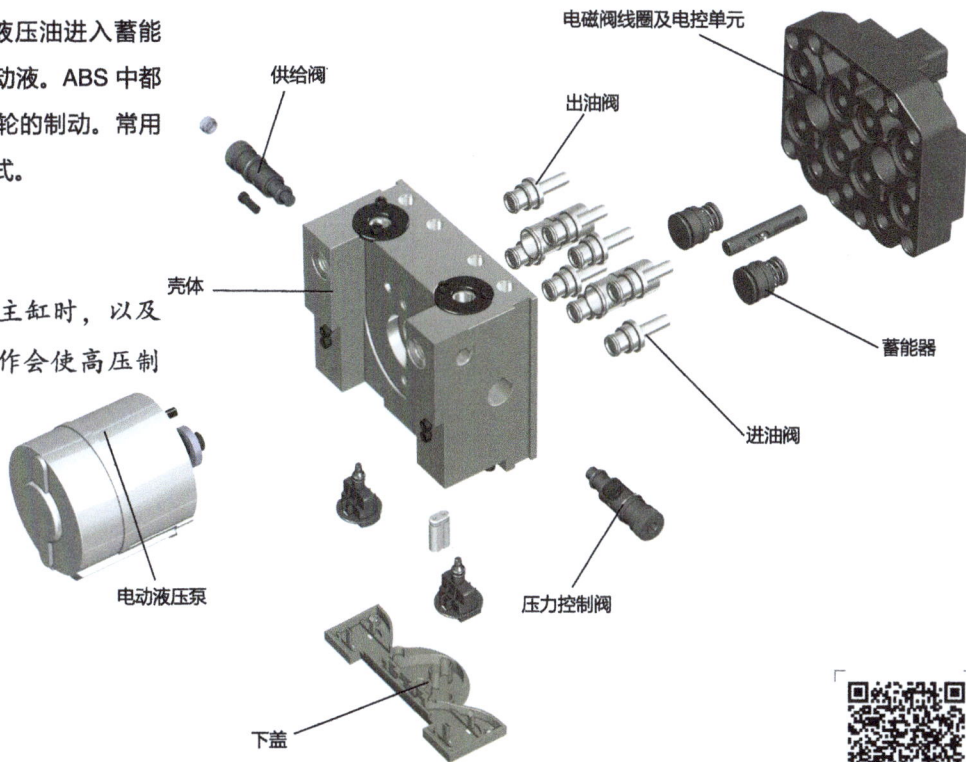

ABS液压控制单元总成

供给阀
电磁阀线圈及电控单元
出油阀
壳体
蓄能器
进油阀
电动液压泵
压力控制阀
下盖

ABS液压控制单元分解图

ABS 液压调节器

防抱死制动系统工作原理

开始制动：制动时，制动主缸产生制动压力，通过打开不带电的进油阀使压力升高以制动车轮。此时，出油阀不带电且闭合。车轮转速不断降低，直到轮速传感器给控制器传送车轮有抱死趋势的信号。

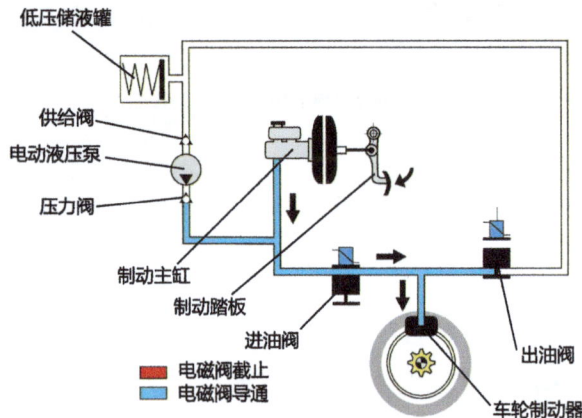

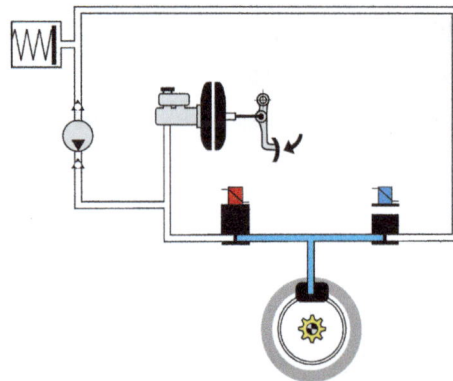

压力保持阶段：当车轮出现抱死趋势，进油阀通电并关闭阀门，出油阀不带电且闭合。出油阀与进油阀之间的制动压力保持不变。

压力降低阶段：当轮速持续降低，即使制动压力保持不变，车轮也会抱死。因此，必须降低制动压力。此时，进油阀继续供电并保持关闭状态，控制单元起动液压泵，将制动液由低压储液罐输送至制动主缸，制动踏板上移。有抱死趋势车轮的制动力下降，轮速提高。

压力增加阶段：为使制动效果最佳，只有轮速达到一定程度后，才继续施加制动力。此时，进油阀不带电且打开，出油阀不带电且关闭。液压泵持续工作，低压储液罐中的制动液持续送入制动系统管路。车轮制动力增加，轮速继续降低。

低压储液罐
供给阀
电动液压泵
压力阀
制动主缸
制动踏板
进油阀
出油阀
车轮制动器

电磁阀截止
电磁阀导通

开始制动

压力保持阶段

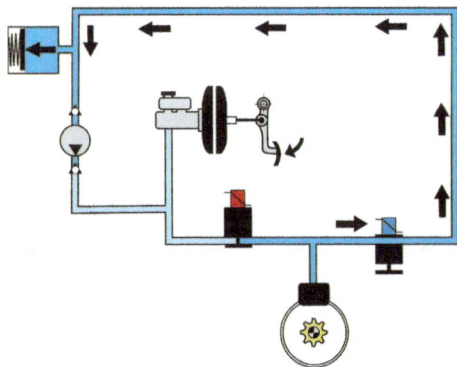

压力降低阶段

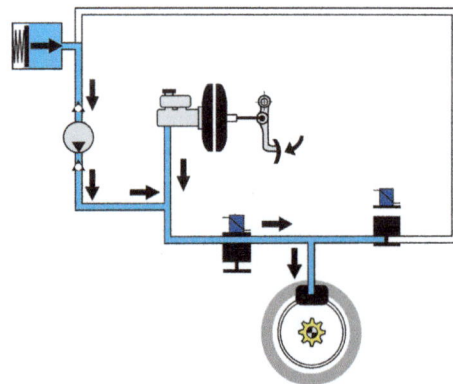

压力增加阶段

▶ **知识链接**

1. ABS 的特点是当车轮趋于抱死临界点时，制动轮缸压力不随制动主缸压力增加而增高，压力在抱死临界点附近变化，也就是所谓的极限电控"点刹"。

2. 大型车辆采用气压 ABS，用气压调节器替代液压调节器，控制过程与策略与液压 ABS 相近，通过控制制动气室的制动气压来控制车轮制动力。

底盘、车身与电器（彩色版）
汽车构造与原理三维图解

车辆稳定系统的作用

车辆过度转向且没有 ESP 辅助工作时，车辆后部甩尾，驾驶人被迫猛转动转向盘，车辆无法按照适合的轨迹行驶。当有 ESP 工作时，左前轮制动力增加，给予车辆逆时针的补偿力矩，使车辆保持稳定，恢复正常驾驶路线。

车辆转向不足且没有 ESP 辅助工作时，从前轮向外侧滑出。当有 ESP 工作时，右后轮制动力增加，给予车辆顺时针的补偿力矩，使车辆保持稳定，恢复正常驾驶路线。

▶ 知识链接

1. 为了避免与 ESP 专利冲突，现在很多汽车装有 ESC，两者从功用到原理没有本质上的区别，但各家 ESC 在性能上还是有较大差别的。

2. ESP 应当是车辆主动安全系统必备的功能，如果没有此功能，安全性会大打折扣。

3. ESP 不能避免轮胎打滑，只是降低轮胎打滑后的失控概率，它不是万能的。

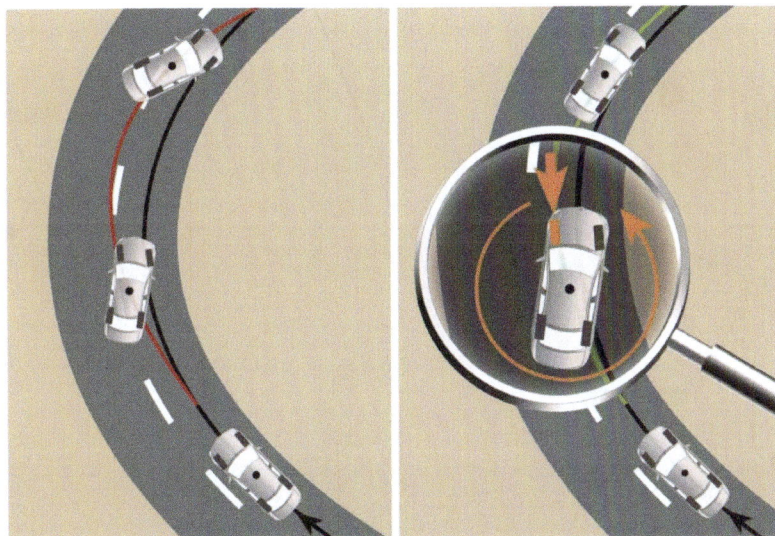

过度转向时ESP的作用

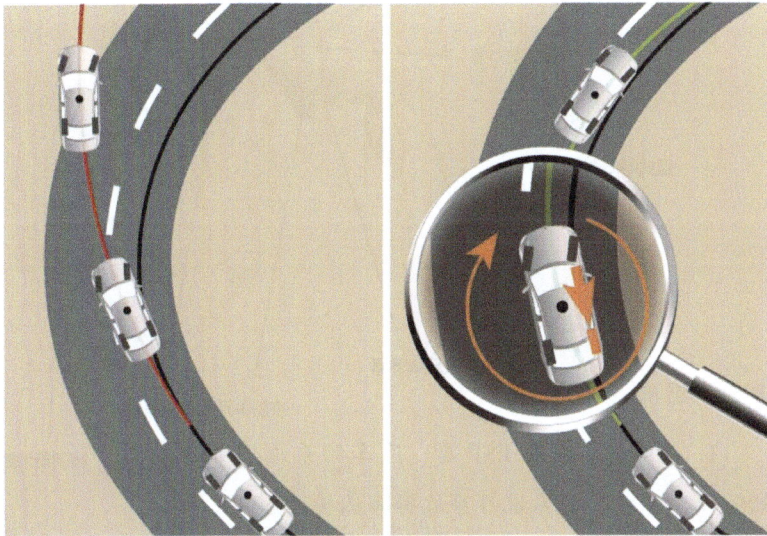

转向不足时ESP的作用

车辆重心　　预期轨迹　　无ESP　　有ESP　　ESP介入　　补偿力矩

车辆稳定系统（ESP）包含防抱死制动系统（ABS）和驱动防滑系统（ASR），是这两种系统功能上的延伸。ESP 由控制单元、转向角传感器、轮速传感器、侧滑传感器、横向加速度传感器等组成。控制单元通过这些传感器信号对汽车运行状态进行判断，进而发出控制指令。而 ESP 则能够探测分析车况并纠正驾驶错误，防患于未然。ESP 对过度转向和不足转向特别敏感，例如汽车在路滑时左拐过度转向（转弯太急）时会产生向右侧甩尾，传感器探测到滑动就会迅速制动右前轮使其恢复附着力，产生一种相反的力矩而使汽车保持在原来的车道上。

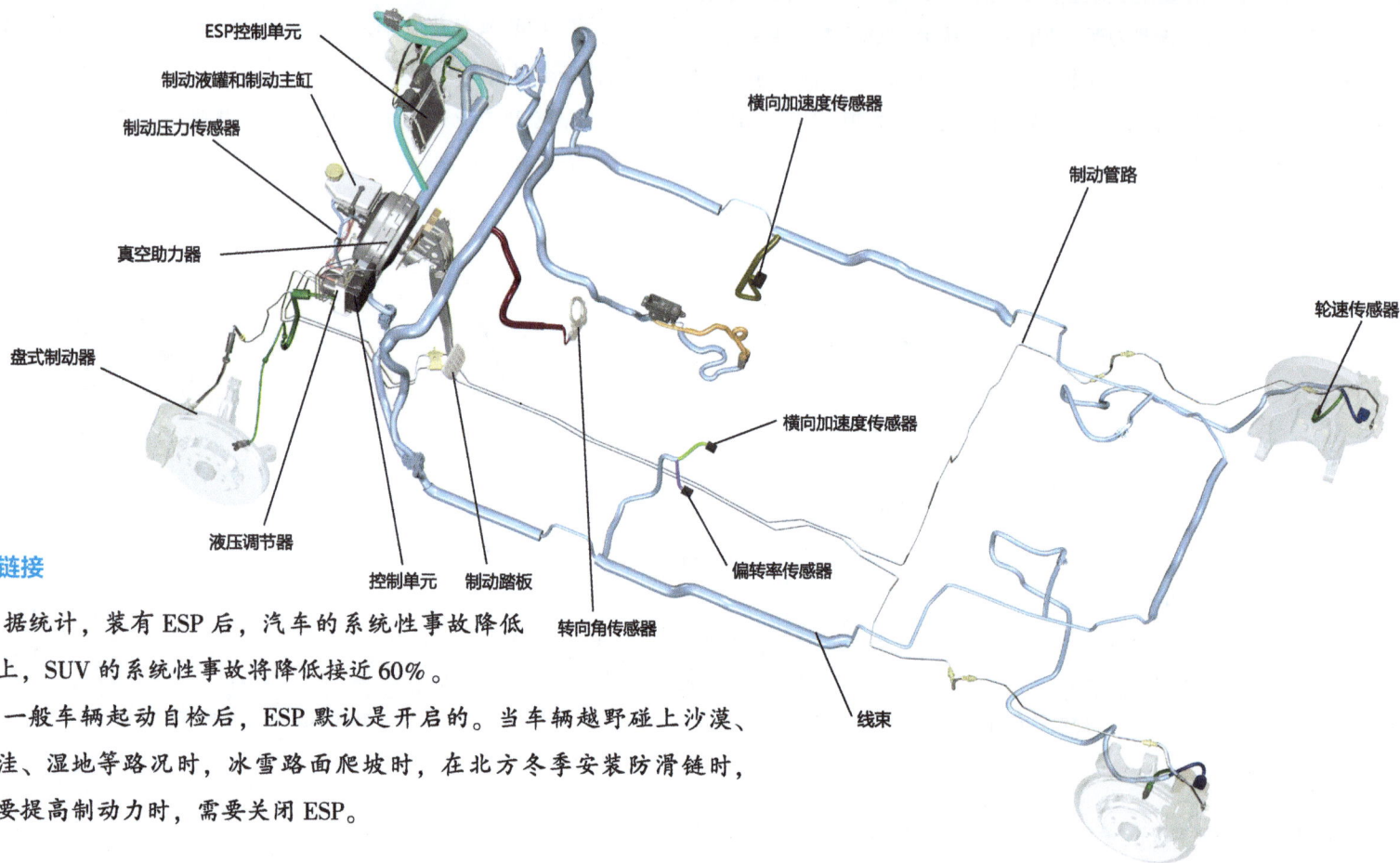

- ESP控制单元
- 制动液罐和制动主缸
- 制动压力传感器
- 横向加速度传感器
- 制动管路
- 真空助力器
- 轮速传感器
- 盘式制动器
- 横向加速度传感器
- 液压调节器
- 偏转率传感器
- 控制单元
- 制动踏板
- 转向角传感器
- 线束

▶ 知识链接

1. 据统计，装有 ESP 后，汽车的系统性事故降低 30% 以上，SUV 的系统性事故将降低接近60%。

2. 一般车辆起动自检后，ESP 默认是开启的。当车辆越野碰上沙漠、泥泞坑洼、湿地等路况时，冰雪路面爬坡时，在北方冬季安装防滑链时，验车需要提高制动力时，需要关闭 ESP。

底盘、车身与电器（彩色版）

汽车构造与原理三维图解

车辆稳定系统工作原理

当车辆左转出现转向不足时，控制单元根据各传感器信息控制左后轮制动，产生一个拉力和一个扭矩来对抗车头向右推的转向不足趋势。

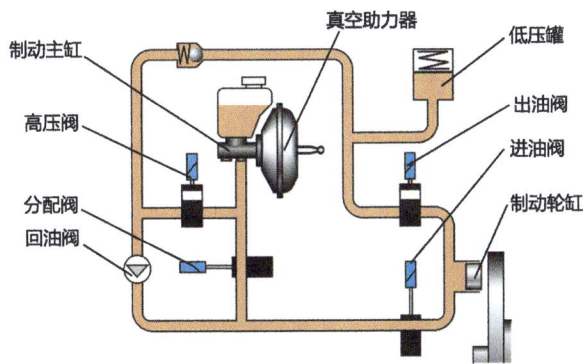

制动主缸
高压阀
分配阀
回油阀
真空助力器
低压罐
出油阀
进油阀
制动轮缸

未开始制动

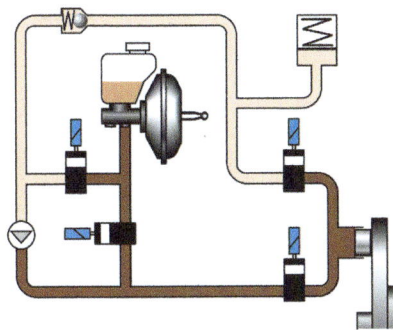

压力保持

当左转且后轮地面附着不足或后驱车急加速出现转向过度时，ESP 会控制右前轮制动，同时减小发动机输出的功率，纠正错误的转向姿态。

当汽车由于直线制动导致地面附着力不均匀出现跑偏时，ESP 会控制附着力强的车轮减小制动力，让汽车按照驾驶人预想的行驶线路前进。同样，当一边制动一边转向时，ESP 也会控制某些车轮增大制动力或减小制动力，让汽车按照驾驶人的意图行进。

其液压机构工作原理如下。

建立压力：助力器产生预压力。此时，回油泵吸油，分配阀关闭，高压阀打开，进油阀保持打开状态，直到车轮得到足够的制动力。

压力保持：当全部阀门关闭时，管路内制动压力得以保持。

压力降低：当出油阀打开，分配阀根据压力大小重新打开或持续关闭。此时，高压阀和进油阀关闭。制动液经分配阀和串联的制动主缸流回储液罐。

▶ 知识链接

ESP 能够精确控制一个或多个车轮的制动过程，并且根据需要分别对每个车轮施加不同的制动力。在某些情况下，可以每秒 150 次或更高频率进行连续制动。ESP 工作时还可以自动调整发动机的输出转矩，并调整每个车轮的驱动力和制动力，以修正汽车的转向过度和转向不足。

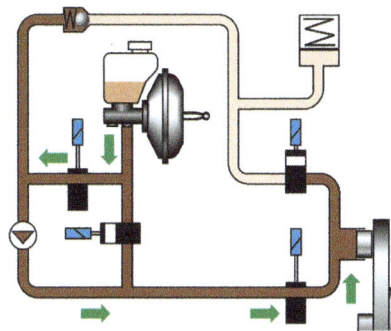

建立压力

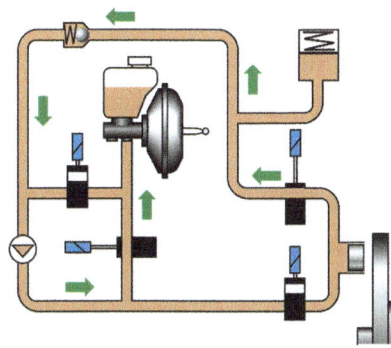

压力降低

电子机械式驻车制动系统

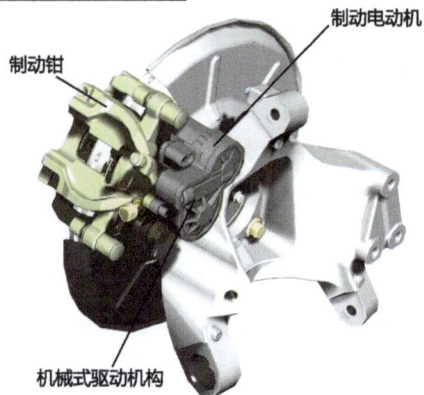

制动钳
制动电动机

机械式驱动机构

电子机械式驻车制动系统

离合器位置传感器

电控机械式驻车
制动系统按钮

自动驻车按钮

电控机械式驻车
制动系统控制单元

液压控制单元

左轮制动电动机

右轮制动电动机

电控机械式驻车
制动系统指示灯

制动装置灯

电控机械式驻车
制动系统故障灯

自动驻车指示灯

电子机械式驻车制动系统

电子机械式驻车制动系统是指将行车过程中的临时性制动和停车后的长时性制动功能整合在一起，并且由电子控制方式实现停车制动的技术。

其自动驻车功能通过内置在其 ECU 中的纵向加速度传感器来测算坡度，从而可以算出汽车在斜坡上由于重力而产生的下滑分力，ECU 通过电动机对后轮施加制动力来平衡下滑分力，使车辆能停在斜坡上。当车辆起步时，ECU 通过离合器踏板上的位移传感器以及节气门开度的大小来测算需要施加的制动力，同时通过高速控制器局域网（CAN）与发动机 ECU 控制单元（ECU）通信来获取发动机牵引力的大小。ECU 自动计算发动机牵引力的增加，相应地减少制动力。当牵引力足够克服下滑分力时，ECU 驱动电动机解除制动，从而实现汽车顺畅起步。

▶ 知识链接

如果在行驶过程中误按电子驻车按钮，汽车控制单元会关闭其功能。如果在紧急制动过程中按下，大部分电子驻车系统都会额外提供更强的制动力来辅助，部分车型更具有电子制动力分配以及限速制动功能。

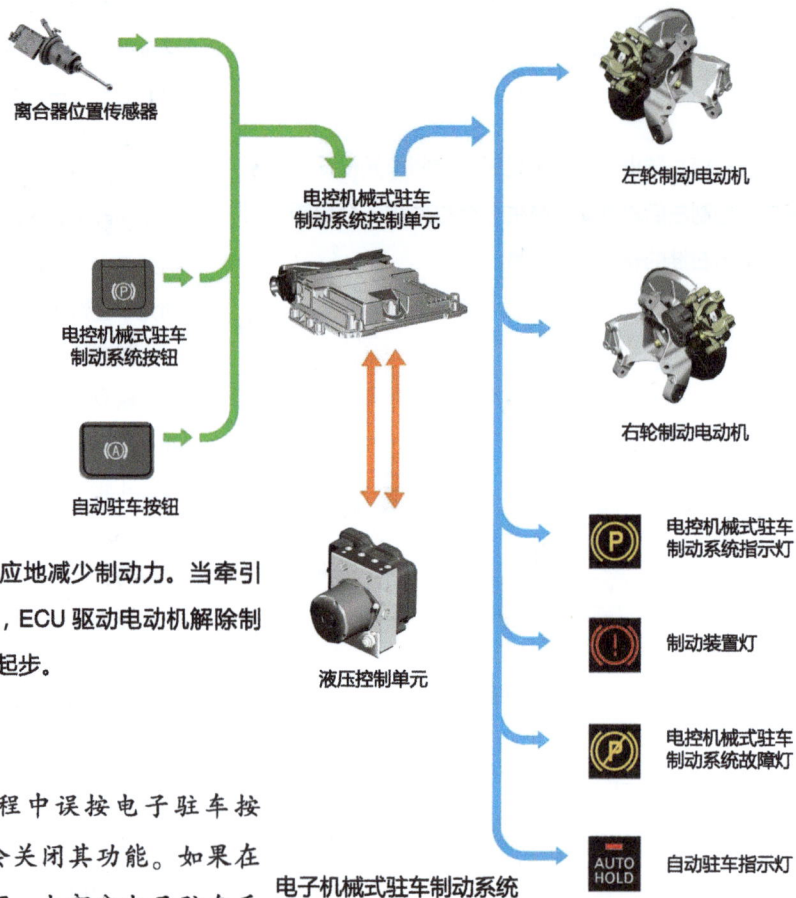

汽车构造与原理三维图解（彩色版）
底盘、车身与电器

电子机械式驻车制动系统工作原理

需要驻车制动时，按动驻车制动按钮会触发电动机。电动机驱动的活塞螺杆带动其上的推力螺母向前移动。推力螺母推动活塞并将其抵到制动摩擦片上，制动摩擦片会压到制动盘上。此时密封套会向制动摩擦片的方向发生变形，通过电动机的电流增大。电子机械式驻车制动系统的控制单元在整个驻车过程中对电动机的电流进行测量。当电流超过特定值时，控制单元会切断电动机的供电。

解除驻车制动时，再次按动驻车制动按钮，或在自动驻车状态下踩动加速踏板时，电动机改变旋转方向。螺杆沿反方向旋转，螺杆上的推力螺母向后运动，制动活塞被释放，制动摩擦片松开制动盘。

▶ 知识链接

1. 自动驻车功能是由 ESP 模块开发而来的，在该过程中，控制单元会通过安装在汽车上的传感器来得到车身的水平度和车轮转矩，以此来实施合适的制动力。

2. 电子驻车系统工作时，ESP 液压制动和电动机制动以 7km/h 为分割点。时速在 7km/h 以上，采用液压制动；7km/h 以下可以为电动机螺杆制动。但液压制动也可以持续至车速为零，这和正常的制动过程没有区别。在电子驻车系统工作过程中，ABS 和 ESP 都能正常工作。

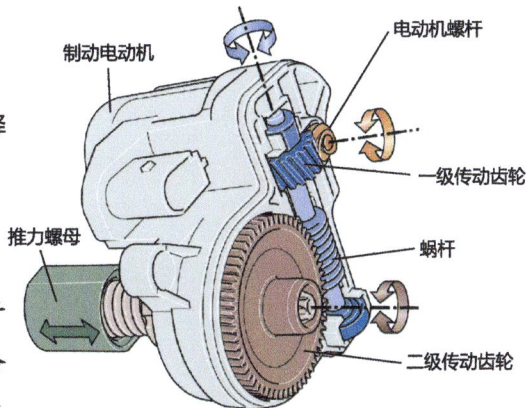

驻车制动状态

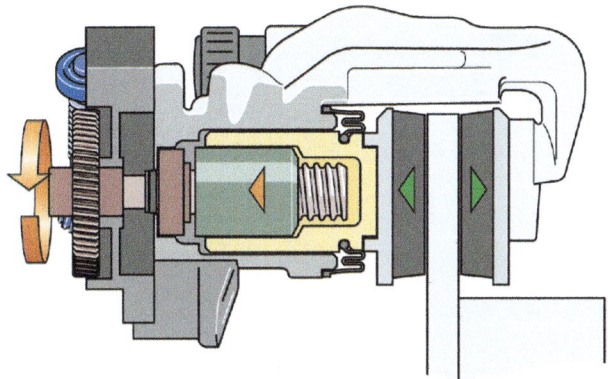

电子机械式驻车制动系统驱动装置

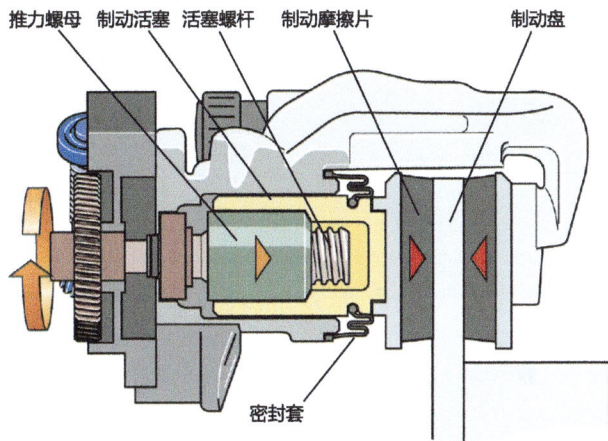

解除驻车制动状态

第十二章

汽车车身

底盘、车身与电器

汽车构造与原理

车身布置形式

乘用车按照车身布置形式一般分为单厢车、两厢车和三厢车。

三厢车的车身结构由三个相互封闭、用途各异的厢组成。前部是发动机舱，车身中部是驾乘室，后部是行李舱。三厢车中间高两头低，从侧面看前后对称，造型美观大方。三厢车的缺点是车身尺寸长，在交通拥堵的大城市里行驶及停车不方便。

两厢车前部与三厢车没有区别，作用也一样。不同之处在于这种汽车将驾乘室近似等高度向后延伸，把行李舱和驾乘室合为一体，使其减少为发动机舱和驾乘室两厢。

两厢车尾部有宽敞的后车门，具有使用灵活、用途广泛等特点：平放后排座位，就可以获得比三厢车大得多的载物空间，可用来运送许多大型家电和家庭用品。

单厢车是在两厢车的基础上发展而来的。它的发动机舱进一步缩短，变得

很不明显，其发动机舱盖与风窗玻璃几乎成一斜面，整个车身与小客车较相似。

▶ **知识链接**

1. 由于两厢车少了行李舱，车辆重心前移，轴荷分布相对均匀。通常来讲，与三厢车相比，两厢车拥有更好的稳定性与操控性。

2. 三厢车由于车身修长，线条优美，外观看起来时尚。此外，由于行李舱和驾乘室之间存在一个隔断区，使得三厢车的静音性比行李舱敞开式的两厢车稍好。

3. 尽管两厢车没有行李舱，但并不意味着两厢车的安全性打了折扣，那是因为两厢车的C柱比较宽大，承受撞击能力更强。

发动机舱+驾乘室+行李舱

单厢车

发动机舱　　　　驾乘室+行李舱

两厢车

发动机舱　　　　驾乘室　　　　行李舱

三厢车

承载式车身

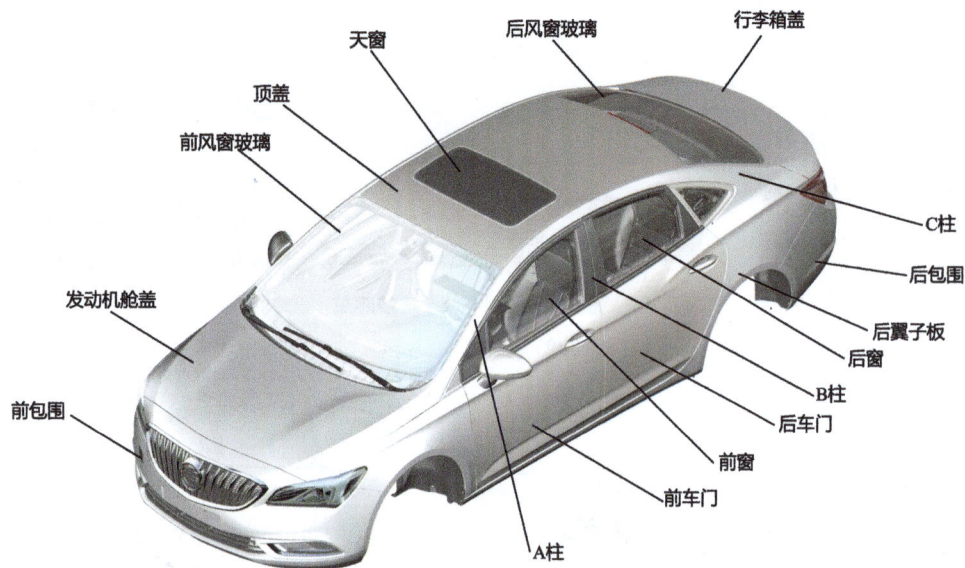

承载式车身

承载式车身没有车架，车身作为发动机和底盘各总成的安装基体，车身兼有车架的作用并承受全部载荷。

承载式车身将底盘部件、发动机等直接安装在车身上，结构以薄板为主。为了缓和底盘件安装部位的应力并确保车身刚度等，部分车辆安装有副车架。将底盘件一端安装在副车架上，也可将其安装在车身上。

▶ 知识链接

1. 除了轻量化及使用空间要求外，承载式车身重心更低，平稳性和舒适性更好，这也是家用乘用车采用这种结构的重要原因。

2. 车身设计通常分为上下两部分进行，下车身通常在汽车研发时根据已确定平台和底盘一起完成设计，而上车身是基于造型开发，同一品牌车型车身内部往往是设计思路共用的。

3. 车身总成按照功能、材质和布置不同还可以分为白车身、外饰和内饰等部分，有的还会把开闭件独立出来。

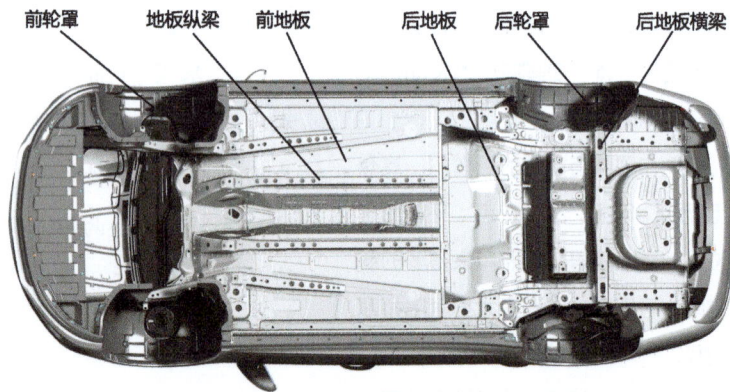

承载式车身仰视图

非承载式车身

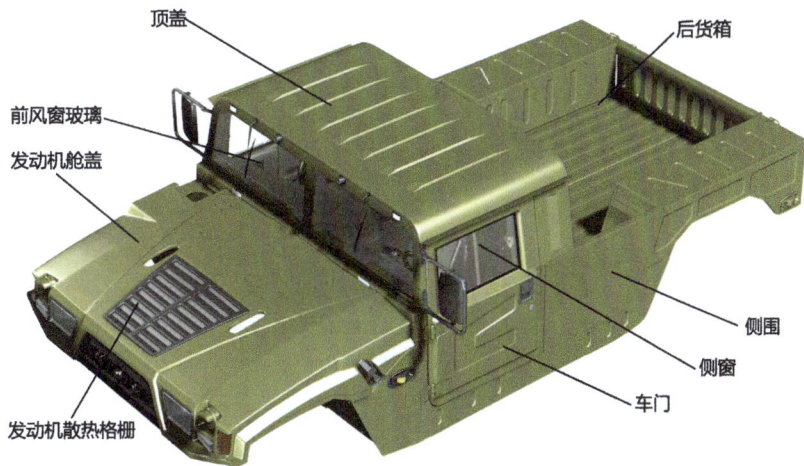

顶盖
后货箱
前风窗玻璃
发动机舱盖
侧围
侧窗
车门
发动机散热格栅

非承载式车身

非承载式车身通过橡胶软垫或弹簧与车架作柔性连接。车架是支撑全车的基础，承受着在其上所安装的各个总成的各种载荷。车身只承受所装载的人员和货物的重力及惯性力，设计车架时不考虑车身对车架承载所起的辅助作用。

车架通过前后悬架与车轮相连，而发动机、传动系统、车身固定在刚性车架上。

▶知识链接

1. 非承载式车身安装在大梁上，汽车重心偏高，为了控制重心高度，只能牺牲车身的内部空间。这也是一些看着高大威猛的越野车其内部空间实际上不大的原因。

2. 对于安装非承载式车身的汽车，如果撞击点在大梁上，由于车架刚度大，所以它的形变量非常有限。因此，采用非承载式车身的汽车在与其他小型汽车正面碰撞时占有一定优势，但是单纯从车身上讲，它的结构强度通常不如承载式车身，加上车身碰撞溃缩设计不足，也成为采用非承载式车身的汽车较少参加碰撞测评的原因，即使参加了成绩也较为一般。

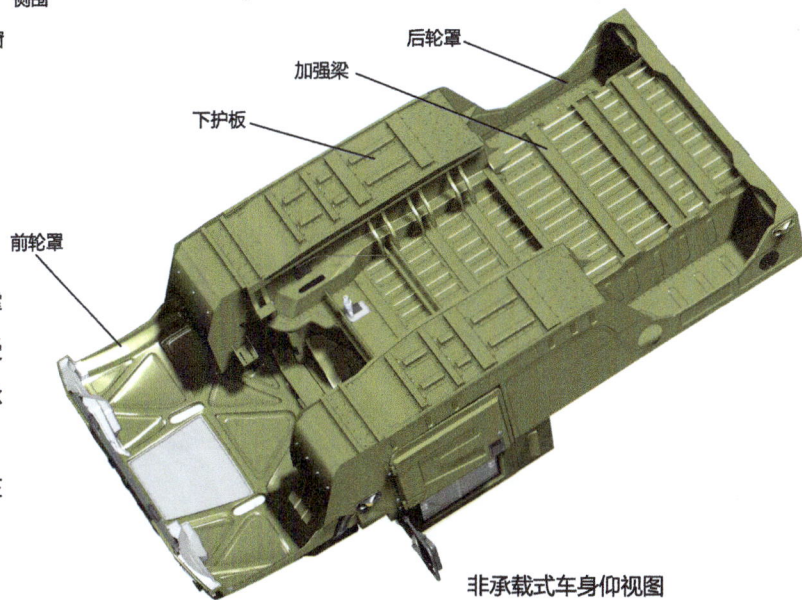

后轮罩
加强梁
下护板
前轮罩

非承载式车身仰视图

普通乘用车白车身

　　白车身是车身结构件和覆盖件焊接总成，并包括前翼子板、车门、发动机舱盖、行李舱盖，但不包括附件和装饰件未涂漆的车身。车身壳体是一切车身部件的安装基础，通常是指纵、横梁和支柱等主要承力元件以及与它们相连接的钣件共同组成的刚性空间结构。客车车身多数具有明显的骨架，而轿车车身和货车驾乘室则没有明显的骨架。车身壳体通常还包括在其上敷设的隔声、隔热、防振、防腐和密封等材料和涂层。

▶ 知识链接

　　1. 白车身作为汽车的骨架在被动安全中具有保护和吸能作用，可保护驾乘人员的安全，因此其结构对安全性的影响也很大。

　　2. 乘用车车身常见的结构有3H车身和笼式车身。3H车身省去顶部和底部部分的横梁，重量轻，对于汽车经济性有较大优势；笼式车身框架结构为多方位连接形式，对乘员保护较好，但车身相对较重，车型改动难度比3H车身大。

　　3. 全铝合金车身还存在一些争议，而采用超薄的高强度钢板或与铝合金并用是目前车身制造材料的主流选择。

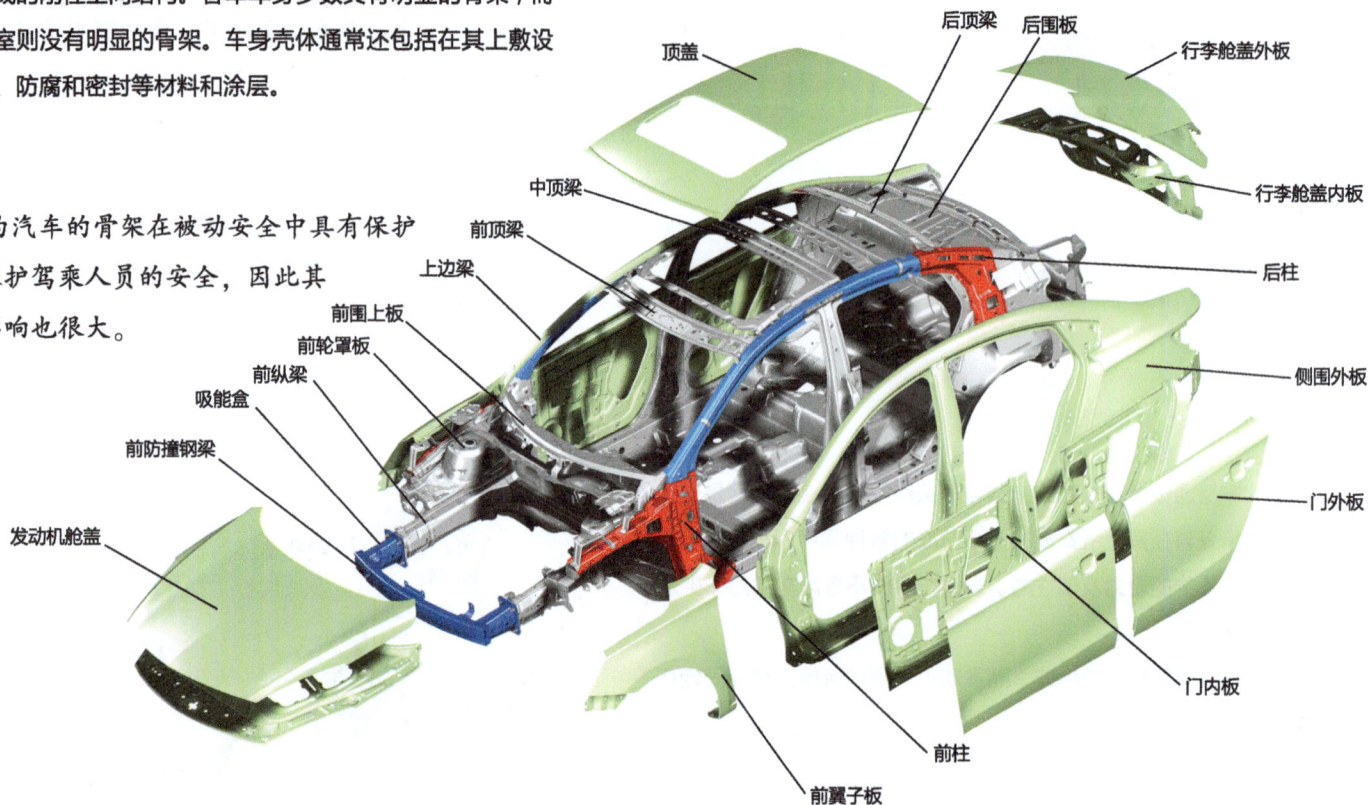

车身强度设计

车身作为汽车的主要承载件，需要保证足够的刚度、强度和抗疲劳性能，从而使整车具有良好的安全性、抗振降噪和耐久性能。通过运用超高强度钢来打造驾乘室结构，大幅度提高车辆保护车内人员的能力，并通过减少板厚降低整备质量，进而提高车辆的燃油经济性及动力性。

▶ 知识链接

1. 决定车身强度的是其整体框架，而不是大家常喜欢按压的门板。因此，钢板的强度比厚度更重要。

2. 白车身仅仅使用更高强度的钢材无法保证乘员安全，在车辆发生碰撞时如何将所受的撞击力均匀分散，吸能部件如何最大限度地吸收能量，这些都是白车身设计的重点。

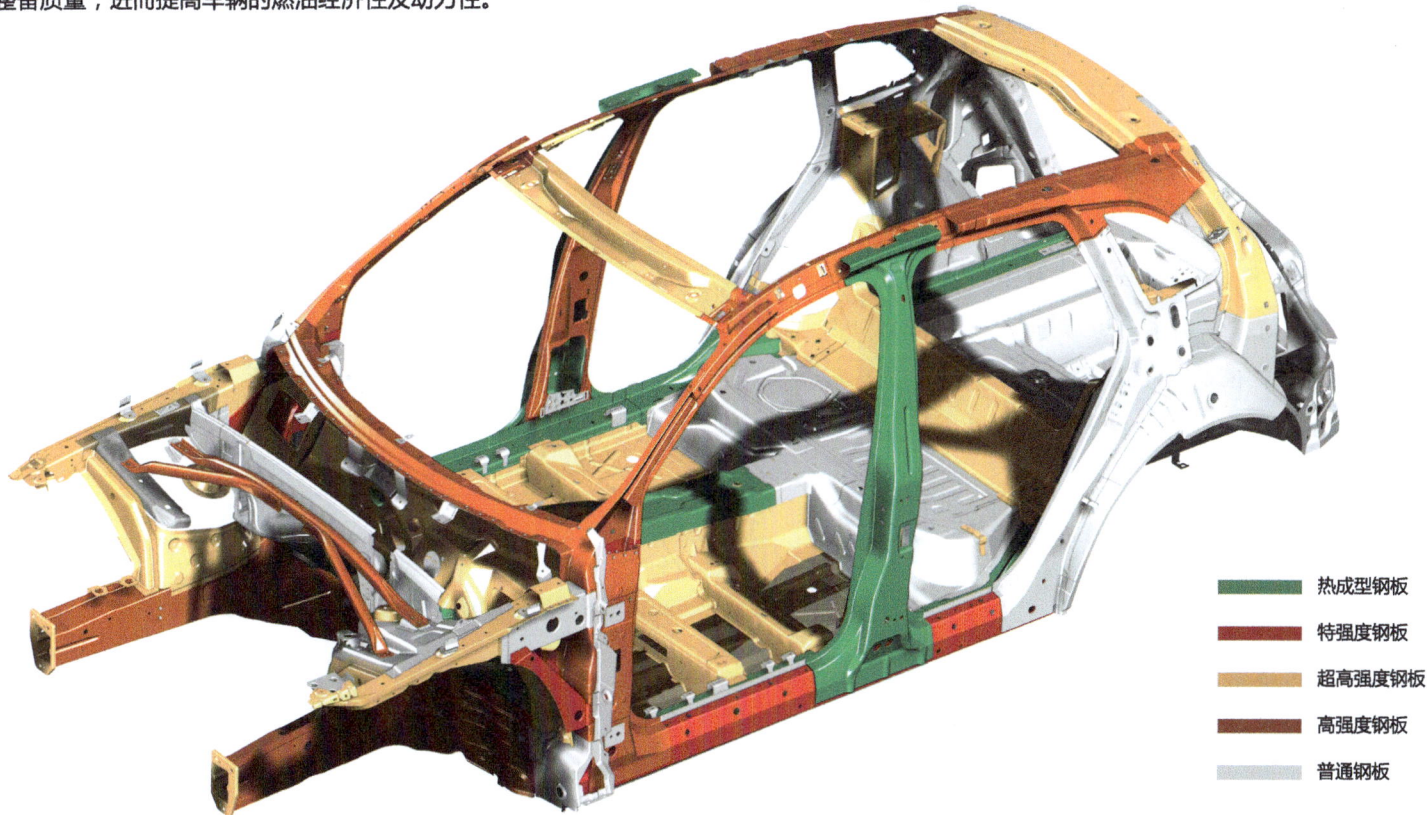

- 🟩 热成型钢板
- 🟥 特强度钢板
- 🟧 超高强度钢板
- 🟫 高强度钢板
- ⬜ 普通钢板

行李舱

汽车行李舱是用于存放物品的地方。而行李舱的开启方式是双控的，除了驾驶人一侧门内置物槽后方可以开启行李舱，使用遥控钥匙也可以轻松打开行李舱。行李舱内还有隔板，除了可以分隔车厢，还可以使行李更隐蔽以保障财产安全。

此外，行李舱还设有逃生开关，方便驾乘人员在遇到紧急情况时迅速逃生。

▶ 知识链接

1. 在常规状态下，两厢车的行李舱不一定比三厢车大，有时候三厢车因为后悬更长，载物空间往往更大。但是由于两厢车开口更大，加之座椅放倒，空间利用程度更高，安放大件行李的能力比三厢车好。

2. 现在很多汽车配有电动行李舱，这种配置会带有手自一体、智能防夹、紧急闭锁、高度记忆和自动感应等功能，让汽车的舒适性和易用性进一步提高。

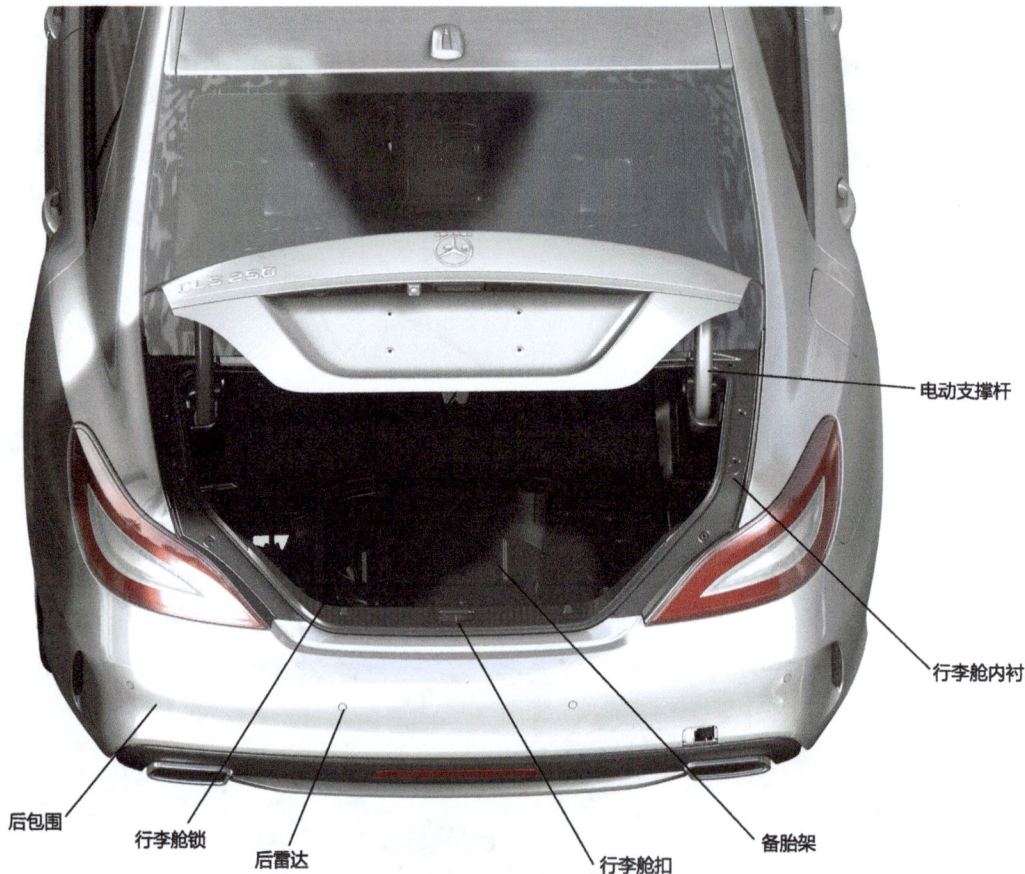

底盘、车身与电器（彩色版）

汽车构造与原理三维图解

电动支撑杆

行李舱内衬

备胎架

行李舱扣

后雷达

行李舱锁

后包围

汽车外饰

汽车外饰零件是汽车中应用塑料最多的零部件系统。它主要包含晴雨挡、门碗饰件、外拉手贴件、挡泥板、贴纸、天线、雾灯框、灯眉、尾灯框和非金属材质的外包围等。

现代汽车外饰件一般多采用注塑工艺成型，再进行喷漆或皮纹处理。

▶ **知识链接**

现代汽车外饰设计制造在汽车中占的比重越来越高，尤其在汽车同质化越来越严重的今天，外饰件材质、工艺和外观直接影响汽车的销量。外饰件材料要求轻质、隔热、隔声、阻燃、抗老化、耐冲击和耐压力波等。此外，外饰与车身工艺中的涂装关系最为密切，高低档车之间的涂装工艺差距很大。汽车生产常用的涂装方式有电泳涂装、喷涂、浸涂等。

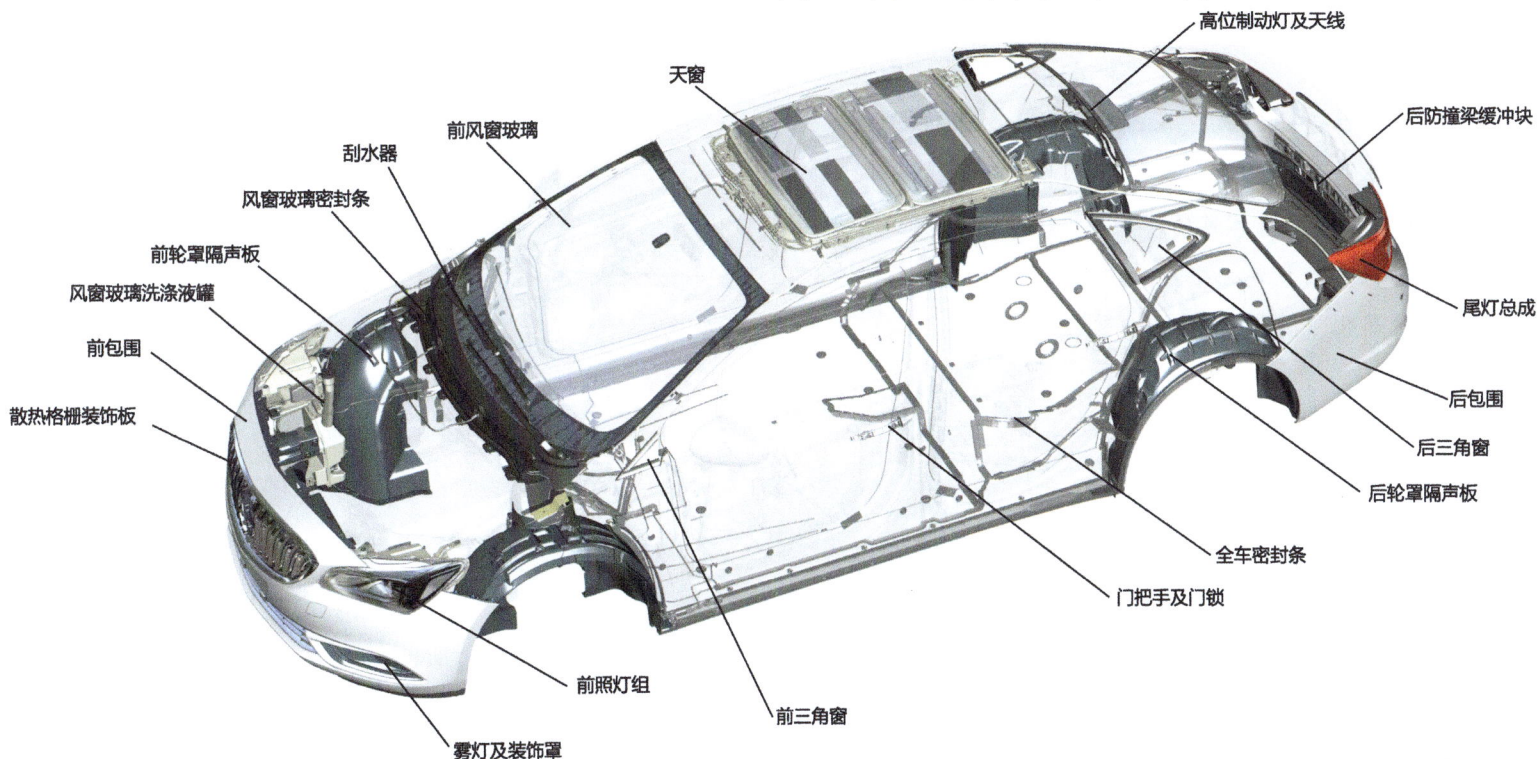

- 天窗
- 前风窗玻璃
- 刮水器
- 风窗玻璃密封条
- 前轮罩隔声板
- 风窗玻璃洗涤液罐
- 前包围
- 散热格栅装饰板
- 前照灯组
- 雾灯及装饰罩
- 前三角窗
- 高位制动灯及天线
- 后防撞梁缓冲块
- 尾灯总成
- 后包围
- 后三角窗
- 后轮罩隔声板
- 全车密封条
- 门把手及门锁

汽车内饰

汽车内饰是车身的重要组成部分，而且内饰设计工作量占汽车造型设计工作量的60%以上，是车身最重要的部分之一。

汽车内饰主要包括仪表板、副仪表板、门内护板、顶棚、座椅、立柱护板、其余驾乘室内装件、驾乘室空气循环系统、行李舱内装件、发动机舱内装件、地毯、安全带、安全气囊、转向盘、车内照明和车内声学系统等。

▶ 知识链接

1. 汽车内饰设计的第一个重要因素就是包裹性，以给驾驶人和乘客带来安全感为目的。随着信息化程度的提高，中控台的功能被弱化，副仪表板的运用越发突出。

2. 第二个重要因素是通透性，这能让汽车在有限的空间内营造更大的空间感。而与通透感相关的就是简洁性，这也与汽车的信息化与集成化的发展密不可分。

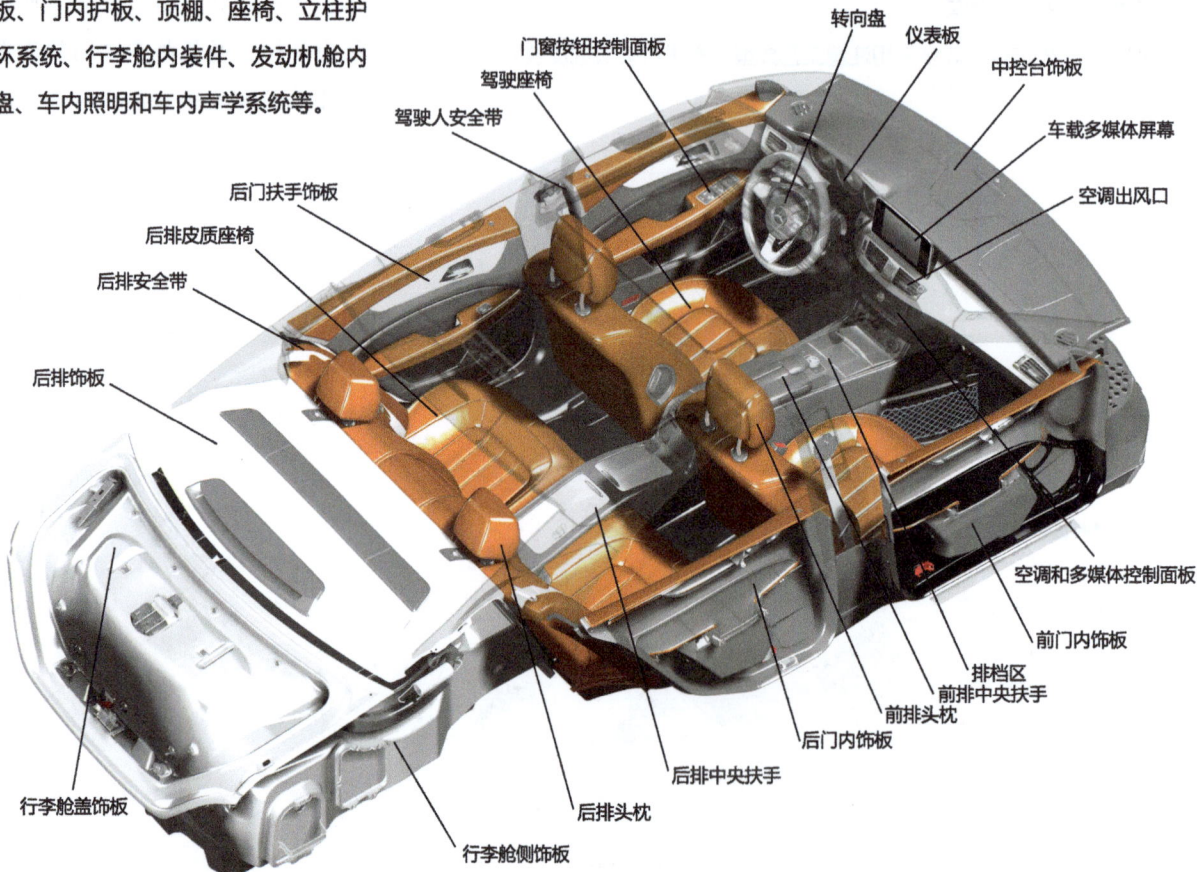

门窗按钮控制面板
转向盘
仪表板
驾驶座椅
中控台饰板
驾驶人安全带
车载多媒体屏幕
后门扶手饰板
空调出风口
后排皮质座椅
后排安全带
后排饰板
空调和多媒体控制面板
前门内饰板
排档区
前排中央扶手
前排头枕
后门内饰板
后排中央扶手
后排头枕
行李舱盖饰板
行李舱侧饰板

底盘、车身与电器（彩色版）

汽车构造与原理三维图解

汽车中控及仪表

中控台在汽车内部处在中心位置，空调和音响等舒适娱乐装置的功能按键都布置在中控台上。

不同汽车的仪表不尽相同。一般汽车仪表有车速里程表、转速表、机油压力表、冷却液温度表、燃油表和充电表等。

现代汽车仪表板的面膜下制作了各式各样的指示灯和警告灯，例如冷却液液面警告灯、燃油量指示灯、清洗器液面指示灯、充电指示灯、远近光变光指示灯、变速器档位指示灯、ABS指示灯、驱动力控制指示灯、安全气囊（SRS）警告灯等。

▶ **知识链接**

仪表板

现在一些汽车采用全触摸式中控台。但是其感应式触摸按钮也让很多驾驶人无所适从，尤其盲操困难，甚至类似空调、音响调整更为繁琐。因此，汽车中控设计与应用除了考虑汽车科技与智能化发展的潮流，符合人机工学、提高易用度、降低误操作才是一辆设计精良的汽车应具备的特质。

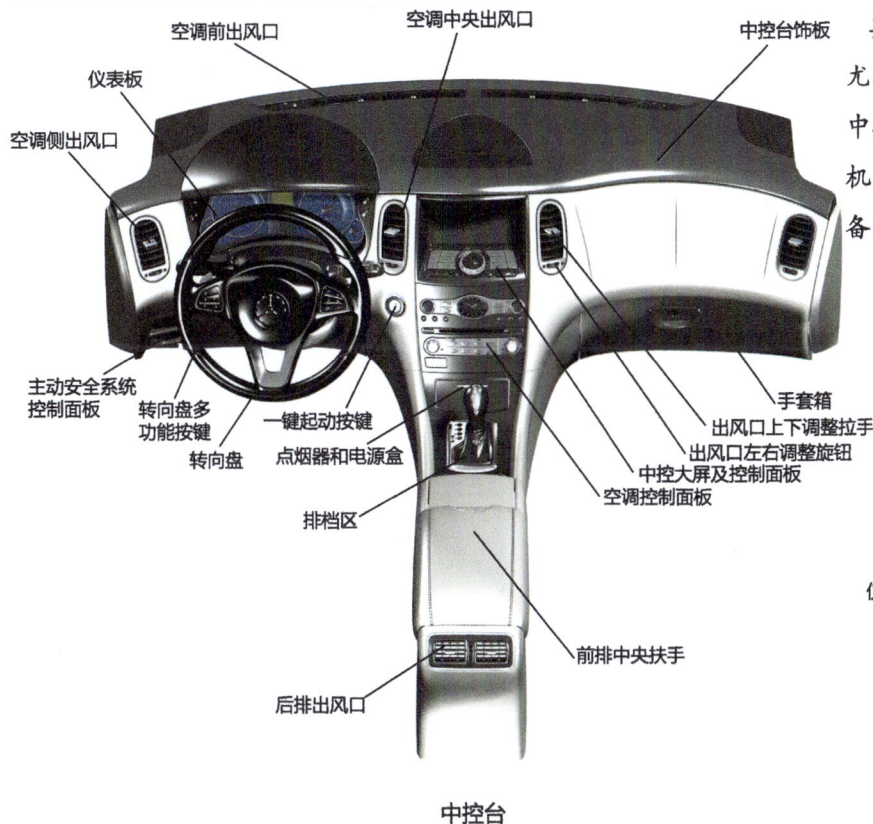

空调前出风口　空调中央出风口　中控台饰板
仪表板
空调侧出风口
主动安全系统控制面板
转向盘多功能按键
转向盘
一键起动按键
点烟器和电源盒
排档区
手套箱
出风口上下调整拉手
出风口左右调整旋钮
中控大屏及控制面板
空调控制面板
前排中央扶手
后排出风口

中控台

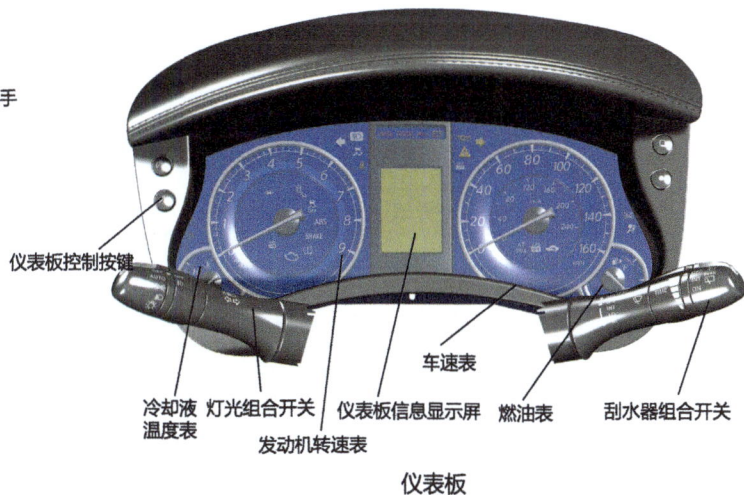

仪表板控制按键
冷却液温度表　灯光组合开关　仪表板信息显示屏　燃油表　刮水器组合开关
发动机转速表
车速表

仪表板

越野车中控台

越野车中控台一般设计得比较简洁实用，集成有组合仪表、功能开关、收放机（可选装 CD 播放机）、置物箱和水杯托架等多种功能件。

▶ 知识链接

随着汽车智能与信息技术的应用，以全路况驾驶体验为核心的越野车中控台也发生了很大的变化。新型越野车中控台将集成驾驶人识别技术、驾驶预判技术、全景动态路况技术、虚拟现实技术甚至无人驾驶技术。

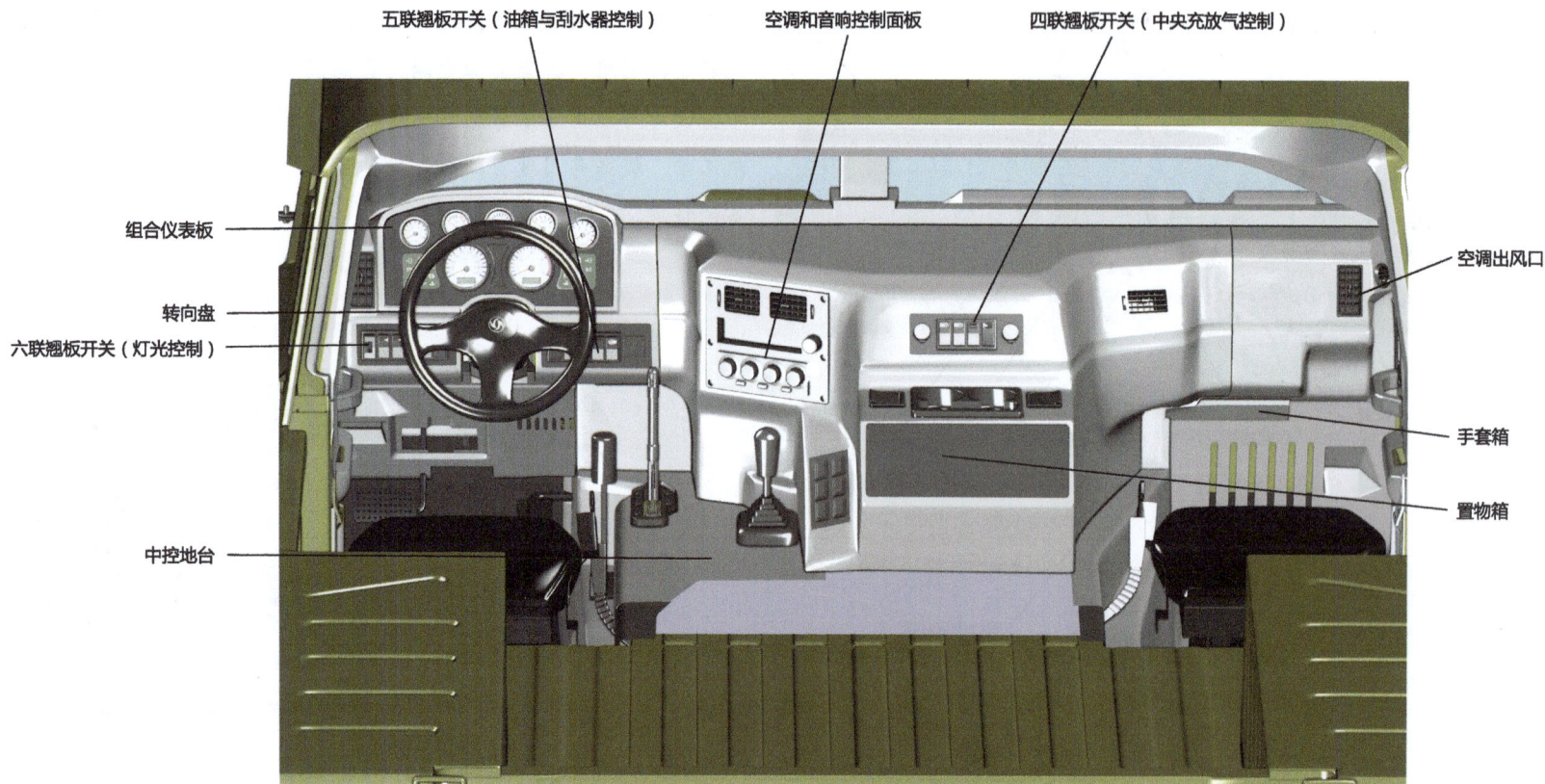

五联翘板开关（油箱与刮水器控制）

空调和音响控制面板

四联翘板开关（中央充放气控制）

组合仪表板

转向盘

六联翘板开关（灯光控制）

中控地台

空调出风口

手套箱

置物箱

底盘、车身与电器（彩色版）

汽车构造与原理三维图解

■ 140

越野车仪表板

越野车仪表板是反映车辆各系统工作状况的装置。常见的有燃油表、机油压力表、冷却液温度表、前后轮气压表等。有的车型还配备有海拔高度仪、指南针和气压计等。

▶ 知识链接

1. 越野车仪表板内信息按照标志提示类别通常可分为车辆基本情况指示标识、灯光信息指示标识、变速器/车辆行驶状态指示标识、安全配置指示标识等。

2. 尽管液晶仪表板已经广泛应用，但是对于功能设计定位更突出全域驾驶的越野车来讲，辨识性、易用性与可靠性更为重要。因此，通常硬派越野车的仪表板设计都偏向传统。

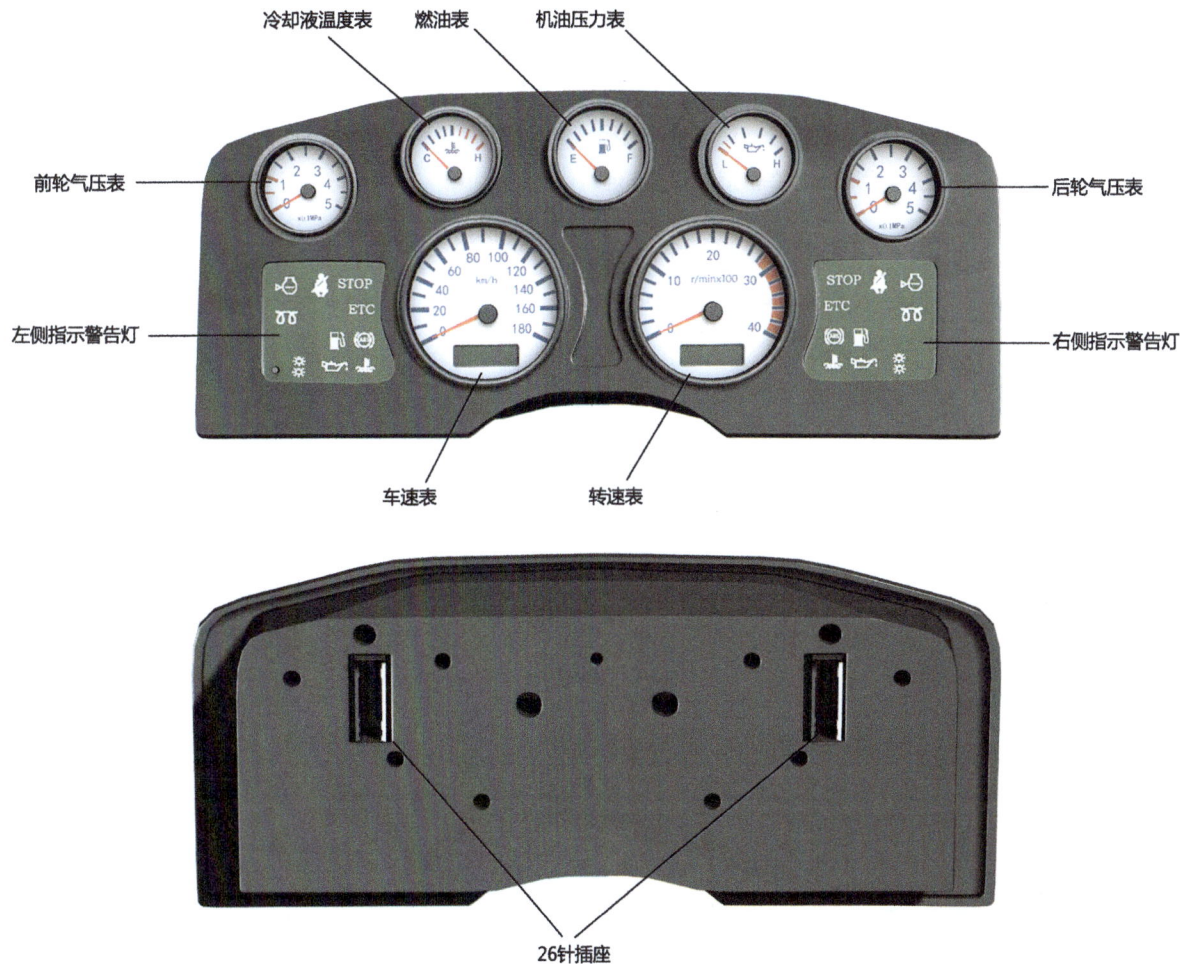

冷却液温度表　燃油表　机油压力表

前轮气压表

后轮气压表

左侧指示警告灯

右侧指示警告灯

车速表

转速表

26针插座

车门总成

车门通常由门外板、门内板、门窗框、门玻璃导槽、门铰链、门锁和门窗附件等组成。内板装有玻璃升降器、门锁等附件，为了装配牢固，内板局部还要加强。为了增强安全性，外板内侧一般安装了防撞杆。内板与外板通过翻边、粘合、滚焊等方式结合，要求外板质量轻、内板刚性强，能够承受较大的冲击力。车门质量直接影响到整车舒适性和安全性。

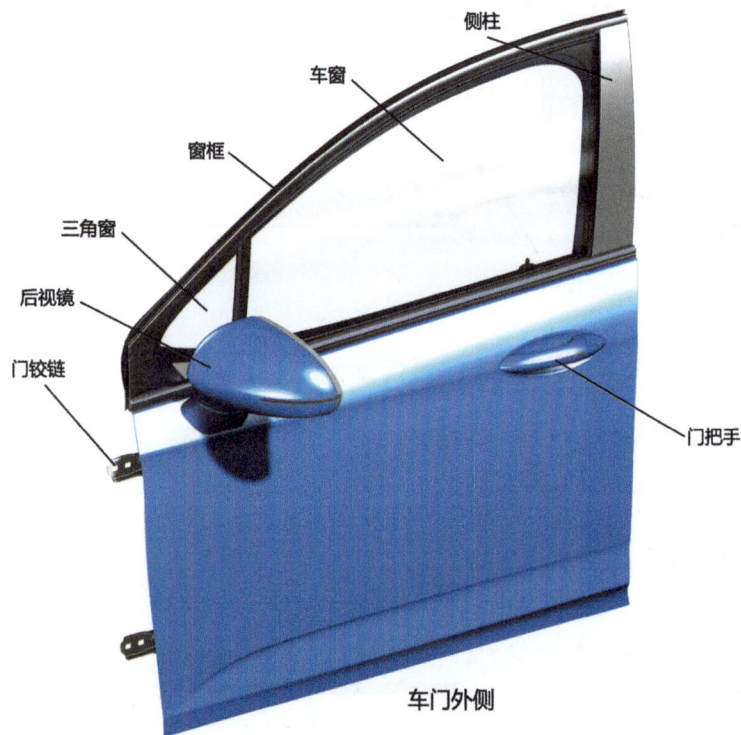

车门外侧

- 侧柱
- 车窗
- 窗框
- 三角窗
- 后视镜
- 门铰链
- 门把手

▶ 知识链接

1. 焊接式车门与一体式车门安全性不可一概而论，较高的焊接工艺一样让车门有足够高的强度，一体式车门冲压工艺不够的话一样会让车门强度下降。车门制造的整体工艺更重要。

2. 车门铰链与限位器很重要，扭杆弹簧式（三段式）限位器通常与铰链一体，限位档位清晰，效果几乎不会衰减，但是成本高、结构复杂，这使很多汽车采用更经济实用的拉杆式限位器。

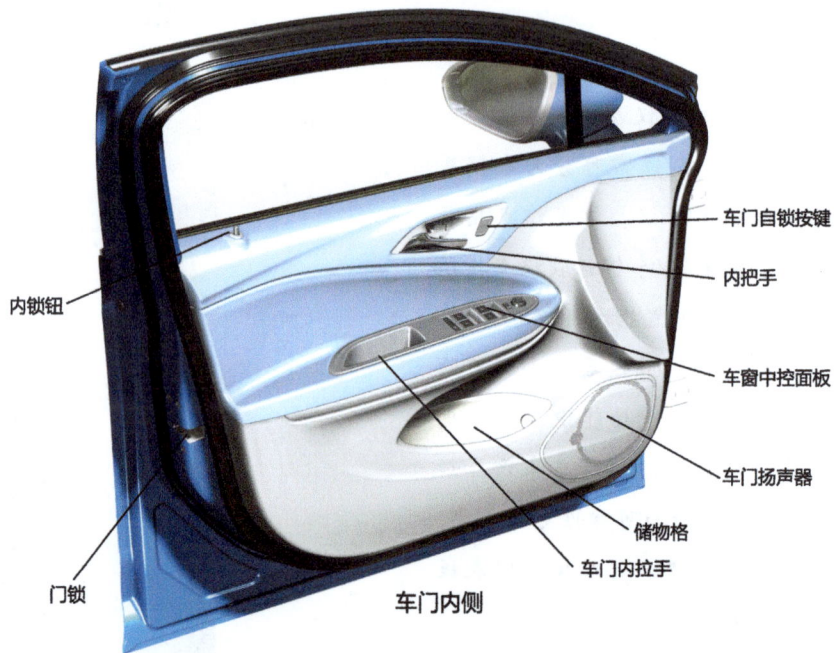

车门内侧

- 内锁钮
- 门锁
- 车门自锁按键
- 内把手
- 车窗中控面板
- 车门扬声器
- 储物格
- 车门内拉手

车门内部

车门内装有玻璃升降器、门锁等附件，为了使装配更牢固，内板局部还需加强。为了增强安全性，外板内侧一般安装有防撞杆。

绳轮式玻璃升降器是指由直流电动机驱动，通过卷丝筒和绳索等转动，使车窗玻璃沿滑动导轨上升或下降到所需位置的一种装置。根据导轨数量不同，可分为单轨和双轨。

侧门防撞梁（杆）也叫车门防撞梁（杆），是指在车门内部结构中加上横梁，以加强车辆侧面的结构，进而提高侧面撞击时的防撞抵抗力，提升侧面的安全性。

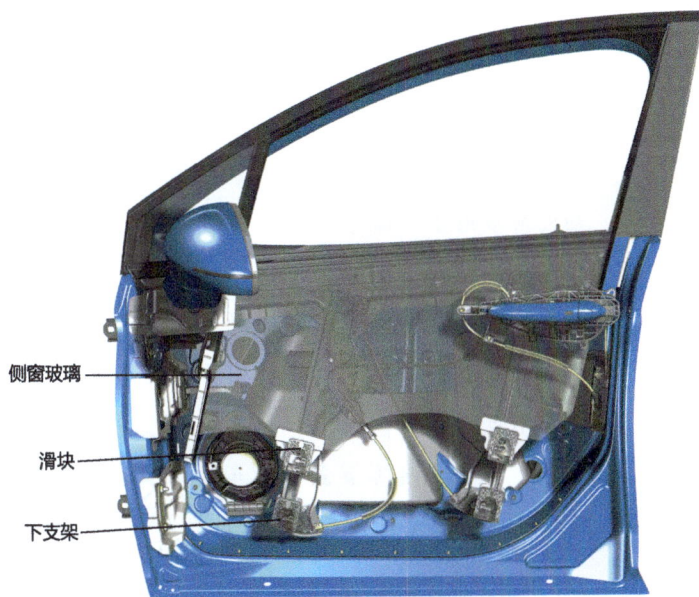

▶知识链接

1. 车门防撞梁主要有管形防撞梁和帽形防撞梁，前者还有矩形管、梅花形管、椭圆形管，后者又分为 U 形和 W 形。通常来讲，帽形防撞梁的吸能效果比管形防撞梁好，双帽结构一般比单帽结构要好。车门防撞梁设计还要与车身框架匹配，以发挥其高强度材料的作用。

2. 现今车用玻璃升降器主要分为臂式升降器、柔性升降器和丝杠式升降器。乘用车中一般采用柔性升降器中的绳轮式升降器，其中双轨式绳轮升降器工作可靠、噪声小，应用最为广泛。一些低档乘用车和商用车会采用双臂式或丝轴式玻璃升降器。现代汽车电动玻璃升降器还具有一键升窗和防夹手等功能。

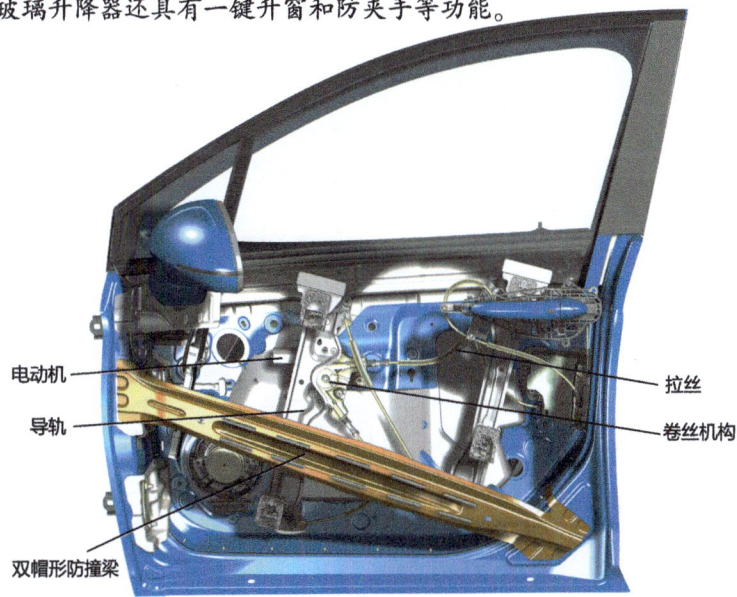

侧窗玻璃

滑块

下支架

车窗打开状态

电动机

导轨

双帽形防撞梁

拉丝

卷丝机构

车窗关闭状态

外滑式电动天窗

天窗安装在汽车顶棚上，天窗玻璃可通过手动或电动机驱动实现翘起和打开，具有通风换气和采光散热等功能。

天窗换气利用的是负压原理，即依靠汽车在行驶过程中，气流在天窗顶部的快速流动，形成车内的负压而将车内空气排出。打开天窗时，首先将车内空气抽出，而不是直接进风，污浊的气体被抽走后，从进气口补充进来经过过滤的新鲜空气。开天窗换气对车内空调的影响比开侧窗要小很多。

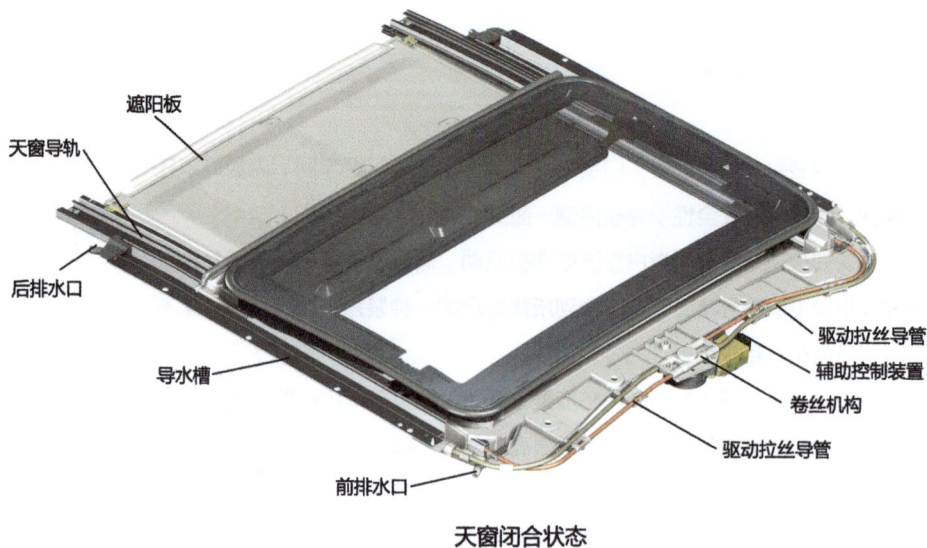

天窗闭合状态

遮阳板
天窗导轨
后排水口
导水槽
前排水口
驱动拉丝导管
辅助控制装置
卷丝机构
驱动拉丝导管

电动天窗

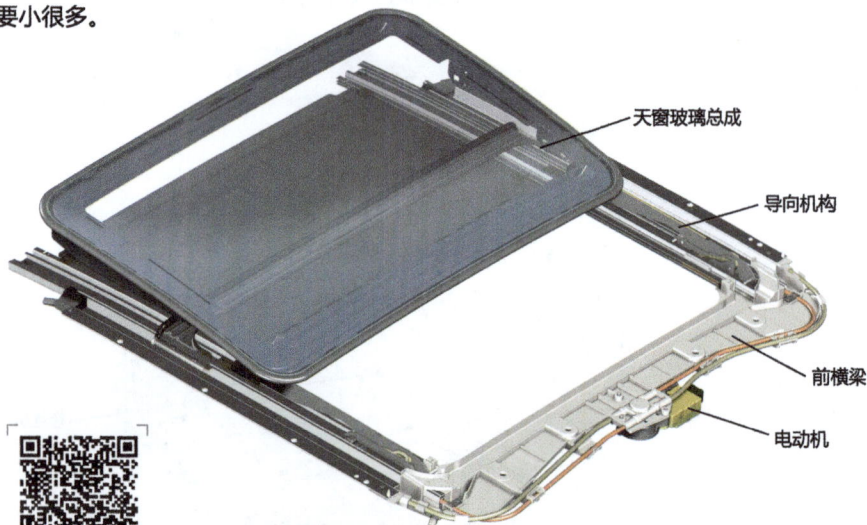

天窗打开状态

天窗玻璃总成
导向机构
前横梁
电动机

▶ 知识链接

1. 电动天窗分为内藏式、外掀式。通常，外掀式电动天窗多用于普通乘用车，内藏式电动天窗则多用于商务车或高档车。

2. 天窗两侧通常设计有导水槽或管路，防止天窗漏水。但轨道堵塞或橡胶密封条长期使用后老化导致漏水都是不可避免的。

3. 全景天窗布置虽然让车顶少了加强梁，但是为了保证汽车的安全性，车顶会设计有天窗加强环。

底盘、车身与电器（彩色版）
汽车构造与原理三维图解

风窗洗涤系统

后刮水片总成　后刮水片摆臂　后刮水器电动机和减速机构

后风窗洗涤系统

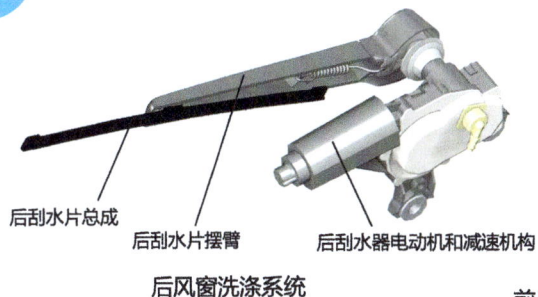

前风窗洗涤系统由前刮臂总成、刮水器连杆机构、刮水片、洗涤泵、储液罐、加液管、喷嘴、电动机和减速机构等组成；主要功能有单步刮、间歇刮、慢刮、快刮、同时喷水和洗刮。后风窗洗涤系统由电动机、传动机构、后刮水器电动机、喷嘴、洗涤泵、储液泵、储液罐、加液管、刮水片等组成，主要功能有间歇刮以及同时喷水和洗刮。

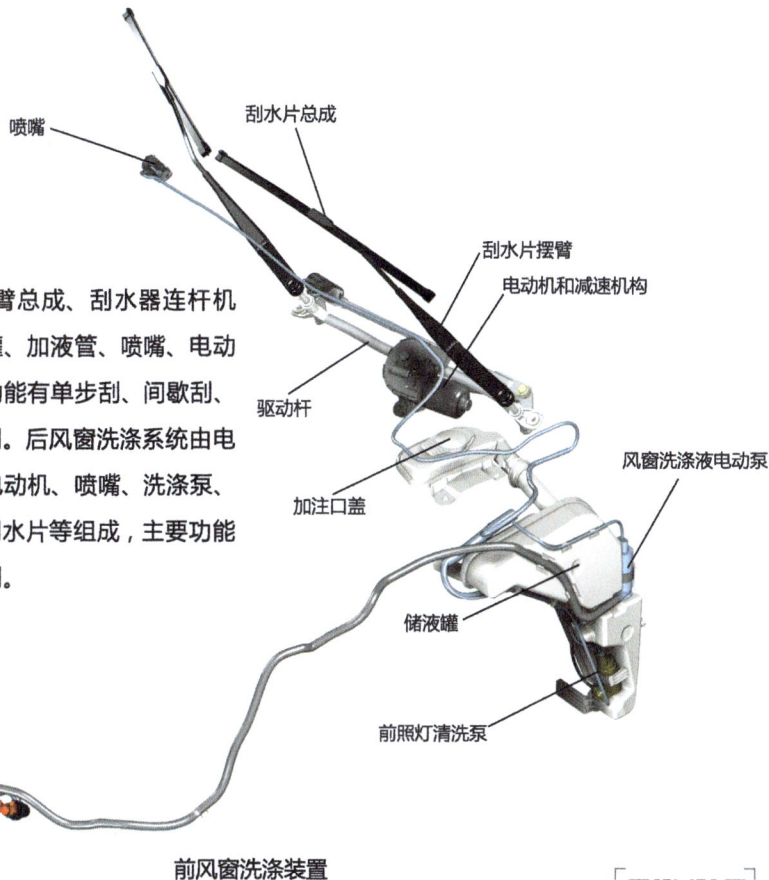

▶知识链接

1. 风窗洗涤系统也就是大家常说的雨刮（刷）系统，更换刮水片和清洗液是车主应该具备的基本操作。

2. 无骨刮水器利用内置弧形钢条将刮水片压紧在前风窗玻璃上，重量轻、受力均匀，清洁效果好，更换也很便捷。

3. 两厢车后方在气流作用下，易形成负压区，这会造成后风窗玻璃更容易被尘土、泥浆等附着，影响后方视线。因此，车尾相对垂直的两厢车都会装有后刮水器。

前照灯清洗喷嘴

喷嘴　刮水片总成　刮水片摆臂　电动机和减速机构　驱动杆　加注口盖　风窗洗涤液电动泵　储液罐　前照灯清洗泵

前风窗洗涤装置

风窗洗涤

栏板式货箱

栏板式货箱多用于轻、中型货车。其中轻型货车和大多数皮卡采用低底板式货箱，其底板离地高度较小，左右后轮罩凸入底板内并与左、右边板连接，侧板或后板可打开，以供运载小件零散货物。这种货箱两侧造型与前部驾驶室的形状和线条连贯。

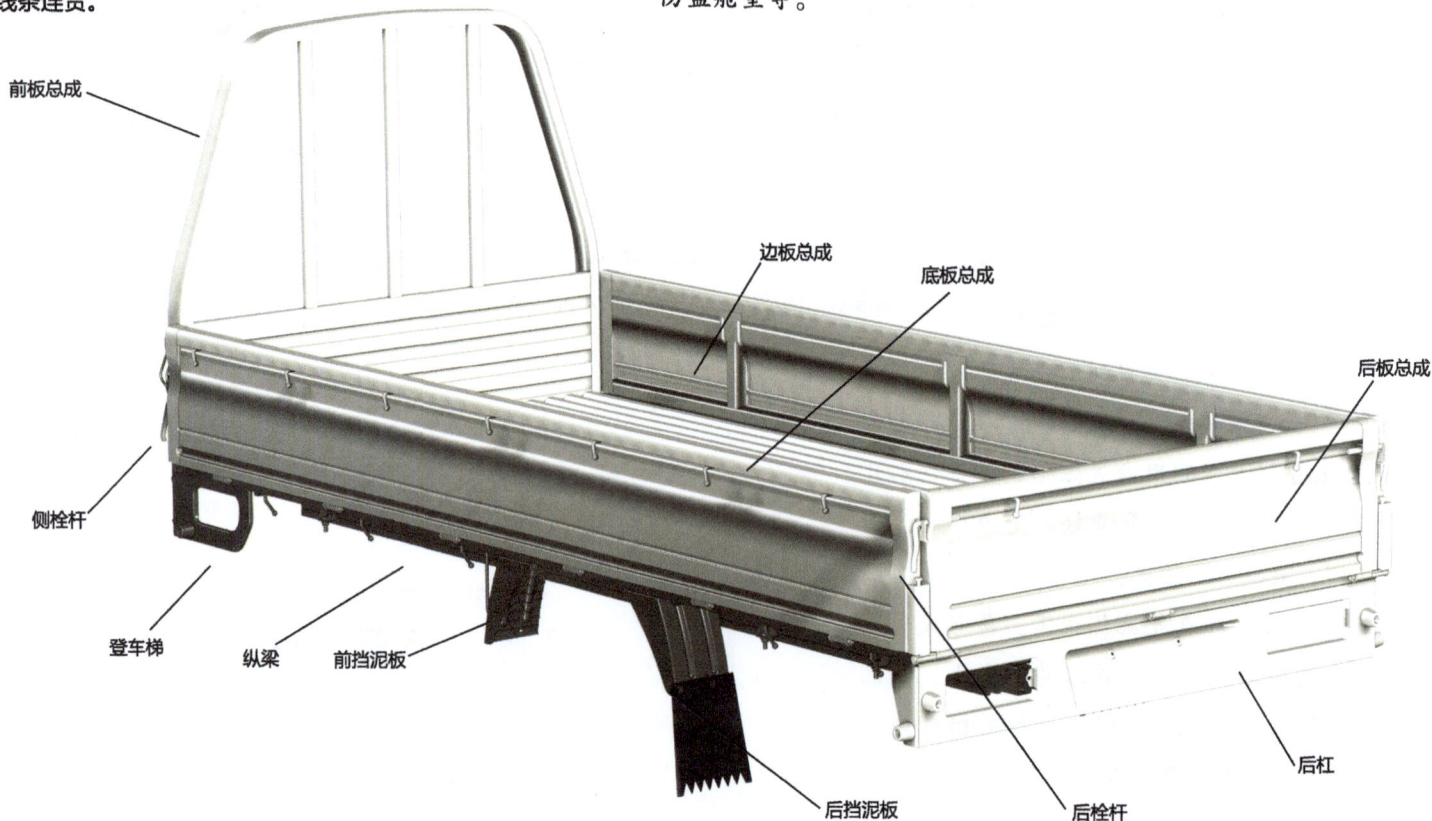

- 前板总成
- 边板总成
- 底板总成
- 后板总成
- 侧栓杆
- 登车梯
- 纵梁
- 前挡泥板
- 后挡泥板
- 后栓杆
- 后杠

知识链接

1. 货车的货箱按结构可分为栏板式、平板式、仓栅式、厢式、罐式以及自卸式等。

2. 皮卡货箱包含的新技术很多，如后保险杠台阶、货箱喷涂、中央立轴拖钩、货箱灯光、双开式尾门、底部储存区、侧向防盗舱室等。

第十三章

汽车电器

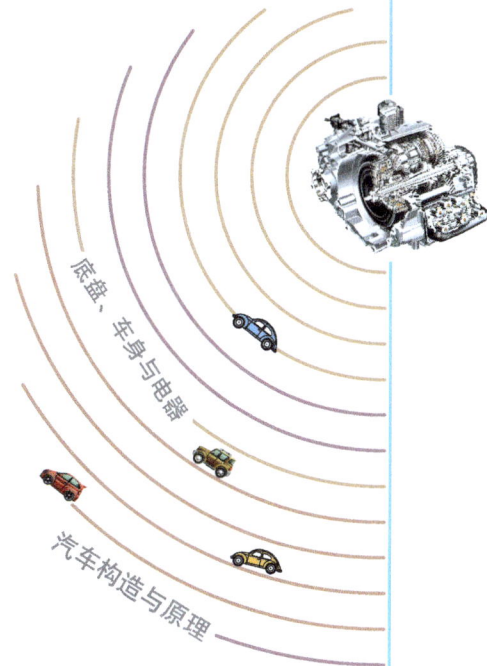

底盘、车身与电器

汽车构造与原理

▶知识链接

随着车用电器设备的发展，用电功率也大幅度提高，对于现代汽车拥有的长达2km的导线、2000多个线头和350多个集线器来讲，只有采用较高的电源电压、降低输出电流，才能满足需求。因此，42V电气系统应运而生，尽管取代目前的12V电气系统还有很多路要走，但这是一种发展趋势。

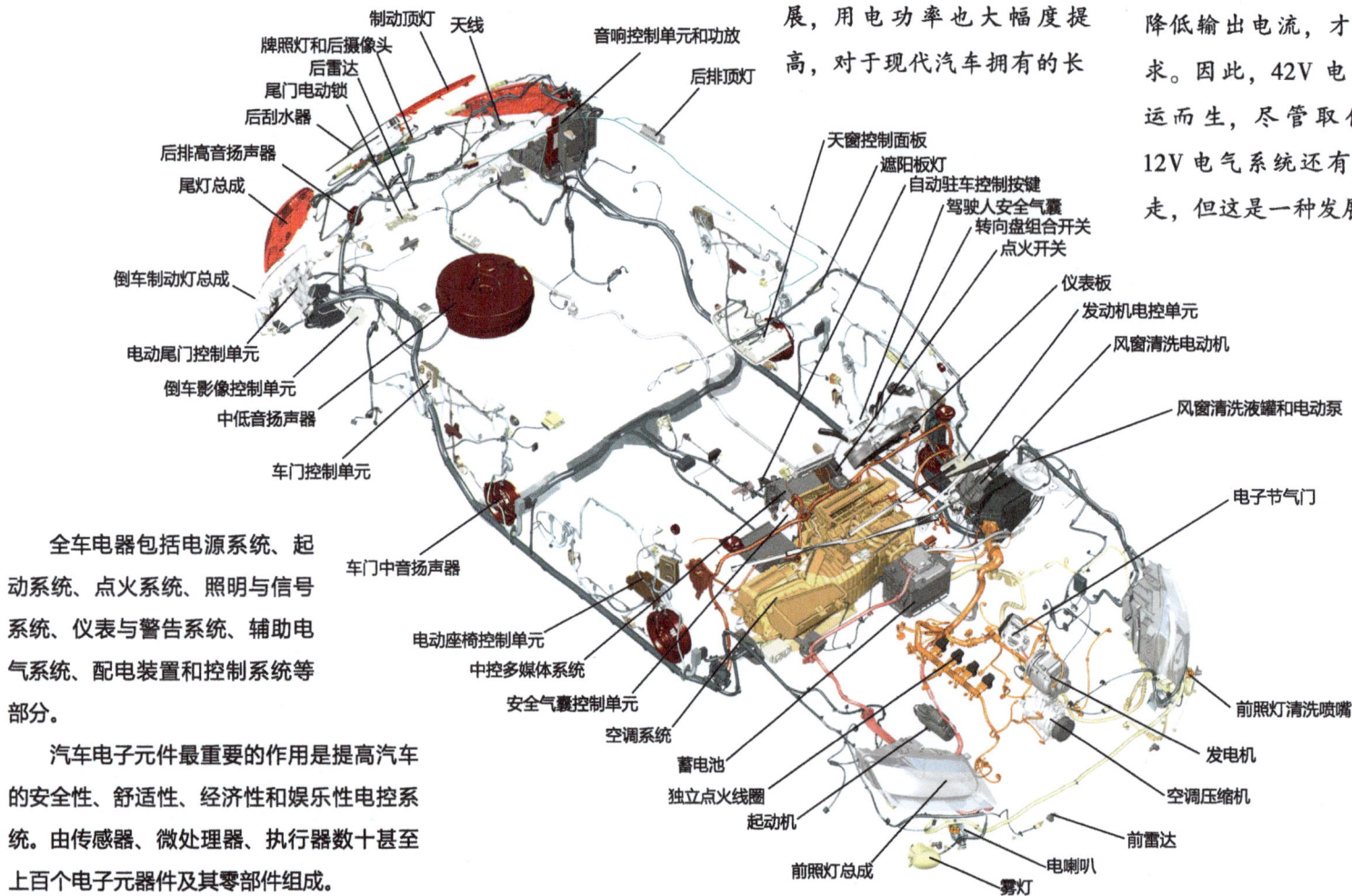

制动顶灯　天线
牌照灯和后摄像头
后雷达
尾门电动锁
后刮水器
后排高音扬声器
尾灯总成
音响控制单元和功放
后排顶灯
天窗控制面板
遮阳板灯
自动驻车控制按键
驾驶人安全气囊
转向盘组合开关
点火开关
仪表板
发动机电控单元
风窗清洗电动机
风窗清洗液罐和电动泵
倒车制动灯总成
电动尾门控制单元
倒车影像控制单元
中低音扬声器
车门控制单元
车门中音扬声器
电子节气门
电动座椅控制单元
中控多媒体系统
安全气囊控制单元
空调系统
蓄电池
独立点火线圈
起动机
前照灯清洗喷嘴
发电机
空调压缩机
前雷达
前照灯总成
雾灯
电喇叭

全车电器包括电源系统、起动系统、点火系统、照明与信号系统、仪表与警告系统、辅助电气系统、配电装置和控制系统等部分。

汽车电子元件最重要的作用是提高汽车的安全性、舒适性、经济性和娱乐性电控系统。由传感器、微处理器、执行器数十甚至上百个电子元器件及其零部件组成。

越野车全车电器

很多越野车采用柴油发动机，因其起动转矩大，所以常采用24V 蓄电池。越野车全车电器除了起动系统，还包含灯光照明系统、中央配电部分和仪表等。

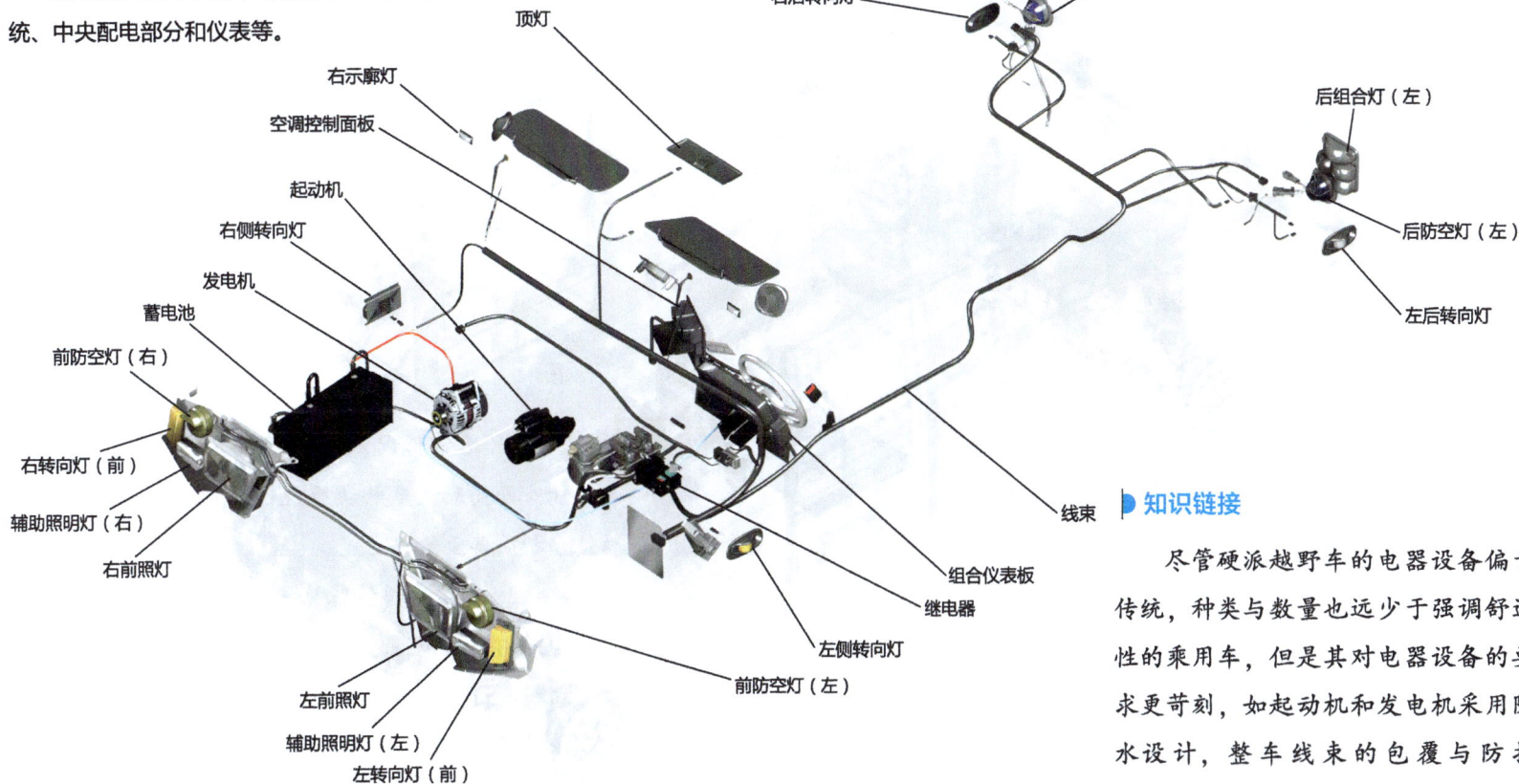

后组合灯（右）
后防空灯（右）
右后转向灯

后组合灯（左）

顶灯
右示廓灯
空调控制面板
起动机
右侧转向灯
发电机
蓄电池
前防空灯（右）
右转向灯（前）
辅助照明灯（右）
右前照灯

后防空灯（左）

左后转向灯

线束

组合仪表板
继电器
左侧转向灯
前防空灯（左）
左前照灯
辅助照明灯（左）
左转向灯（前）

▶ 知识链接

尽管硬派越野车的电器设备偏于传统，种类与数量也远少于强调舒适性的乘用车，但是其对电器设备的要求更苛刻，如起动机和发电机采用防水设计，整车线束的包覆与防护增强。

电动后视镜

驾驶人可以在车内通过按钮对电动后视镜的角度进行调节，以获得良好的后方视域；调节右侧车外电动后视镜时，不会再因距离远而难以操作；倒车时，通过调节功能让电动后视镜向下翻（前进时，电动后视镜会自动回位），便于观察车辆与路边之间的距离，避免刮蹭；停车后电动后视镜为伸缩式且具有位置记忆功能。

电动后视镜

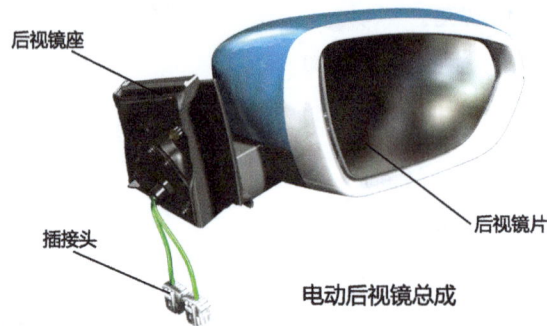

后视镜座

插接头

后视镜片

电动后视镜总成

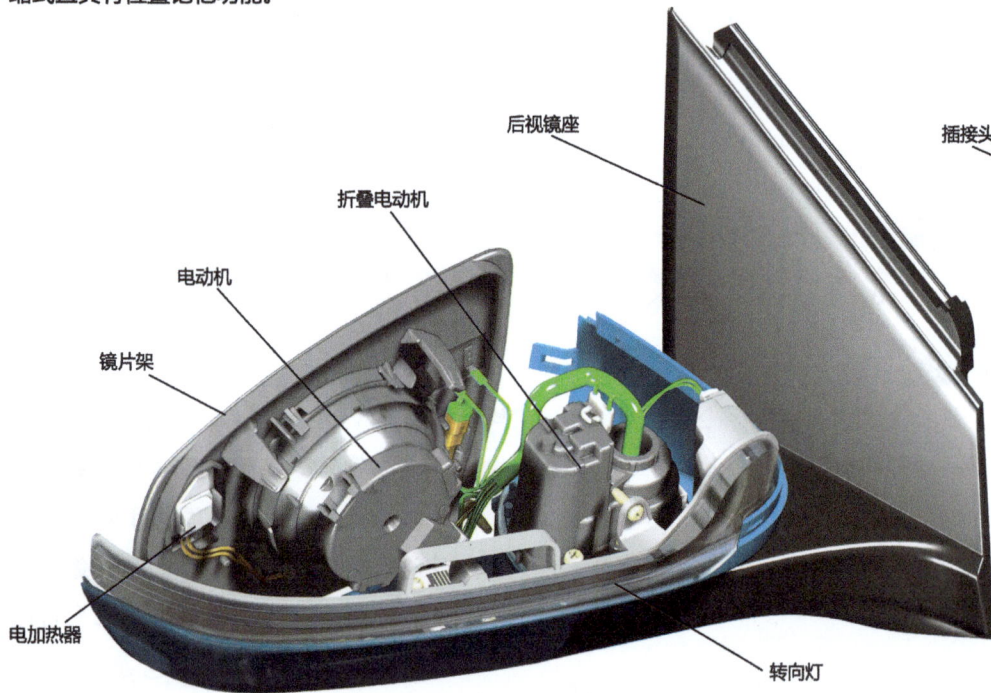

折叠电动机

后视镜座

电动机

镜片架

电加热器

转向灯

电动后视镜内部结构

▶ 知识链接

1. 通常低配汽车后视镜只具备镜片调节功能，而高配汽车电动后视镜还带有加热除霜、自动折叠甚至清洗功能。

2. 有些后视镜镜片一分为二，内侧 2/3 的面积采用平面镜，外侧 1/3 的面积采用大弧度的凸面镜，这样就能扩大视野，消除转弯盲点，就像很多车主在后视镜外侧贴上小广角圆镜一样。

3. 一些辅助安全技术例如 360°影像、并线辅助等摄像头传感器也会安装在汽车后视镜上。

汽车前照灯

汽车灯具

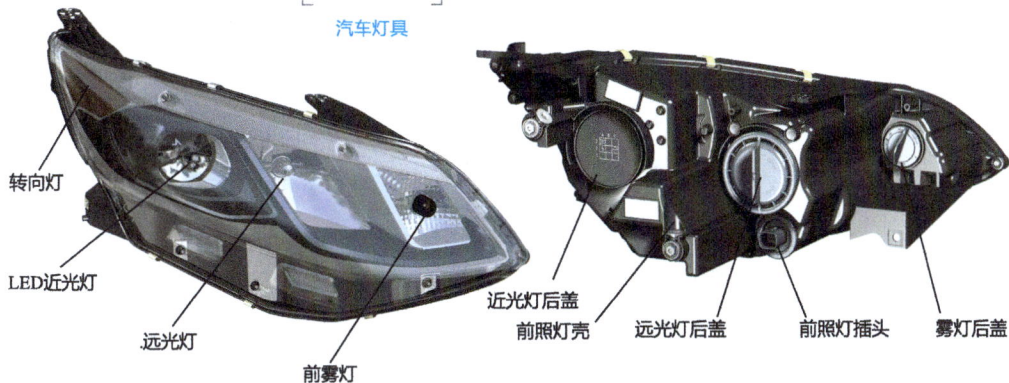

转向灯
LED近光灯
远光灯
前雾灯

汽车前照灯总成

前照灯是装在汽车头部两侧，用于夜间行车道路照明的装置。

前照灯总成是保障汽车安全行驶的重要部件之一，前照灯的照射距离越远，配光特性越好，汽车行驶的安全性能就越高。随着汽车技术的发展，乘用车前照灯也有很大的变化。

现代汽车中很多已经应用了自动感应式前照灯，其中央智能控制盒根据光线传感器来判断光线亮度变化，从而控制自动点亮或熄灭前照灯。

▶ 知识链接

1. 从传统的卤素前照灯到氙气灯，再到现在最时尚的 LED 前照灯，汽车前照灯的科技含量愈加丰富。卤素灯和白炽灯工作原理相似，只是在灯泡里加了卤族元素以延长寿命，亮度偏低。氙气灯是在石英灯管内充入高压惰性气体氙，再用 2 万多 V 的电压激发电弧发光，亮度高，但是工作温度也高。LED 前照灯就是发光二极管的组合，它的亮度最高，工作温度很低，启动迅速，没有延迟，但是它的穿透性不好，价格最高。

2. 前照灯的灯泡后面通常都装有反光镜，将灯泡的散光聚集在一点向前照明，氙气灯一定要在前面加装透镜。

3. 日间行车灯逐渐成为普及的汽车配置。行车时日间行车灯就会保持常亮，打开转向灯或双闪时，为避免日间行车灯对其警示作用造成影响，此时其会自动关闭。

近光灯后盖
前照灯壳
远光灯后盖
前照灯插头
雾灯后盖

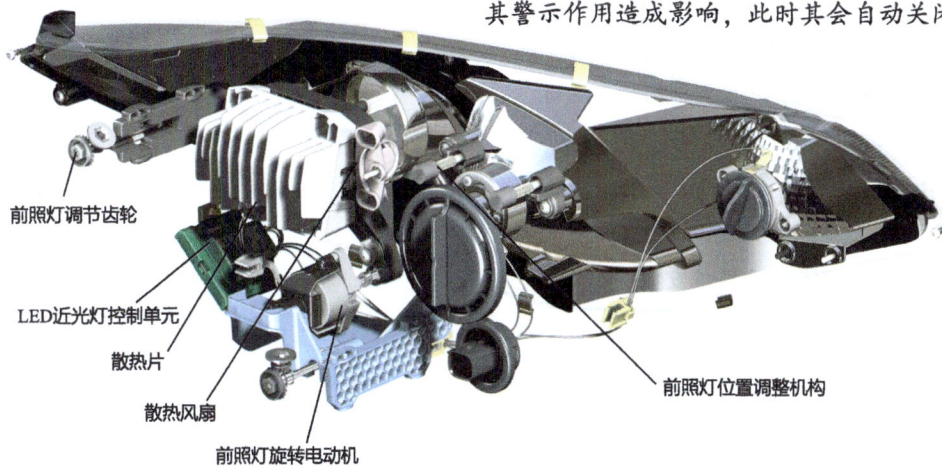

前照灯调节齿轮
LED近光灯控制单元
散热片
散热风扇
前照灯旋转电动机
前照灯位置调整机构

汽车前照灯内部结构

汽车随动前照灯

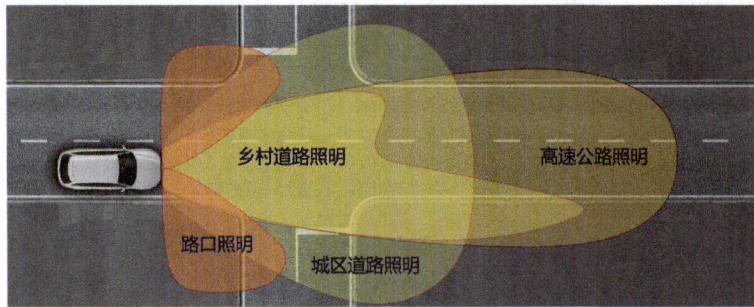

随动车灯工作过程示意图

汽车随动前照灯又称为自适应前照灯，其作用是根据汽车转向盘角度、车辆偏转率和行驶速度，不断对前照灯进行动态调节，适应当前的转向角，保持灯光方向与汽车的当前行驶方向一致，以确保对前方道路提供最佳照明，并对驾驶人提供最佳可见度，从而显著增强了黑暗中驾驶的安全性。在路面照明差或多弯道的路况中，扩大驾驶人的视野，而且可提前提醒对方来车。

▶ 知识链接

1. 通常提到的"自动头灯"可根据光线强弱自动开关车灯。它并不是科技含量更高的随动前照灯。

2. 随动前照灯通过不同的传感器取得多种行车信息，如通过转向盘转角传感器、车速传感器、车身高度传感器获取汽车行驶状态信息。控制单元输出信号控制旋转执行器对投射式前照灯进行左右、上下旋转，从而实现智能控制。

3. 为了简化结构、降低成本，一些汽车还采用弯道侧向辅助照明系统。这种系统只是在前照灯中多设置一个专门用来照明弯道内侧的灯泡，设计好灯泡的角度和点亮时机，即可照亮弯内盲区。

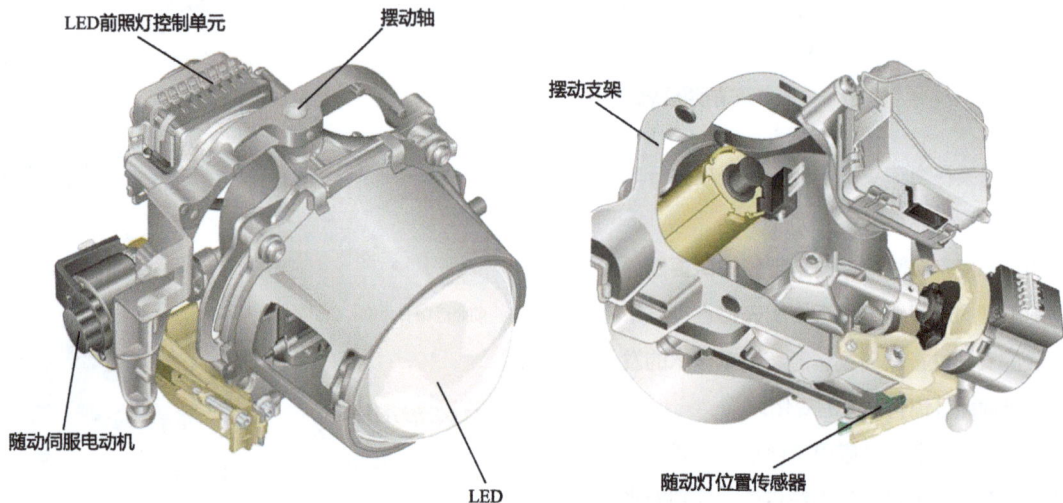

随动车灯结构

胎压监测系统

胎压监测是在汽车行驶过程中对胎压进行实时自动监测，并对轮胎漏气和低气压进行警示，以确保行车安全。

间接式胎压监测系统的工作原理是：当轮胎气压降低时，车辆的质量会使该轮的滚动半径变小，导致其转速比其他车轮快。通过比较轮胎之间的转速差别，以达到监视胎压的目的。间接式轮胎监测系统实际上是依靠计算轮胎滚动半径来对气压进行监测的。

直接式胎压监测系统是利用安装在每一个轮胎里的压力传感器来直接测量轮胎气压的，它利用无线发射器将压力信息从轮胎内部发送到中央接收器模块上，然后对各轮胎气压数据进行显示。当轮胎气压太低或漏气时，监测系统会自动报警。

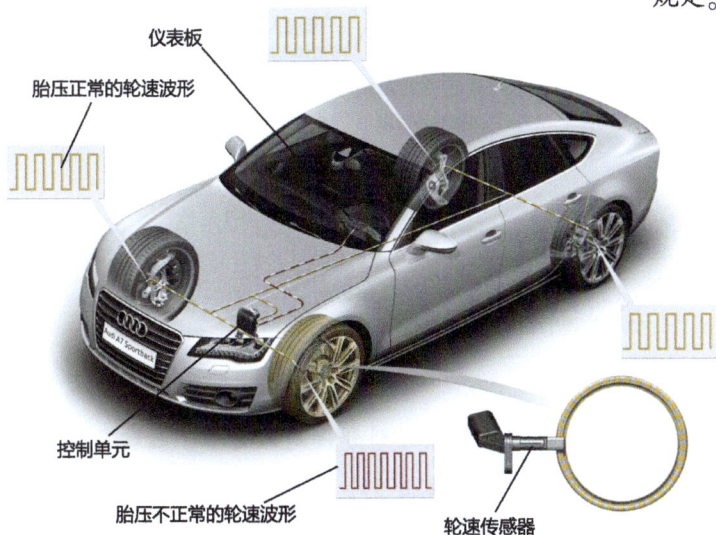

▶ 知识链接

1. 间接式胎压监测系统大部分都是原车自带的。而直接式胎压监测系统既可以原车标配，更可以用来汽车改装。后装的胎压监测系统按照传感器安装位置来分，又可以分为内置和外置两种。有的只需拧在气门嘴上即可监测（外置型），有的则需要扒开轮胎，将胎压传感器放置在轮胎内贴在轮圈上（内置型）。

2. 早在 2003 年，美国就开始率先推行在汽车上强制配备胎压监测系统。目前在欧美市场，胎压监测系统已成为新车的标准配置，它与安全气囊、ESP 一起被视为汽车三大安全系统。但目前我国还没有类似的规定。

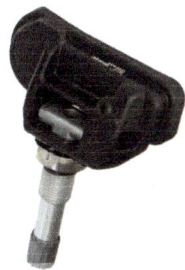

直接式胎压监测传感器

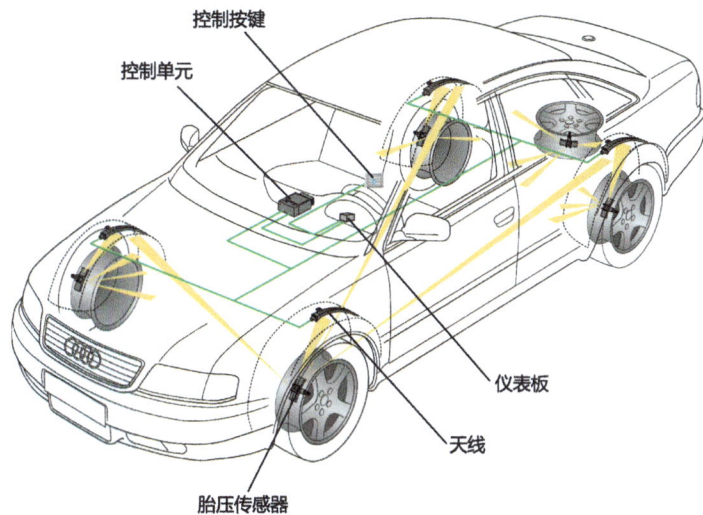

间接式胎压监测系统

仪表板
胎压正常的轮速波形
控制单元
胎压不正常的轮速波形
轮速传感器

直接式胎压监测系统

控制按键
控制单元
仪表板
天线
胎压传感器

车载空调系统（一）

车载空调系统是实现对车厢内空气进行制冷、加热、换气和空气净化的装置。

现代汽车空调的主要功能有：控制车厢内的气温，把车厢内温度控制到舒适的水平；能够排出空气中的湿气；可吸入新风，具有通风功能；可过滤空气，排除空气中的灰尘和花粉。

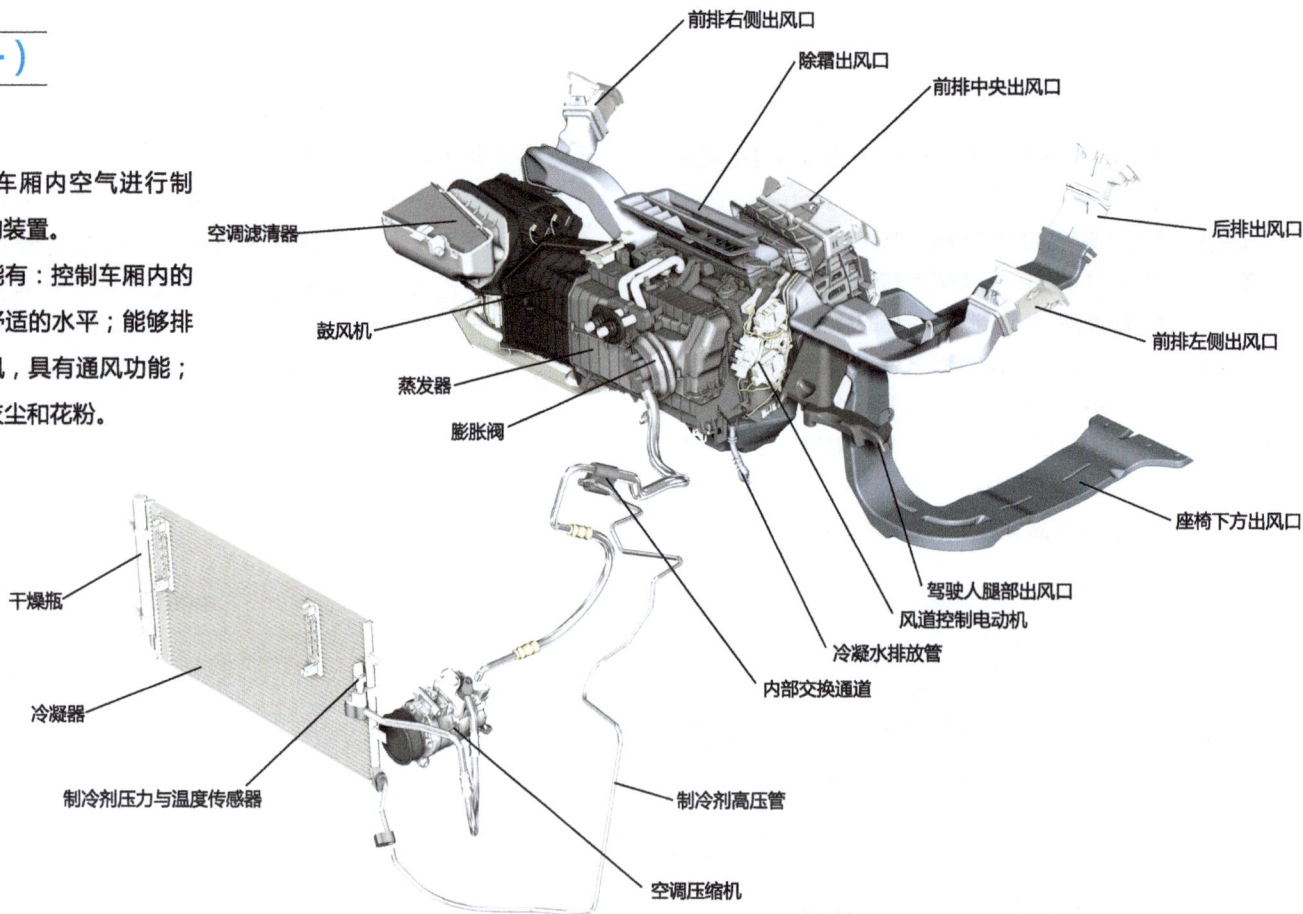

空调系统

前排右侧出风口

除霜出风口

前排中央出风口

后排出风口

空调滤清器

前排左侧出风口

鼓风机

蒸发器

膨胀阀

座椅下方出风口

驾驶人腿部出风口

风道控制电动机

冷凝水排放管

内部交换通道

干燥瓶

冷凝器

制冷剂高压管

制冷剂压力与温度传感器

空调压缩机

▶ 知识链接

1. 汽车空调和其他制冷空调的工作原理一样，都是利用制冷剂从液态变成气态时吸收大量热能的原理制冷。

2. 对于中高配置乘用车来讲，双温区独立控制空调可以独立为驾驶席和副驾驶席两个区域实现温度和风量控制调节。这种空调系统增加了风门，将风道划分得更细更多，经过几个混合风门后送到不同的管路中，再由多个独立的控制器来实现不同区域的温度控制。

底盘、车身与电器（彩色版）

汽车构造与原理三维图解

车载空调系统（二）

汽车空调一般主要由压缩机、电控离合器、冷凝器、蒸发器、膨胀阀、储液干燥器、管路、冷凝风扇、真空电磁阀、怠速器和控制系统等组成。

汽车空调管路分为高压管路和低压管路。高压侧包括压缩机输出侧、高压管路、冷凝器、储液干燥器和液体管路；低压侧包括蒸发器、积累器（回气管气液分离）、回气管路、压缩机输入侧和压缩机机油池。

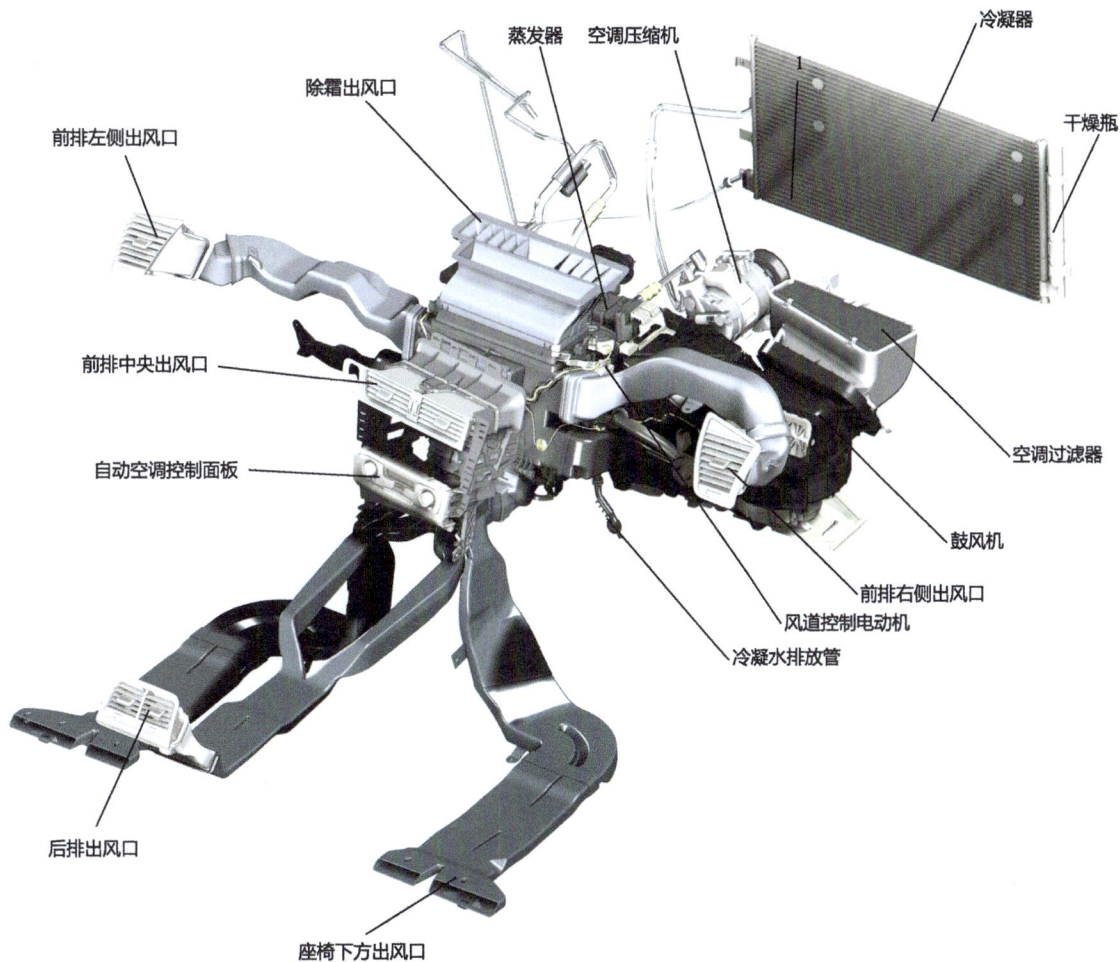

蒸发器
空调压缩机
冷凝器
除霜出风口
干燥瓶
前排左侧出风口
前排中央出风口
自动空调控制面板
空调过滤器
鼓风机
前排右侧出风口
风道控制电动机
冷凝水排放管
后排出风口
座椅下方出风口

▶ 知识链接

正确地保养汽车空调可延长空调使用寿命，而且可使空调系统保持良好的工作状态。通常检查内容有：检查压缩机传动带是否良好，检查空调系统软管和管接头是否有油迹，经常清洁冷凝器，定期更换空调滤清器，清洁出风口和驾乘室内的灰尘和污垢。如果具备一定的专业能力，还可以通过干燥器（汽车干燥器集成在冷凝器一侧）的检视孔查看制冷剂的液面高度。

空调压缩机

现代汽车空调系统常用轴向活塞式压缩机，其主要类型有摇盘式和斜板式压缩机。

斜板式压缩机的主要部件是主轴和斜板。各气缸以压缩机主轴为中心圆周布置，活塞运动方向与压缩机的主轴平行。大多数斜板式压缩机的活塞被制成双头活塞，例如轴向6缸压缩机，3缸在压缩机前部，另外3缸在压缩机后部。双头活塞在相对的气缸中一前一后地滑动，一端活塞在前缸中压缩制冷剂蒸气时，另一端活塞就在后缸中吸入制冷剂蒸气。

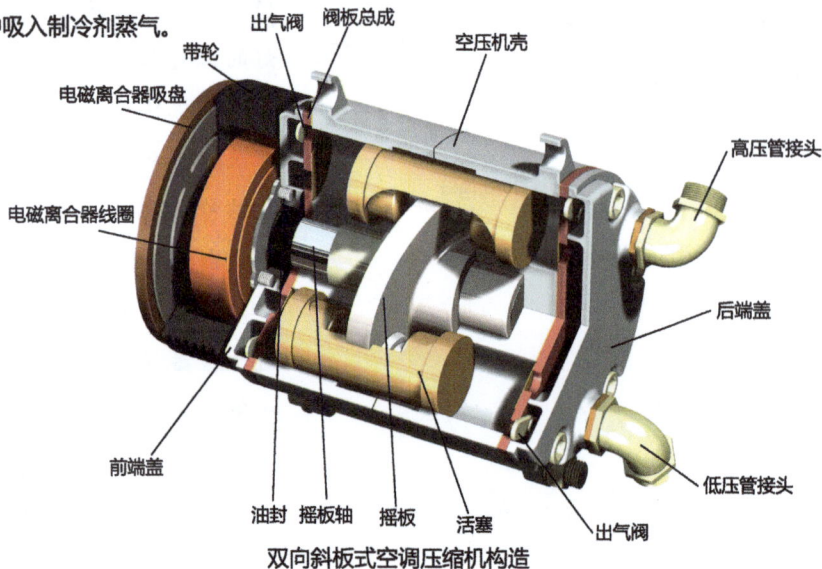

▶ 知识链接

1. 空调档位改变的是鼓风机电压，档位越高，吹出来的风量越大，这个与压缩机的实际功率关系不大。

2. 汽车空调压缩机功率会根据当前发动机转速而变化，要精确计算非常困难，但通常消耗值在5~7kW。发动机在低转速时的转矩是有限的，当中小排量发动机剩余转矩不充裕时，如果再驱动空调压缩机，就会感觉费力又费油。

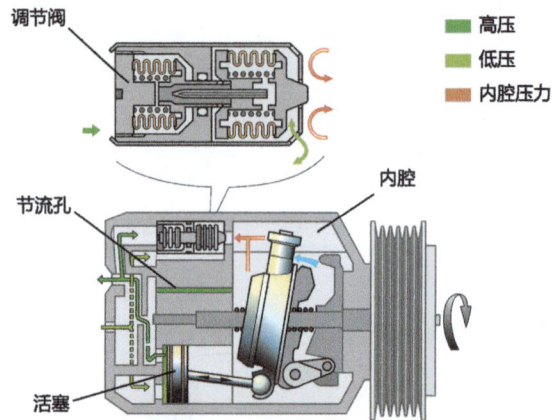

双向摇盘式压缩机低制冷状态

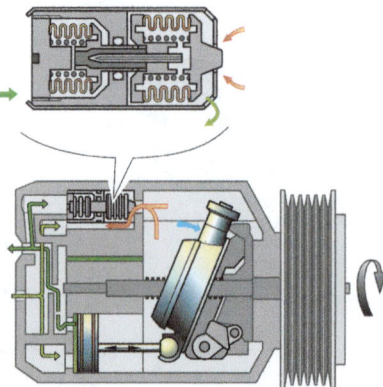

双向摇盘式压缩机高制冷状态

双向斜板式空调压缩机构造

底盘、车身与电器（彩色版）

汽车构造与原理三维图解

空调压缩机

汽车安全气囊

安全气囊是一种被动安全性保护系统，它与座椅安全带一起配合使用，可以为乘员提供有效的防撞保护。在汽车相撞时，汽车安全气囊可使头部受伤率减少25%，面部受伤率减少80%左右。

安全气囊

头部气帘

后门侧向碰撞传感器

前排乘员安全气囊

后排乘客侧气囊

前排乘员侧气囊

前门侧向碰撞传感器

主驾驶安全气囊

气囊电控单元

前部碰撞传感器

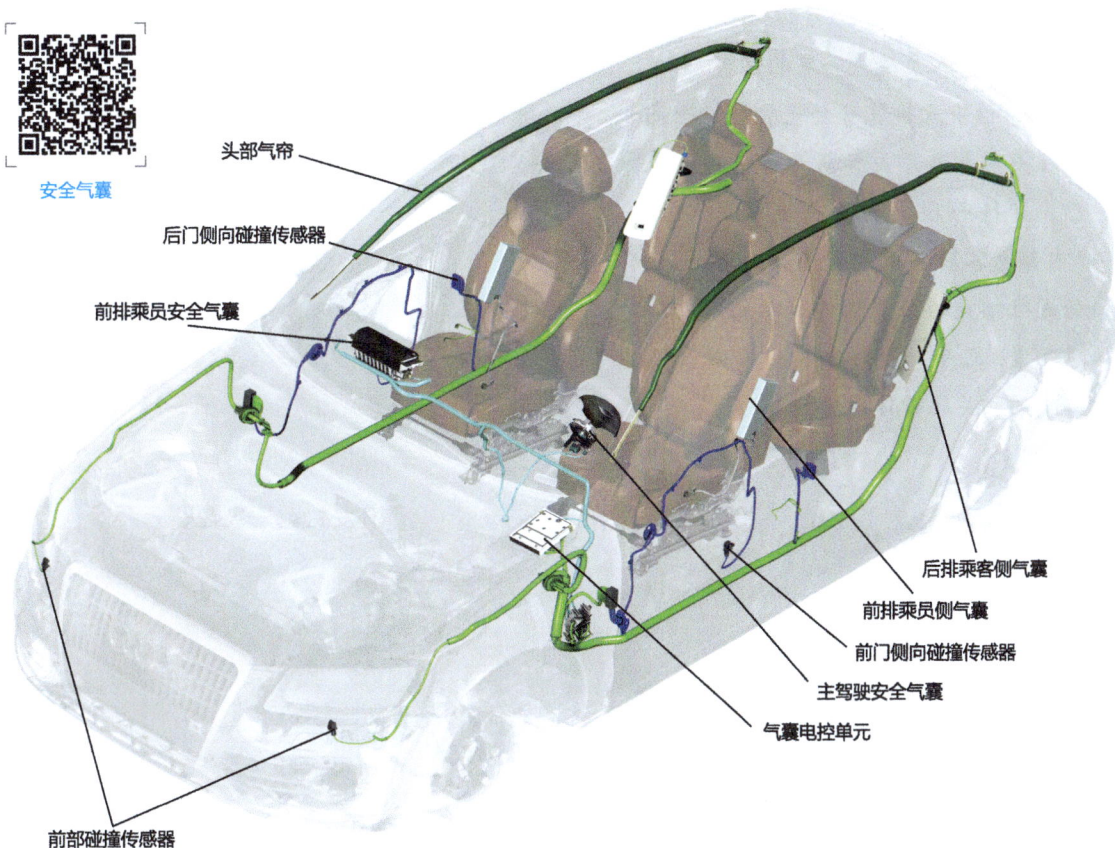

当汽车在行驶过程中发生碰撞事故时，先由碰撞传感器接收撞击信号，只要达到规定的强度，传感器向气囊控制单元发出信号。电子控制器接收到信号后，与其存储的信号进行比较，如果达到气囊展开条件，则由驱动电路向气囊组件中的气体发生器送去起动信号，气囊弹出。

知识链接

1. 汽车安全气囊按照其分布与实际功用还可分为膝部气囊、驾驶座气囊、副驾气囊、座椅侧气囊、头部气囊（侧气帘）、后座侧气囊、安全带气囊等。此外，还有少数车辆在发动机舱盖后方安装有行人安全气囊。

2. 为了让安全气囊实现其功用，其打开需要严苛的条件，除了要达到最低车速，汽车加速度阈值更是关键参考因素，还有碰撞的区域范围以及碰撞物体的相对刚性都是必要开启条件。

3. 为了保证气囊的实际使用效果，不建议装用类似仪表台饰品、避光垫、座椅套等。有膝部气囊的对驾驶人或前排乘员的坐姿也有距离不要太近的要求等。

安全气囊结构与工作

安全气囊的打开原理是：当汽车遭受一定碰撞力后，气囊系统就会引发某种类似微量炸药爆炸的化学反应，隐藏在车内的安全气囊就在瞬间充气弹出。

新型安全气囊加入了可分级充气或释放压力的装置，以防止一次突然点爆产生的巨大压力对人体产生伤害。分级点爆装置，即气体发生器分两级点爆：第一级产生约40%的气体容积，远低于最大压力，对人头部移动产生缓冲作用；第二级点爆产生剩余气体，并且达到最大压力。而分级释放压力方式就是在气囊袋上开有泄压孔或可调节压力的孔，一开始压力达到设定极限，便能瞬时释放压力，以避免对车上人员造成过大伤害。

▶ 知识链接

1. 气囊爆炸打开时会以大约300km/h的速度弹出，而由此所产生的撞击力约有180kgf。当车上人员偏离座位或座位上是儿童乘坐时，气囊系统启动不仅起不到应有的保护作用，还可能会对人员造成一定的伤害。

2. 检查或拆装安全气囊时，一定要在关闭点火开关和断开蓄电池负极后，等待一段时间，待其备用电源（内部电容器）的电能释放完后再开始进行相关的检修操作，以免意外引爆气囊。此外，最好先关闭或断开汽车上的相关碰撞传感器。

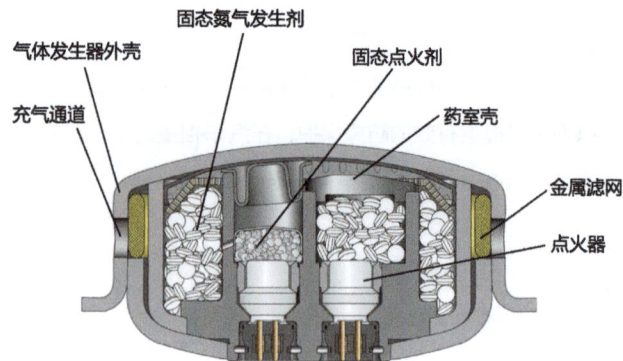

固态氮气发生剂
气体发生器外壳
充气通道
固态点火剂
药室壳
金属滤网
点火器

气体发生器，未点火

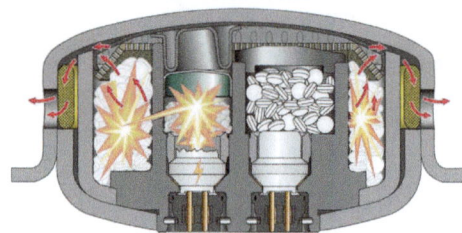

气体发生器，一级点火

驾驶人安全气囊（充气状态）

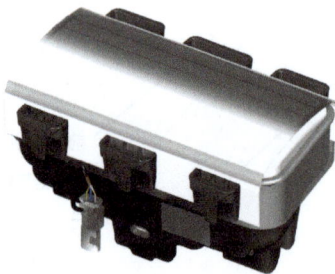

前排乘员安全气囊

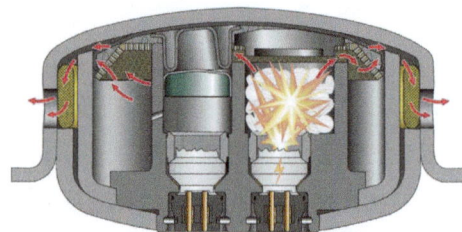

气体发生器，二级点火

汽车安全带

汽车安全带的作用是在车辆发生碰撞或使用紧急制动时，预紧装置就会瞬间收束，绷紧原本松弛的安全带，将车上人员牢牢地拴在座椅上，防止发生二次碰撞。一旦安全带的收束力度超过一定限度，限力装置就会适当放松安全带，保持胸部受力稳定。因此，汽车安全带起着约束位移和缓冲作用，可吸收撞击能量，化解惯性力，避免或减轻驾乘人员受伤程度。

▶ **知识链接**

常见的座椅安全带按固定方式不同，可分为两点式、三点式、四点式和自由式等。其中三点式最为普及，两点式通常会出现在后排中间座位上，而四点式通常用在赛车座椅和儿童安全座椅上。

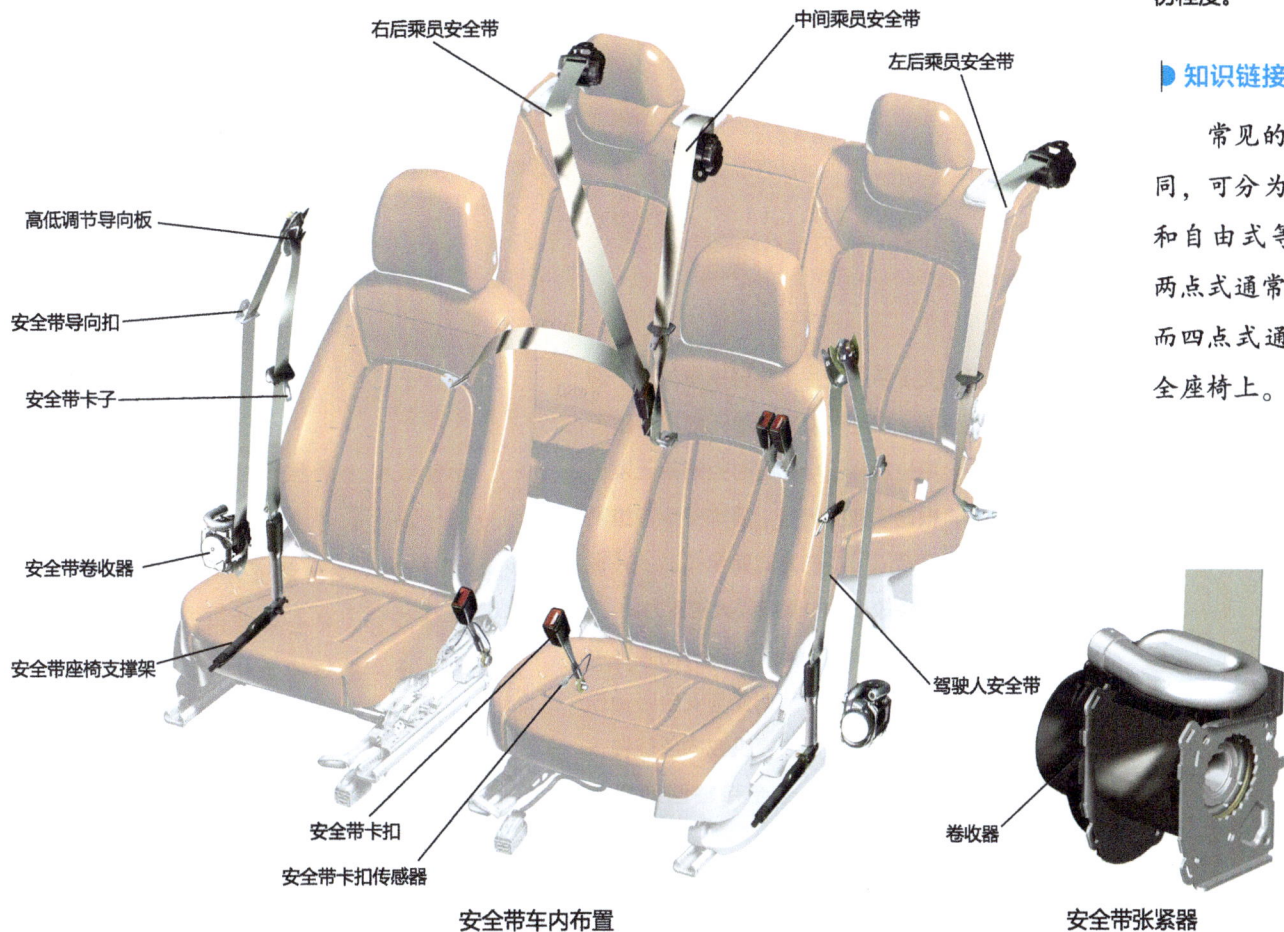

右后乘员安全带
中间乘员安全带
左后乘员安全带
高低调节导向板
安全带导向扣
安全带卡子
安全带卷收器
安全带座椅支撑架
驾驶人安全带
安全带卡扣
安全带卡扣传感器

安全带车内布置

卷收器

安全带张紧器

安全带

预紧式自动安全带

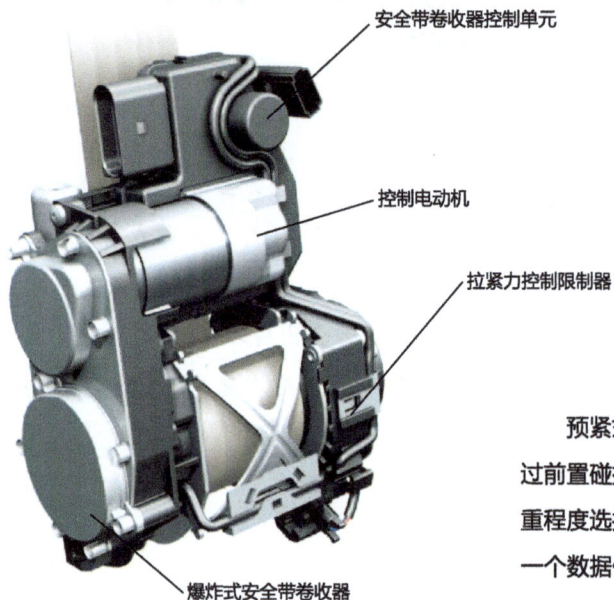

安全带卷收器控制单元

控制电动机

拉紧力控制限制器

爆炸式安全带卷收器

安全带自动拉紧力控制装置

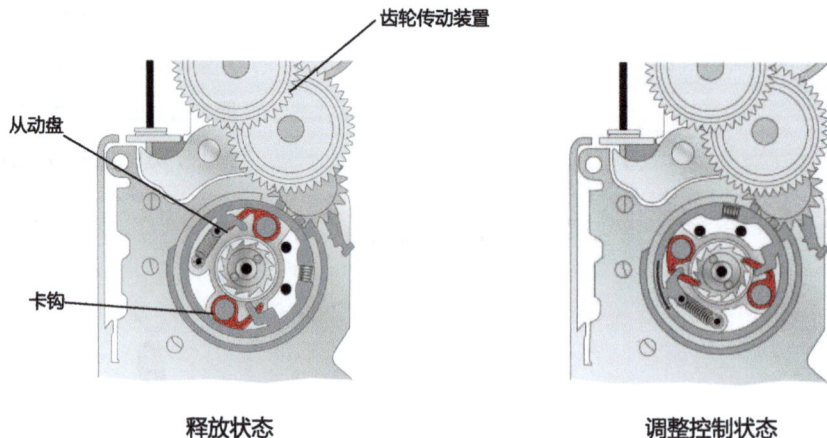

齿轮传动装置

从动盘

卡钩

释放状态

调整控制状态

预紧式自动安全带在发生车头碰撞事故时，通过前置碰撞传感器，安全气囊控制单元根据事故严重程度选择安全带拉紧器，与此同时控制单元发出一个数据信号。根据该数据信号，前排安全带拉紧力控制单元使安全带以可逆的方式完全拉紧，并根据实际碰撞情况选择较小、中等或较大拉紧力。

此时，电动机开始旋转，通过齿轮传动装置驱动从动盘，两个伸出的卡钩将从动盘与安全带轴连接，安全带收紧。当电动机保持停机或向后旋转一段，则卡钩能够重新回位，安全带轴回到初始状态。

▶知识链接

预紧式安全带控制可分为机械控制与电子控制，前者的传感器检测到汽车加速度变化不正常时，控制装置激发预拉紧装置工作，这种预紧式安全带可以单独使用，后者与安全气囊一起协调工作。后者的拉紧装置采用类似安全气囊内部的爆炸装置，利用碰撞时引爆气体发生剂，产生驱动卷收器的瞬间驱动力，从而使安全带能够快速固定乘员躯体。

底盘、车身与电器

汽车构造与原理三维图解（彩色版）

电动调节座椅

座椅电动调节可让驾乘人员更精准地找到最舒适习惯的坐姿，免除人工扳拉带来的不便。

座椅电动调节可理解为通过控制按钮等方式靠电动机完成调节动作。座椅方向的调节基于座椅调角器、座椅导轨和座椅升降机构这三种调节机构来完成。每种机构可以分别提供两个或两个以上方向的调节。座椅调整方向越多，驾驶人就越能很好地找到适合自己的驾驶姿态，减轻驾驶疲劳。

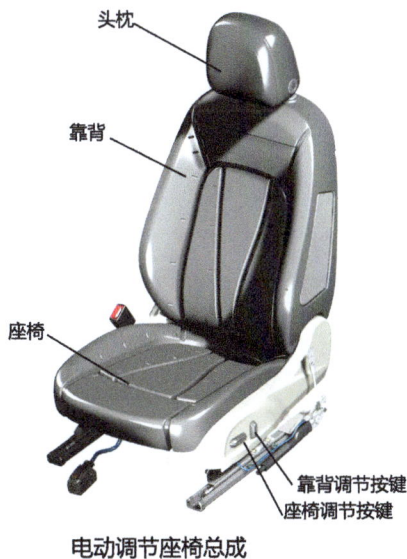

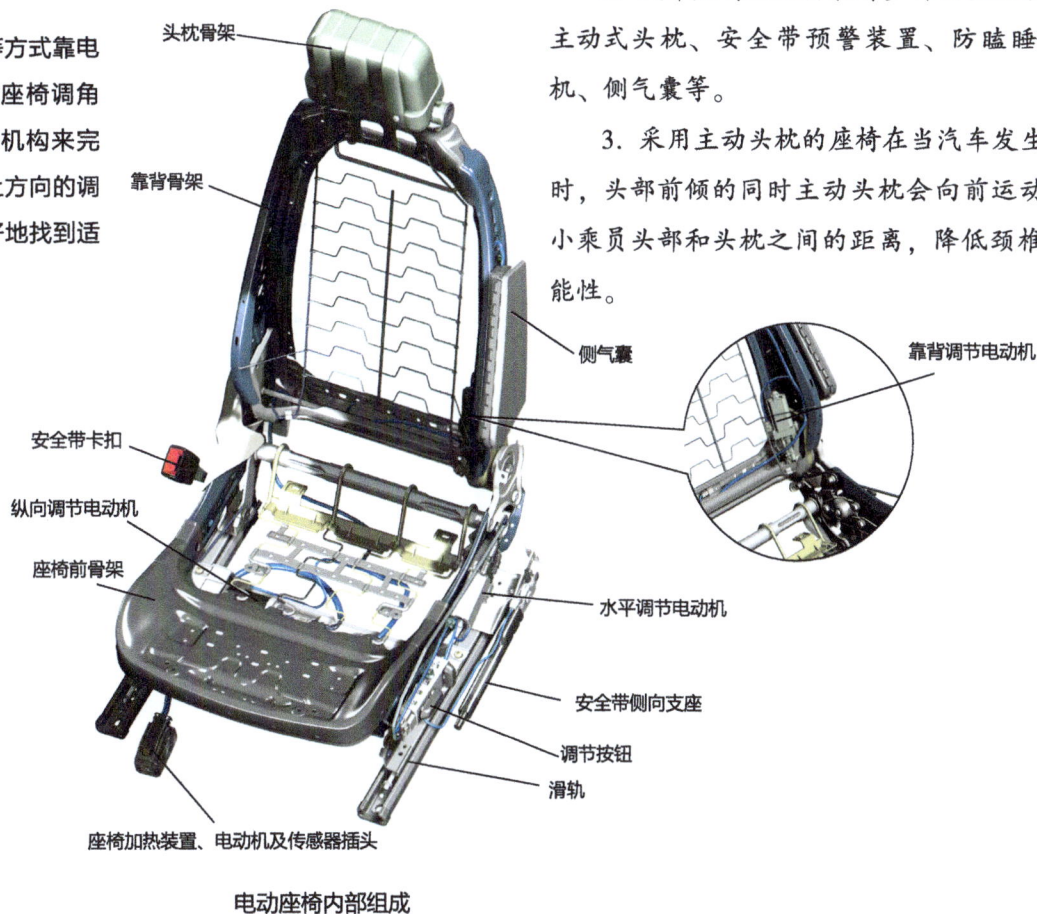

▶ 知识链接

1. 座椅的造型设计要经过多次优化，从而可以给身体各个部分提供足够的支撑与包裹。

2. 汽车座椅上还会装有多种安全防护装置，如主动式头枕、安全带预警装置、防瞌睡振动电动机、侧气囊等。

3. 采用主动头枕的座椅在当汽车发生后部碰撞时，头部前倾的同时主动头枕会向前运动，以便缩小乘员头部和头枕之间的距离，降低颈椎受伤的可能性。

头枕骨架

靠背骨架

侧气囊

靠背调节电动机

头枕

靠背

安全带卡扣

纵向调节电动机

座椅前骨架

水平调节电动机

座椅

安全带侧向支座

调节按钮

滑轨

靠背调节按键
座椅调节按键

座椅加热装置、电动机及传感器插头

电动调节座椅总成

电动座椅内部组成

座椅通风功能是利用风扇向座椅内注入空气，空气从椅面上的小孔中流出，实现通风功能。

座椅加热功能是利用座椅内的电加热丝对座椅内部加热，并通过热传递将热量传递给乘坐者，改善冬天时座椅因长时间停放后座椅过凉造成的乘坐不舒适感。

▶ **知识链接**

1. 现今，尽管座椅加热并不是中高级车独享的配置，但普通乘用车采用通风系统的少之又少，主要原因是通风系统复杂程度高，设计难度大，造价很高。

2. 座椅加热只需在坐垫下、靠背后增加加热层或电热丝即可。而座椅通风系统除了要设计有流动风扇与风道外，对座椅材质的通透性、噪声和振动控制、空间布置等都要求较高。

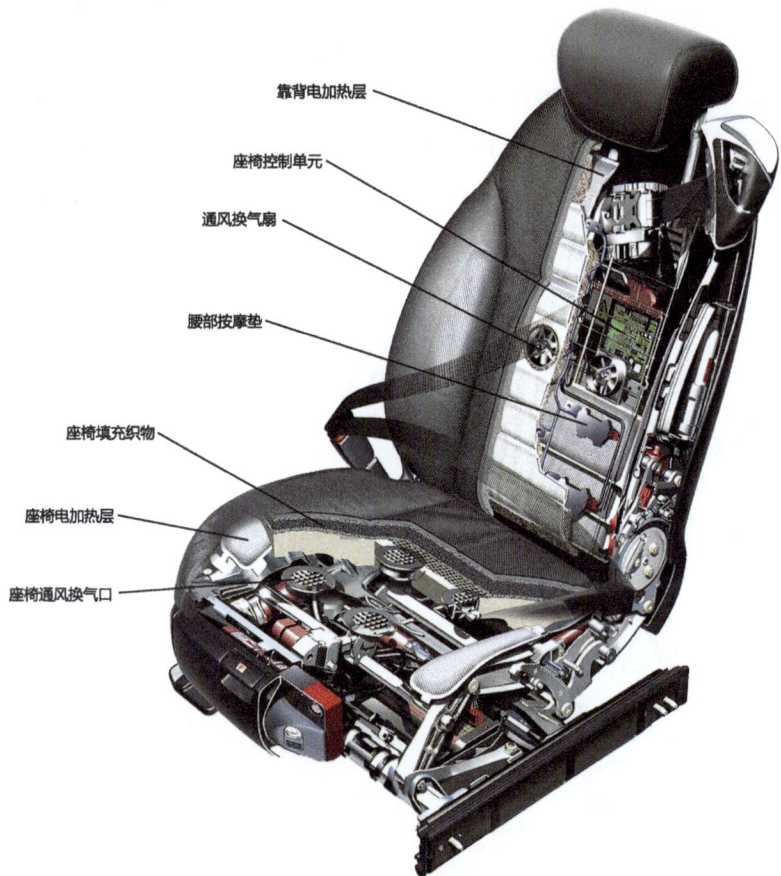

靠背电加热层
座椅控制单元
通风换气扇
腰部按摩垫
座椅填充织物
座椅电加热层
座椅通风换气口

带加热通风功能电动座椅总成

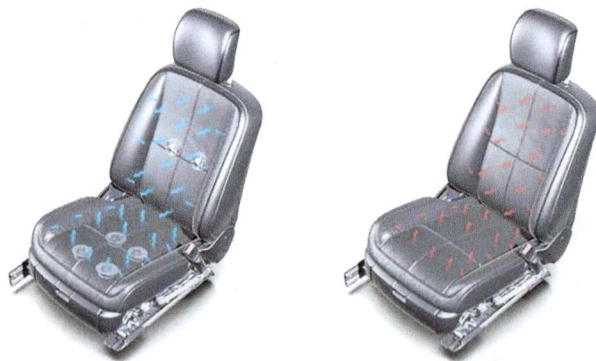

加热换气示意图

车载音响系统

车载音响的结构随车型和配置不同有所不同。汽车在道路上行驶，既有方向的变化，又有外界环境影响（如高楼、桥梁、高压电网等），要保证收音正常．就要求收音部分灵敏，选择性、信噪比都较好，对自动增益控制（AGC）自动频率控制（AFC）要求也很高。

此外，随着人们对舒适性的要求越来越高，汽车制造商也日益重视乘用车的音响设备，并将它作为评价乘用车舒适性的依据之一。

汽车音响改装是很多车主喜爱的改装项目。但是车载音响系统的改装升级是很有学问的。音响系统改装音效不仅取决于扬声器与主机的优劣，安装工艺与调音技术对音响效果的影响也非常大，甚至是决定性的。如何选定合适的功率、高中低音扬声器的布置、线束分布与固定，这些都要事前做好规划与设计。

此外，如果汽车本身隔声效果就不好，即使换上较好的音响系统，没有全车隔声升级也是没有实际效果的，即使做了全车隔声升级也是得不偿失的。

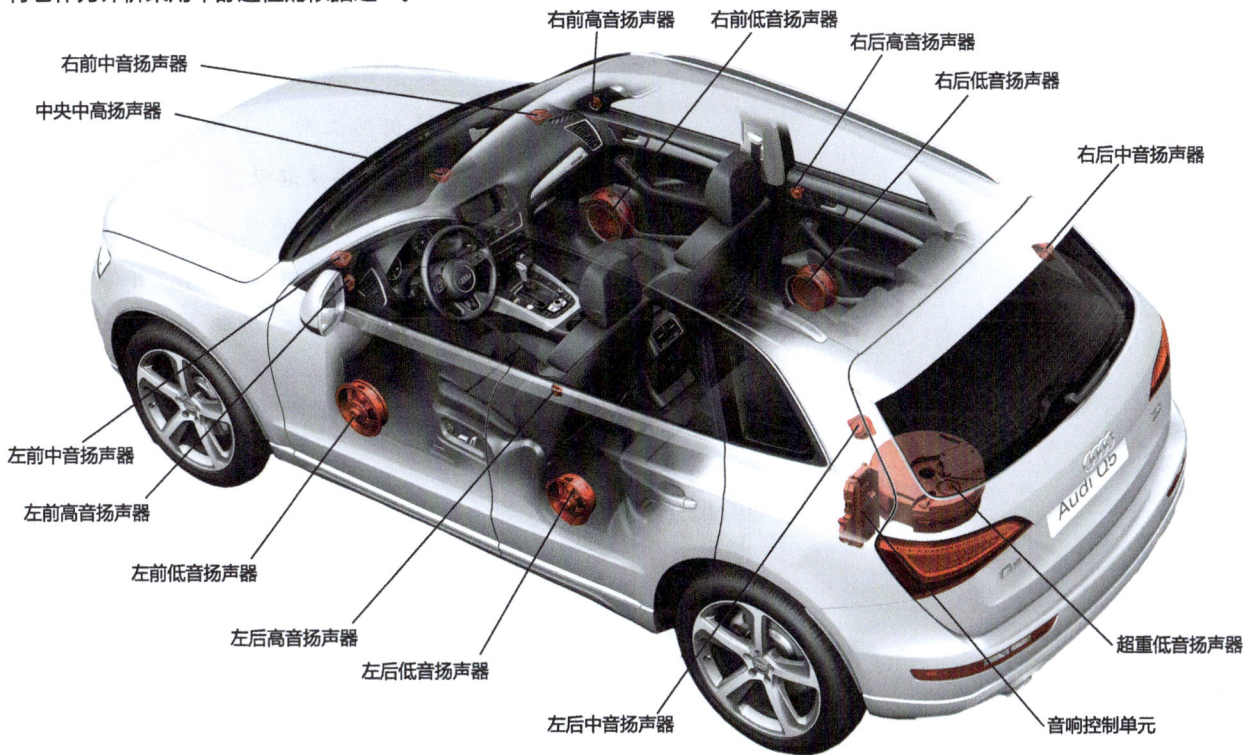

右前高音扬声器
右前低音扬声器
右后高音扬声器
右后低音扬声器
右前中音扬声器
中央中高声器
右后中音扬声器
左前中音扬声器
左前高音扬声器
左前低音扬声器
左后高音扬声器
左后低音扬声器
超重低音扬声器
左后中音扬声器
音响控制单元

第十三章
汽车电器

起动系统

为了使静止的发动机运转起来，必须先用外力转动发动机曲轴，使活塞开始上下运动，以实现发动机工作循环。这个外力系统就是起动系统。

汽油机或柴油机使用电力起动机起动。起动过程通常为先打开点火开关，操纵电磁继电器，进而控制起动机通过啮合装置带动发动机飞轮旋转，并配合发动机点火系统或供给系统使发动机运转后进入怠速工况。

汽油机所用起动机的功率一般在2kW以下，电压为12V。柴油机起动功率较大（可达5kW或更大），为使电枢电流不致过大，其电压一般采用24V。

▶ **知识链接**

现今很多中高配置乘用车还配有传统起动系统的升级版汽车起停系统。这种系统在车辆处于停止状态（非驻车状态）时，将发动机熄火，且润滑系统仍然工作，当松开制动踏板后，发动机将再次起动。

需要说明的是，采用这种系统的发动机热车频繁起停时，并不会造成不正常的磨损。但是，积炭可能会有所增加，对蓄电池寿命也有影响。此外，对振动和噪声敏感的乘员来讲，每次起停都会感觉得到。

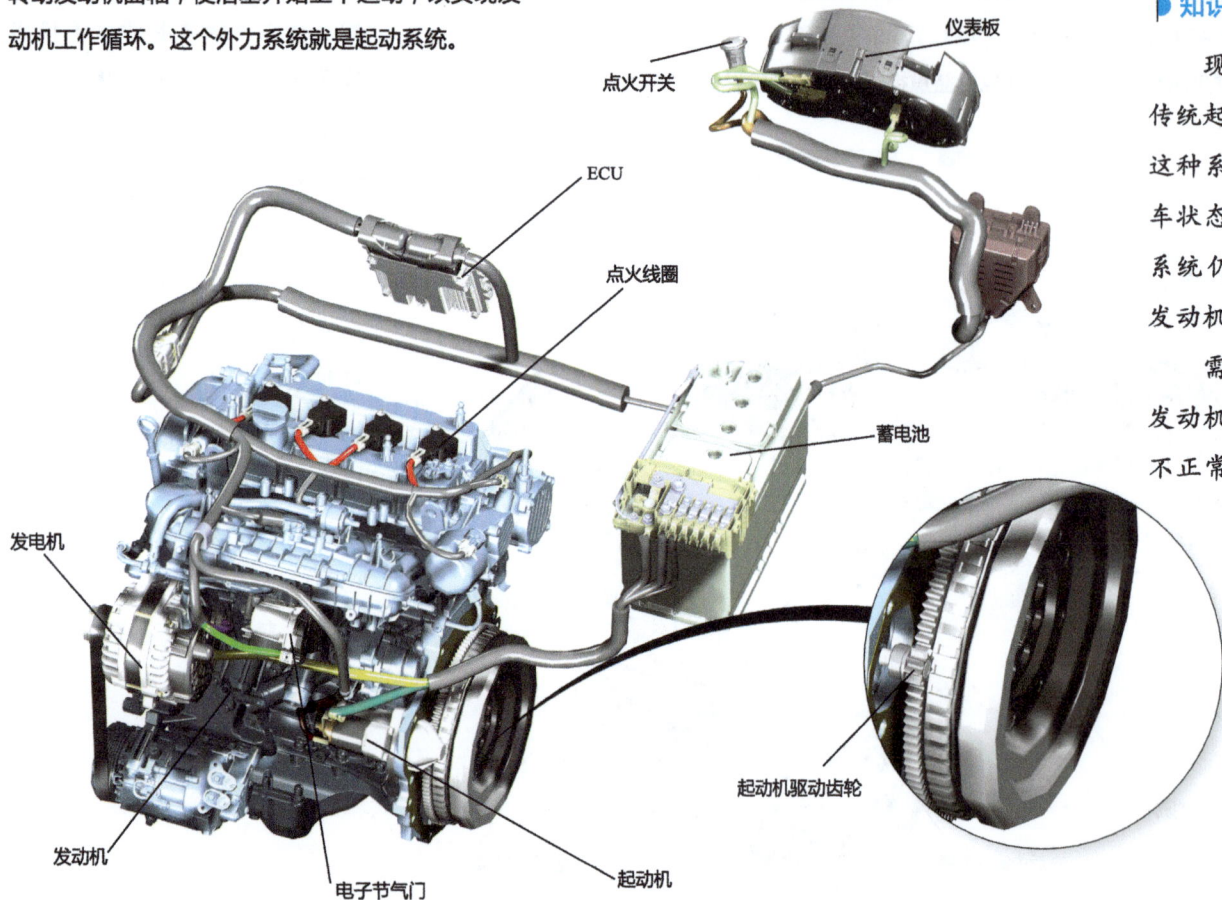

仪表板
点火开关
ECU
点火线圈
蓄电池
起动机驱动齿轮
起动机
电子节气门
发电机
发动机

底盘、车身与电器（彩色版）
汽车构造与原理三维图解

点火系统

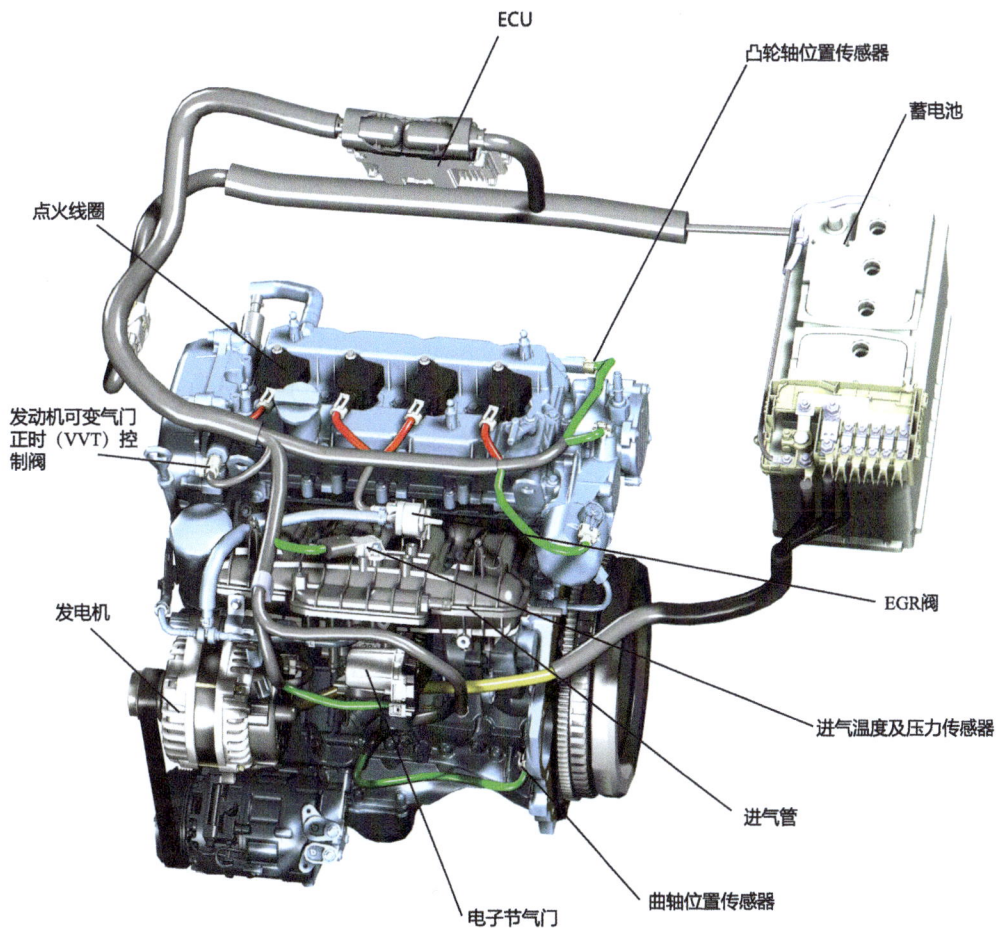

ECU

凸轮轴位置传感器

蓄电池

点火线圈

发动机可变气门正时(VVT)控制阀

发电机

EGR阀

进气温度及压力传感器

进气管

曲轴位置传感器

电子节气门

电控汽油机通过发动机转速传感器、进气压力传感器、节气门位置传感器、曲轴位置传感器等来判断发动机的工作状态,并在脉谱(MAP)图上找出发动机在此工作状态下所需的点火提前角,按此要求由 ECU 驱动点火线圈使火花塞跳火。最后根据爆燃传感器信号对上述点火要求进行修正,使发动机工作在最佳点火时刻。

▶ 知识链接

1. 现今的发动机除了一些低档汽车,基本都采用左图所示的分缸独立点火系统,即每缸对应一个点火线圈。这种点火系统没有高压线,工作可靠性与安全性更高。

2. 发动机点火系统按照发动机的工作原理来讲,点燃的是混合气。因此,在发动机起动时先喷油形成混合气后,进入气缸由点火系统末端火花塞跳火点燃。

3. 通常发动机严重抖动、功率下降或难以起动就可以考虑点火系统可能出现故障。但是,现今发动机是一个综合控制系统,燃油管路、空气供给系统甚至一些辅助装置出现问题也会导致类似的故障出现,因此,排除故障时,除了使用诊断仪和专用工具外,维修经验也很重要。

发电机

发电机是汽车上的主要电源装置，由汽车发动机驱动。它在正常工作时，对除起动机以外的所有用电设备供电，并向蓄电池充电以补充蓄电池在使用中所消耗的电能。

交流发电机一般由转子、定子、整流器、电压调节器和端盖等组成。当转子旋转时，磁通交替地在定子绕组中变化，根据电磁感应原理可知，定子三相绕组中便产生交变感应电动势。

▶ 知识链接

1. 发电机功率随着车上用电设备的增加而增加，现代乘用车的发电机功率都在1kW上下，中高级乘用车和中、重型汽车发电机功率更大。

2. 在现有风冷式发电机构造的限制下，功率的增加必然会导致发电机体积加大，所以在一些高端汽车上还会用到水冷式发电机。

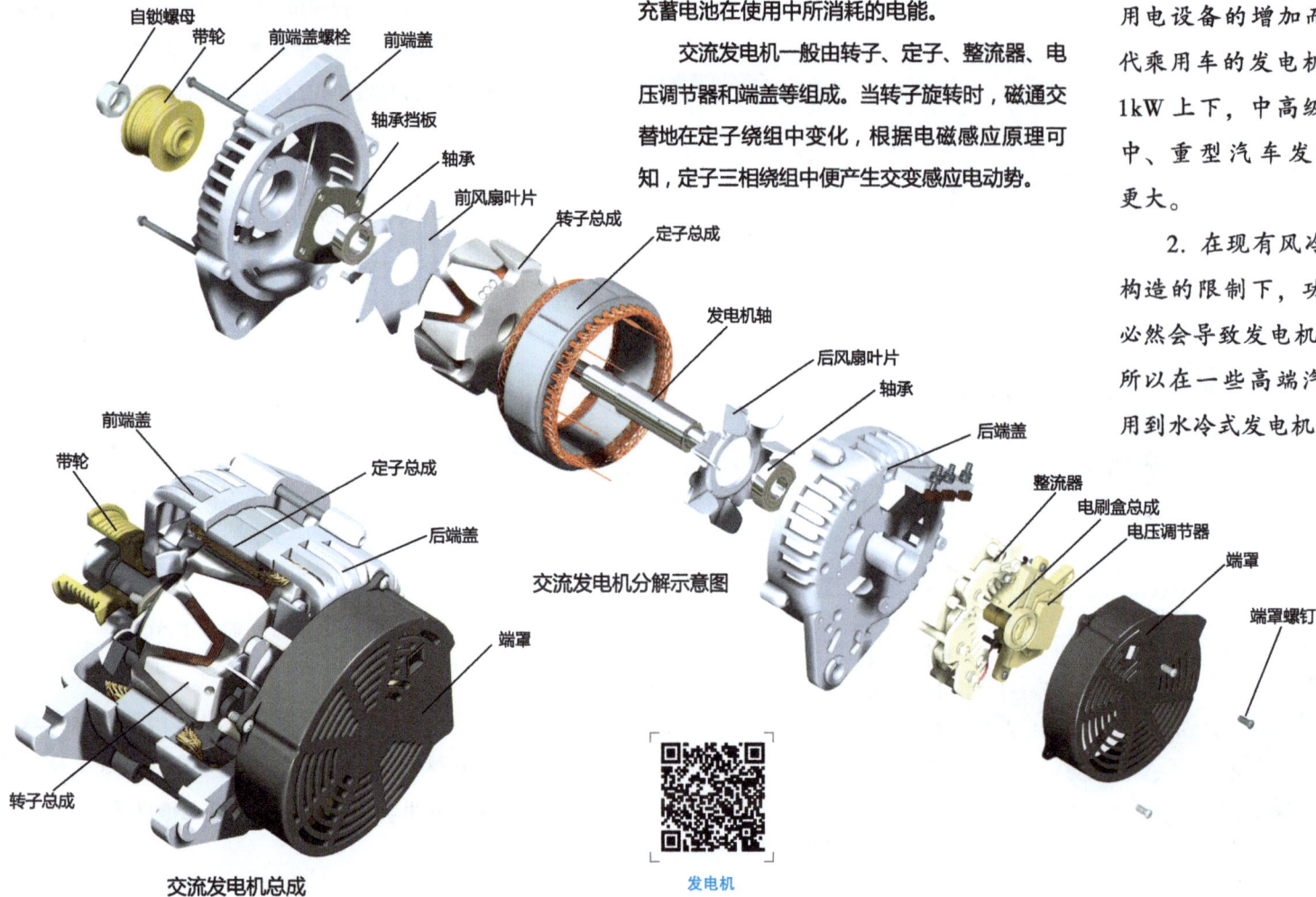

自锁螺母　带轮　前端盖螺栓　前端盖　轴承挡板　轴承　前风扇叶片　转子总成　定子总成　发电机轴　后风扇叶片　轴承　后端盖　整流器　电刷盒总成　电压调节器　端罩　端罩螺钉

交流发电机分解示意图

前端盖　定子总成　后端盖　端罩　带轮　转子总成

交流发电机总成

发电机

起动机

起动机由直流电动机、传动机构和控制装置组成。直流电动机以蓄电池为动力电源产生电磁转矩，在控制装置的作用下，通过传动机构将电磁转矩传递给发动机。

起动机中的电动机通过来自蓄电池的电流并且使起动机的驱动齿轮产生机械运动，传动机构将驱动齿轮啮合入飞轮齿圈，同时能够在发动机起动后自动脱开，起动机电路通断由电磁开关来控制。

▶ 知识链接

1. 有些重型发动机采用辅助汽油机或压缩空气来起动。

2. 为了减小起动机体积，并增加起动转矩，有的发动机采用带行星轮组的减速起动机。

3. 以永磁材料作为磁极的起动机，称为永磁起动机。它取消了传统起动机中的励磁绕组和磁极铁心，使起动机结构简化，目前已得到广泛应用。

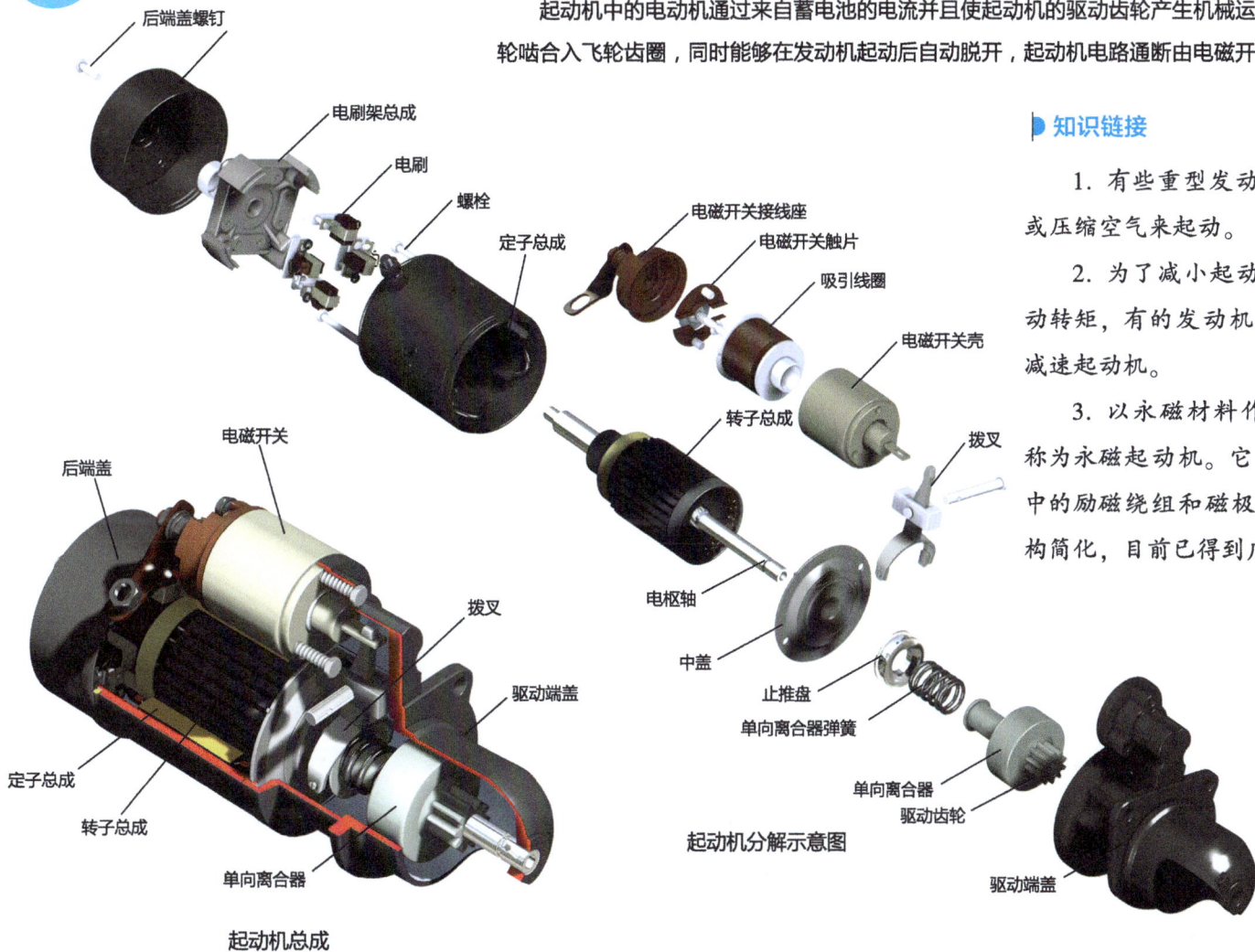

后端盖螺钉

电刷架总成

电刷

螺栓

定子总成

电磁开关接线座

电磁开关触片

吸引线圈

电磁开关壳

转子总成

拨叉

电枢轴

中盖

止推盘

单向离合器弹簧

单向离合器

驱动齿轮

驱动端盖

起动机分解示意图

电磁开关

后端盖

拨叉

驱动端盖

定子总成

转子总成

单向离合器

起动机总成

起动机

蓄电池

蓄电池的主要作用是起动发动机，并在发动机低转速下辅助发电机给全车电器设备供电。

对汽车用蓄电池的要求是：容量大、内阻小、有足够的起动能力。车用蓄电池分为湿荷电蓄电池、干荷电蓄电池和少维护蓄电池、免维护蓄电池等，现代乘用车采用免维护蓄电池。

▶ **知识链接**

1. 由于发动机起动转矩较大，对蓄电池的需求是瞬间大电流

放电能力强。因为铅酸蓄电池工作可靠，价格低廉，汽车通常使用起动型铅酸蓄电池。

2. 乘用车蓄电池通常为12V，柴油车蓄电池通常为24V。

3. 蓄电池的使用寿命在使用过程中可能会相差很大，使用2~3年后更换蓄电池也属于正常现象。如果使用得当，5~7年也是有可能的。

4. 蓄电池检查主要看两个数据，第一个是电压，第二个是起动电流。如果蓄电池开路电压低于12V，这个电池就必须更换。

5. 有些中高级汽车采用铁锂蓄电池，这种电池通常用作发动机起停系统的能量来源。

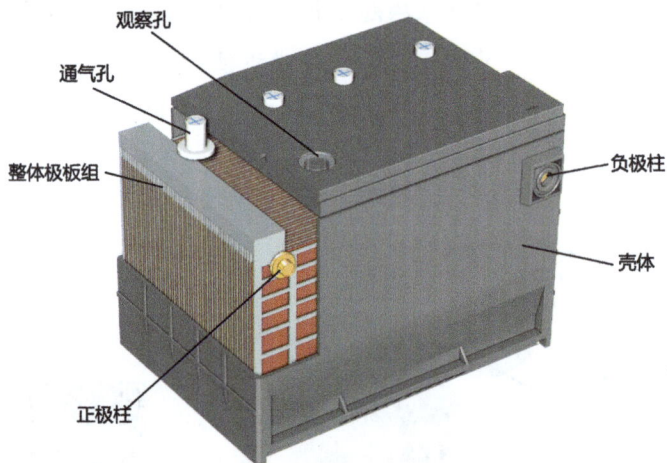

蓄电池

蓄电池

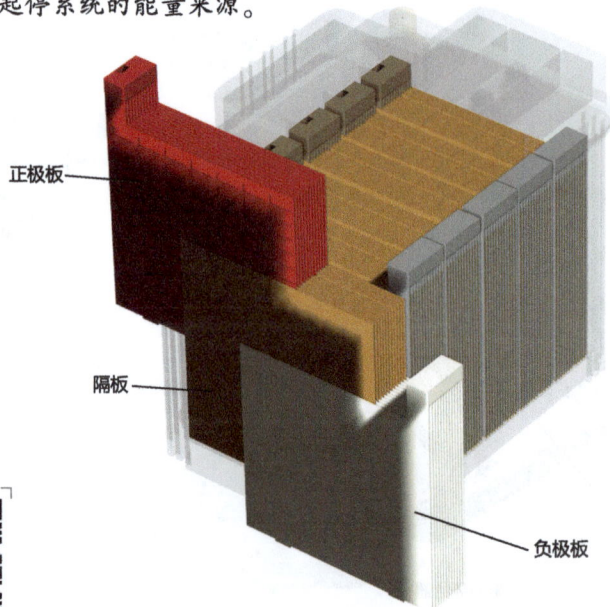

起动型铅酸蓄电池极板组成

第十四章

新能源汽车技术

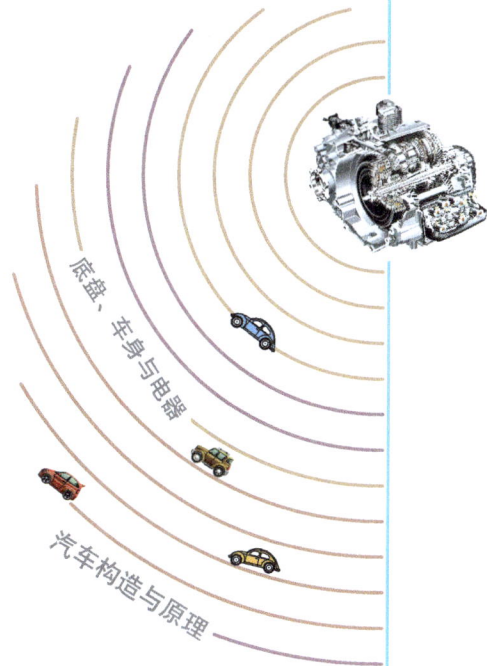

底盘、车身与电器

汽车构造与原理

采用汽车电动技术的主要类型

混合动力系统：汽车将汽油驱动和电力驱动两种驱动方式组合在一起，使发动机一直保持在最佳工况，可提高汽车动力性，并降低排放。

插电式混合动力系统：插电式混合动力车的电池相对比较大，可以外部充电，可以用纯电动模式行驶，电池电量耗尽后再以混合动力模式（以内燃机为主）行驶，并适时向电池充电。

纯电动系统：完全由可充电电池（如铅酸电池、镍镉电池、镍氢电池、锂离子电池）提供动力源。

▶ 知识链接

中国已经是世界上最大的新能源汽车生产国和消费国，同时也拥有世界上最大的新能源汽车市场。

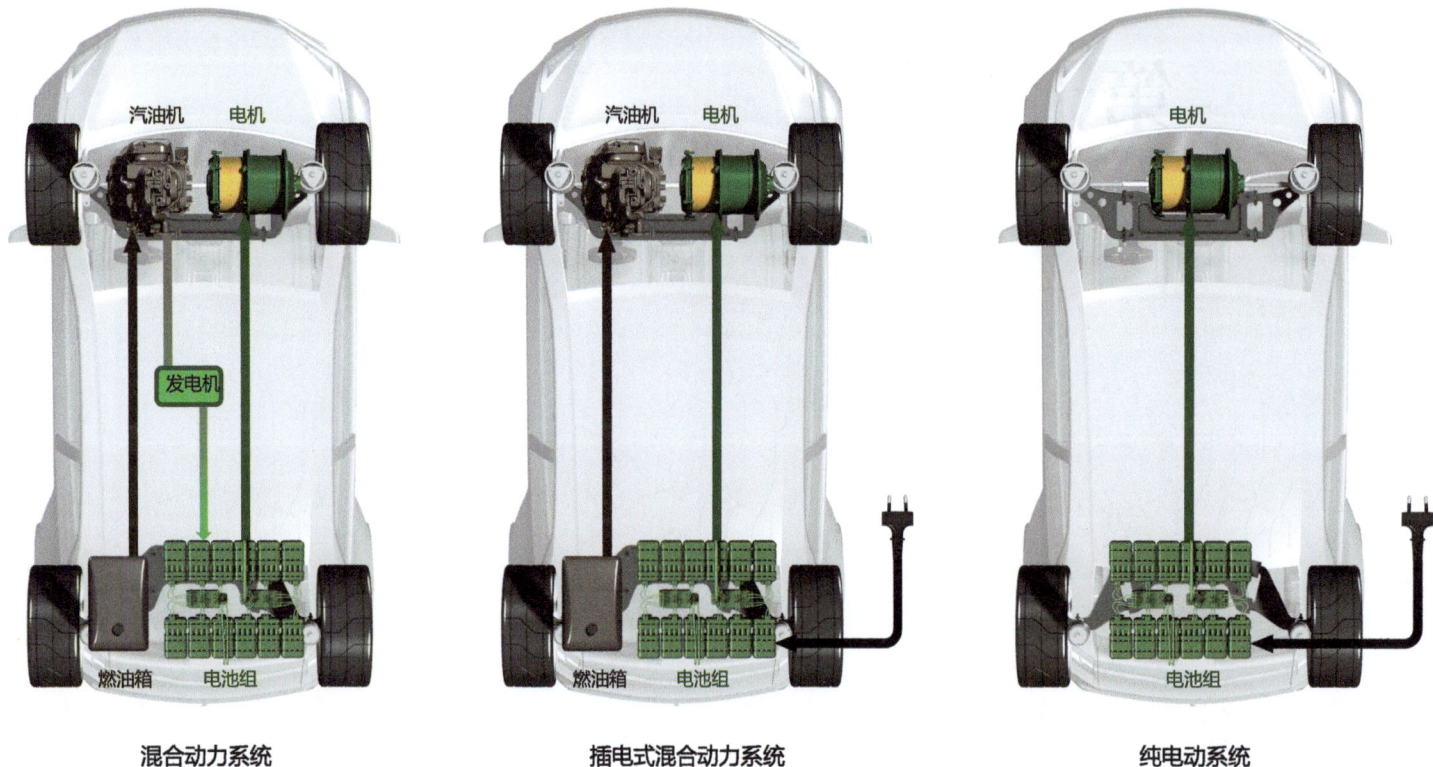

混合动力系统　　　　　　插电式混合动力系统　　　　　　纯电动系统

混合动力系统的行驶策略

混联式混合动力系统在发动机和电机协同驱动汽车行驶时，发动机还可以驱动发电机为电池充电，从而实现更为复杂的驱动组合方式。

纯电动模式：发动机停机，电池驱动电机，使车辆以中低车速起步或行驶。

纯燃油模式：发动机起动，驱动车辆行驶，并带动发电机发电，为动力电池充电。

混合模式：发动机、驱动电机和发电机同时工作，驱动车辆行驶时也为电池充电。这种模式多用于加速、爬坡等较大负荷情况。

制动能量回收：当车辆减速制动时，车辆动能通过制动能量回收系统转变为电能并储存在电池中。

1. 混合动力汽车与传统燃油汽车相比，最大的优势就是节能，除此之外就是能够提供更好的加速性和平顺性。与纯电动汽车相比，它的优势在于成本相对低，长距离行驶时续驶里程可以得到更好的保证，毕竟目前加油站分布很广泛。

2. 目前，混合动力汽车面临的主要问题还是制造与维修成本、电池寿命和安全性。

3. 混联式混合动力系统是一台发动机加两台电机，一台电机负责驱动，另外一台电机则在驱动和发电之间来回切换。

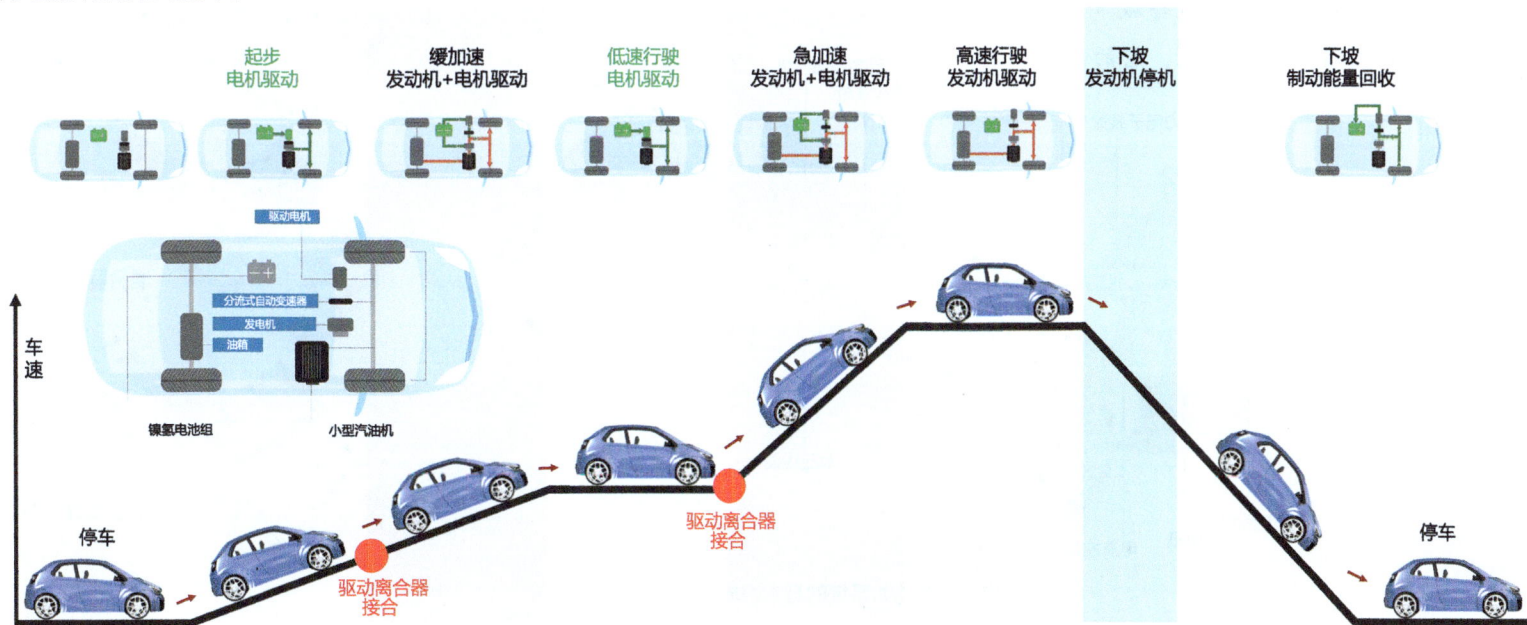

插电式混合动力系统的组成与工作过程

插电式混合动力系统包括一台汽油机和一台兼做发电机（回收制动能量）的电机。其锂电池位于车辆后部，中间有油路、电线和冷却系统管道等相连。在纯电动模式下，车辆可以恒定的速度行驶一定里程。它有三种驱动模式：纯内燃机、纯电动和混合动力模式。

▶ 知识链接

1. 插电式混合动力系统更适合城市交通运输，与普通混合动力汽车相比，它的动力

蓄电池组更大，可以纯电动模式保证日常50~80km的代步用途，长距离行驶时可以采用正常的混动模式工作。普通混合动力系统的主体还是发动机，而插电式混合动力系统可将动力流转到电机上。

2. 需要说明的是，目前更多插电式混合动力汽车在超过纯电动行驶里程以后，直接是由发动机驱动汽车行驶的。

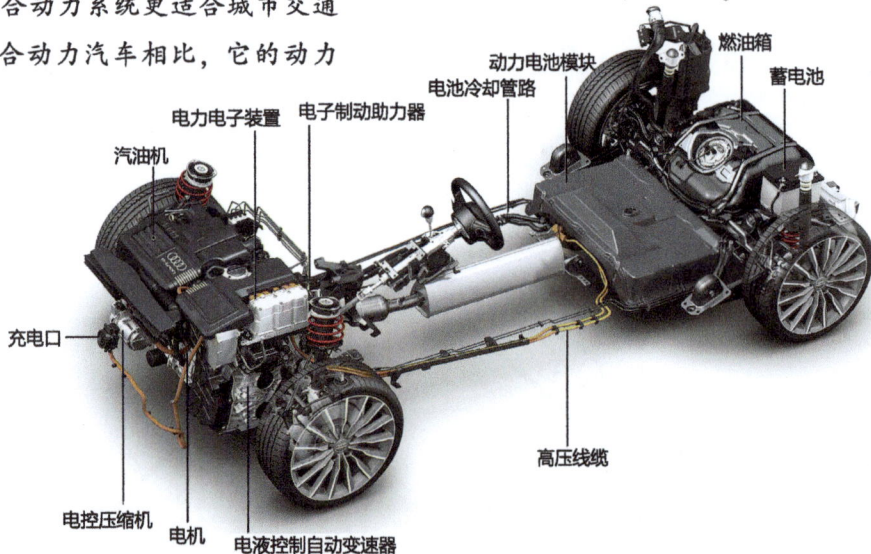

插电式混合动力系统的基本组成

电力电子装置　电子制动助力器

汽油机

动力电池模块　燃油箱
电池冷却管路　蓄电池

充电口

高压线缆

电控压缩机　电机　电液控制自动变速器

电驱动匀速行驶

电驱动加速行驶

混合驱动加速行驶

制动能量回收

底盘、车身与电器（彩色版）
汽车构造与原理三维图解

插电式混合动力系统的主要部件

插电式混合动力系统在电机中集成了一个分离离合器。当在纯电动模式下行驶时，发动机不工作，如果发动机和电机通过传动机构直接相连，则电机会带动发动机转动，从而消耗电量。因此，在发动机不工作时，分离离合器会将两者连接断开，让电机独自驱动车辆，达到最大化利用电能行驶的目的。

动力电池组与传统 12V 蓄电池不同，在正常工作情况下，充电范围在 20%~80%。传统蓄电池不能承受这样的负载。因此，动力电池组能在短时间存储电能，与电容器相似，它能够吸收能量并迅速释放。动力电池组在混合动力汽车中就是充电（再生）和放电（电驱动）交替进行的过程。

由于在充放电过程中产生大量的热，因此，动力电池组需要较好的冷却系统。

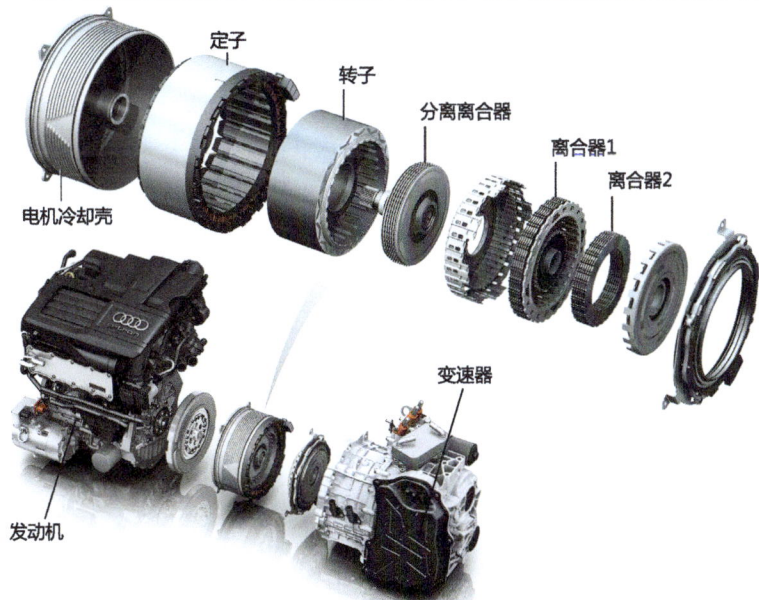

位于发动机与变速器之间的电机驱动装置

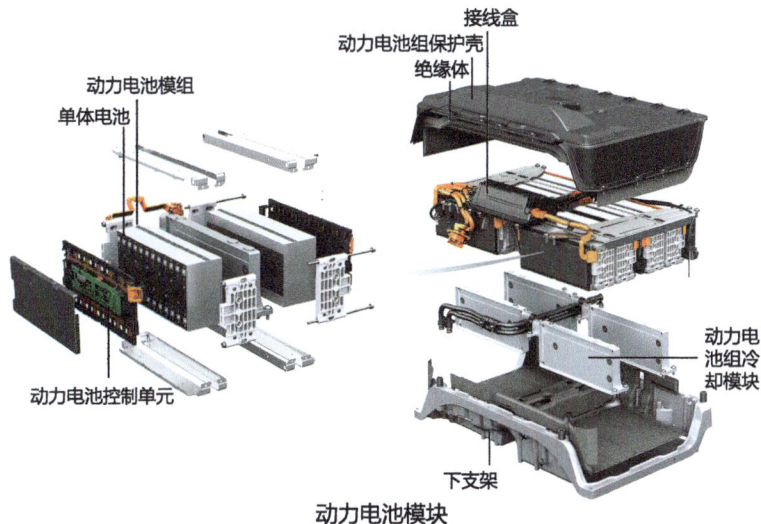

动力电池模块

▶知识链接

1. 关于新能源汽车，大家关心的往往是节油性能、采购和使用成本，但实际上新能源汽车的安全性能，尤其是增大的动力电池组的危险性，才是大家更应该关注的。

2. 动力电池的安全性涉及的问题很多，通常要考虑极限情况下的碰撞安全和爆炸风险，更要考虑汽车运行情况下的高电压安全。如动力电池组要有坚固的防火、防水、抗压的电池箱，动力电池的摆放位置尽量避免易受损部位，汽车的预碰撞系统要在碰撞前将高压电路断电等。此外，动力电池组越大，对它的电磁辐射屏蔽要做得越到位。